FANGZHI NÜEDAI LAOREN
FALÜ JIQI SHISHI

防治虐待老人法律及其实施

主编 王竹青

知识产权出版社
全国百佳图书出版单位

图书在版编目（CIP）数据

防治虐待老人法律及其实施/王竹青主编. —北京：知识产权出版社，2018.6
ISBN 978-7-5130-5506-2

Ⅰ.①防… Ⅱ.①王… Ⅲ.①老年人权益保障法—研究 Ⅳ.①D912.7

中国版本图书馆 CIP 数据核字（2018）第 063105 号

内容提要

随着我国经济发展及社会保障制度的不断完善，我国老人的平均寿命持续延长，照护年迈的老人、使老人免遭虐待成为国家、社会和家庭的共同责任。我国进入老龄社会的时间较短，在防治虐待老人的法律措施方面缺乏实践经验。本书介绍了发达国家防治虐待老人的法律及其实施措施，同时结合我国法律实践，围绕《老年人权益保障法》《反家庭暴力法》等相关法律，从老人、照顾者、社区、政府等角度提出了防治虐待老人的具体措施，为老人有尊严地度过晚年生活提供了制度保障。

责任编辑：石红华　　　　　　　　　责任校对：谷　洋
封面设计：张　冀　　　　　　　　　责任印制：刘译文

防治虐待老人法律及其实施
王竹青　主编

出版发行：	知识产权出版社有限责任公司	网　　址：	http://www.ipph.cn
社　　址：	北京市海淀区气象路 50 号院	邮　　编：	100081
责编电话：	010-82000860 转 8130	责编邮箱：	shihonghua@sina.com
发行电话：	010-82000860 转 8101/8102	发行传真：	010-82000893/82005070/82000270
印　　刷：	北京九州迅驰传媒文化有限公司	经　　销：	各大网上书店、新华书店及相关专业书店
开　　本：	787mm×1092mm 1/16	印　　张：	17.5
版　　次：	2018 年 6 月第 1 版	印　　次：	2018 年 6 月第 1 次印刷
字　　数：	315 千字	定　　价：	68.00 元

ISBN 978-7-5130-5506-2

出版权专有　侵权必究
如有印装质量问题，本社负责调换。

前　言

随着世界范围内老龄社会的到来，虐待老人问题已成为国际社会普遍存在的问题。虐待行为不仅涉及对老人身体和精神的伤害，还包括对老人财产的侵害，给老人造成的创伤是持久而严重的。虐待老人问题因大多发生在家庭和养老机构内部而难以被发现，因而被隐匿于公众视野之外，但这一问题的发生率相当高，一些国家受虐老人甚至达到老人总数的10%。联合国将虐待老人问题界定为人权问题，呼吁世界各国和地区采取行动，为维护老人权益、使老人有尊严地度过晚年生活而努力！

虐待老人行为发生的原因有很多，一般涉及老人自身因素、施虐者因素、双方关系因素、社会因素、历史因素等。为了解决虐待老人问题，很多国家和地区围绕上述因素制定出对老人的保护措施、对施虐者的支援及矫治措施、社会福利供给措施等多种策略和方法，并形成从中央到地方、从主管机构到配合机构、从政府到民间的立体防治网络，多机构配合成为防治虐待老人的有效工作模式。此外，很多国家和地区还成立了应对虐待老人问题的多学科研究机构，老年学、法学、医学、心理学、社会学、管理学等学科的专业研究人员会聚在一起，共同探讨解决虐待老人问题的综合措施，并取得了一定成效，为防治虐待老人提供了成功的经验。

对虐待老人的防治工作主要依赖法律的制定及实施。研究的目的是解决问题，各机构的配合亦是在法律赋权基础上的合作，因此制定法律、有效地实施法律是解决虐待老人问题的根本手段。目前，我国虐待老人问题尚未引起政府及社会各界的普遍关注，我国也没有防治虐待老人的专门法律，但这并不意味着我国的虐待老人问题不严重，相反，在缺乏重视及保护的社会环境下，受虐老人的境况会更加不堪。

我国已快速进入老龄社会，虐待老人问题作为老龄社会的伴生物，在我国同样存在，而且基于我国尚不发达的社会保障系统，虐待老人问题只会比发达国家更为严重。基于这种认知，本书选择美国、日本、中国台湾、中国香港作为研究对象，通过对这些国家和地区的法律及其实施措施的研究，分析解决虐待老人问题的法律手段，重点考察上述国家和地区法律执行层面的措施和方法。在此基础上，本书以我国《反家庭暴力法》《养老机构管理办法》《老年人权益保障法》作为防治虐待老人的法律依据，分析了老龄工作委员会、民政部门、警务部门、医务部门、法院以及社区、养老机构等主体在防治虐待老人工作中的不同地位和职能，为我国应对虐待老人问题提出了基本的法律实施框架。本书在附录部分针对各部门的工作职责撰写了工作指南，意在为相关部门处理虐待老人问题提供简明的工作指引。本书旨在抛砖引玉，期待其他学者在此领域作出更多贡献。

本书是北京科技大学公共政策和法律研究中心与挪威奥斯陆大学法学院人权中心合作项目的研究成果，在此感谢奥斯陆大学法学院人权中心的王羿女士为本书付出的辛苦与努力！

本书由知识产权出版社出版发行，在此感谢石红华编辑的辛苦工作！

本书写作分工如下：

王竹青：第一章、第六章、附录

王竹青、曹依扬：第二章

王竹青、艾　静：第三章

王竹青、向　巍：第四章

王竹青、谷乐兰：第五章

全书由王竹青负责统稿。

王竹青

2018 年 1 月 28 日

目　录

第一章　联合国关于虐待老人问题研究 ………………………………… 1
　一、研究概况 ……………………………………………………………… 1
　二、虐待老人问题是人权问题 …………………………………………… 2
　三、认识虐待老人问题 …………………………………………………… 3
　　（一）定义及类型 ……………………………………………………… 3
　　（二）发现和后果 ……………………………………………………… 6
　　（三）受害者和加害者 ………………………………………………… 6
　　（四）不同环境中的暴力和虐待行为 ………………………………… 7
　　（五）暴力行为和虐待行为的普遍程度 ……………………………… 7
　四、对虐待老人问题作出反应 …………………………………………… 8
　　（一）认识与教育 ……………………………………………………… 8
　　（二）立法、保护机制和法律干预 …………………………………… 9
　　（三）暴力行为和基于权利的干预 …………………………………… 10
　　（四）国际及国家非政府组织 ………………………………………… 10
　五、虐待老人产生的影响：后果和代价 ………………………………… 11
　六、结论及所涉政策问题 ………………………………………………… 11

第二章　美国防治虐待老人法律及其实施 …………………………… 13
　一、美国虐待老人情况概述 ……………………………………………… 13
　　（一）虐待老人问题现状 ……………………………………………… 13
　　（二）虐待老人的表现形式 …………………………………………… 14
　　（三）老人受虐待的原因分析 ………………………………………… 18
　二、美国防治虐待老人的主要法律 ……………………………………… 19
　　（一）美国《老人正义法》（Elder Justice Act） …………………… 19

— 1 —

（二）《美国老人法》(Older Americans Act) …………………… 21
　三、美国防治虐待老人的法律实施 …………………………………… 23
　　　（一）《老人正义法》的实施措施 ………………………………… 23
　　　（二）《美国老人法》的实施措施 ………………………………… 36
　　　（三）社会干预 …………………………………………………… 47
　　　（四）典型案例 …………………………………………………… 49
　　　附1：老人正义法（全文） ……………………………………… 51
　　　附2：美国老人法（节选） ……………………………………… 68

第三章　日本防治虐待老人法律及其实施 …………………………… 71
　一、日本虐待老人情况概述 …………………………………………… 71
　　　（一）虐待老人问题现状 ………………………………………… 71
　　　（二）虐待老人的表现形式 ……………………………………… 73
　　　（三）老人受虐待的原因分析 …………………………………… 76
　二、日本防治虐待老人的主要法律 …………………………………… 77
　　　（一）《虐待老人防治暨老人照顾者支援法》 …………………… 77
　　　（二）《老人福祉法》 ……………………………………………… 80
　　　（三）《护理保险法》 ……………………………………………… 81
　三、日本防治虐待老人的法律实施 …………………………………… 81
　　　（一）防治虐待老人的基本观点及注意事项 …………………… 82
　　　（二）虐待事实的确认流程 ……………………………………… 85
　　　（三）各部门具体职责及落实措施 ……………………………… 89
　　　（四）成人监护制度（成人後見制度） ………………………… 100
　　　（五）典型案例 …………………………………………………… 102
　　　附1：虐待老人案件通报表 ……………………………………… 107
　　　附2：虐待老人防治暨老人照顾者支援法（全文） …………… 108
　　　附3：老人福祉法（节选） ……………………………………… 114
　　　附4：护理保险法（节选） ……………………………………… 115

第四章　中国台湾地区防治虐待老人法律及其实施 ………………… 118
　一、台湾虐待老人问题概述 …………………………………………… 118
　　　（一）虐待老人问题现状 ………………………………………… 118

（二）虐待老人的表现形式 …………………………………… 120
　　　（三）老人遭受虐待的原因分析 …………………………… 123
　二、台湾防治虐待老人的主要法律 …………………………… 126
　　　（一）"家庭暴力防治法" …………………………………… 126
　　　（二）台湾"老人福利法" …………………………………… 130
　三、台湾防治虐待老人的法律实施 …………………………… 134
　　　（一）处理虐待老人案件应当遵循的原则 ……………… 134
　　　（二）"家庭暴力防治法"的实施措施 …………………… 135
　　　（三）"老人福利法"的实施措施 ………………………… 143
　　　（四）典型案例 ……………………………………………… 147
　　　附1：台湾家庭暴力事件通报表 …………………………… 151
　　　附2：台湾老人保护事件通报表 …………………………… 153
　　　附3："家庭暴力防治法"（全文） ………………………… 154
　　　附4："行政机关执行保护令及处理家庭暴力案件办法"
　　　　　（全文） ………………………………………………… 172
　　　附5："老人福利法"（节选） ……………………………… 176
　　　附6："老人保护通报及处理办法"（全文） …………… 179

第五章　中国香港地区防治老人虐待法律及其实施 ……… 181
　一、香港虐待老人情况概述 …………………………………… 181
　　　（一）虐待老人问题现状 …………………………………… 181
　　　（二）虐待老人的表现形式 ………………………………… 184
　　　（三）老人受虐待的原因分析 …………………………… 190
　二、香港防治虐待老人的主要法律 …………………………… 193
　　　（一）《家庭及同居关系暴力条例》 ……………………… 193
　　　（二）《处理虐待老人个案程序指引》 …………………… 194
　三、香港防治虐待老人的法律实施 …………………………… 196
　　　（一）实践方针 ……………………………………………… 196
　　　（二）处理疑似虐待老人案件时的工作要点 …………… 197
　　　（三）相关机构和人员工作机制 ………………………… 199
　　　（四）福利计划 ……………………………………………… 209

　　　　（五）其他措施 ··· 211
　　　　（六）典型案例 ··· 213
　　　附1：香港疑似虐待老人个案转介图 ····························· 215
　　　附2：香港疑似虐待老人个案处理程序图 ························· 216
　　　附3：家庭及同居关系暴力条例（全文） ························· 217

第六章　中国大陆防治虐待老人法律及其实施 ····················· 226
　一、中国大陆虐待老人情况概述 ··································· 226
　　　（一）虐待老人问题现状 ····································· 226
　　　（二）虐待老人的表现形式 ··································· 227
　　　（三）老人受虐待的原因分析 ································· 231
　　　（四）老人受虐待的理论分析 ································· 232
　二、中国大陆防治虐待老人的主要法律 ····························· 233
　　　（一）《反家庭暴力法》 ····································· 233
　　　（二）《养老机构管理办法》 ································· 236
　　　（三）《老年人权益保障法》 ································· 237
　三、中国大陆防治虐待老人的法律实施 ····························· 238
　　　（一）处理虐待老人问题的指导思想 ··························· 238
　　　（二）对虐待老人的预防措施 ································· 240
　　　（三）防治虐待老人的主管机关及其职责 ······················· 242
　　　（四）处理虐待老人案件的职能部门及其工作机制 ··············· 246
　　　（五）工作人员处理虐待老人案件的行为规范 ··················· 252
　　　（六）典型案例 ··· 253
　　　附1：反家庭暴力法（全文） ································· 255
　　　附2：养老机构管理办法（节选） ····························· 259
　　　附3：老年人权益保障法（节选） ····························· 261

附录　防治虐待老人工作指南 ····································· 263

第一章 联合国关于虐待老人问题研究[1]

一、研究概况

虐待老人问题是一个世界性的社会问题和健康问题。随着世界范围内老龄化进程的加快,虐待老人问题在发达国家和发展中国家都非常普遍。虐待老人可导致严重的身体伤害和长期的心理后果,但这一严重的社会问题一直被隐匿在公众的视野之外,得不到重视和解决。

联合国大会于 2011 年 12 月通过决议,指定 6 月 15 日为"认识虐待老人问题世界日",倡导公众反对针对老人的虐待和对其造成的伤害。据联合国统计,到 2050 年,全球老人人口将占全球总人口的 20% 以上,有 4% ~ 6% 的老人在家中受到某种形式的虐待。[2] 世界卫生组织 2017 年 6 月 15 日发布的调查报告显示,全球超过 1.4 亿(即全球人口的六分之一)的 60 岁以上老人遭受虐待或者不好的对待。[3]

每年 6 月 15 日,联合国秘书长及老人人权问题专家均会发表声明,呼吁进一步提高公众认识,消除对老人一切形式的暴力侵害和虐待。2016 年潘基文秘书长在"认识虐待老人问题世界日"发表的声明中指出,2015 年商定的《2030 年可持续发展议程》致力于在今后 15 年内消除贫穷,建设一个更加可持续的世界。人类如果要如期实现 17 个可持续发展目标,履行这些目标的基

---

[1] 资料来源于联合国老龄化议题。http://www.un.org/chinese/esa/ageing/humanrights44.htm,最后访问日期:2017 年 12 月 22 日。

[2] 数据来源:"认识虐待老人问题世界日:联合国呼吁共同致力于消除对老人的虐待行为"。www.un.org/chinese/news/story.asp? NewsID = 24214. 最后访问日期:2017 年 12 月 22 日。

[3] 数据来源:"世卫组织:全球超过 1.4 亿老人受到不同形式虐待"。http://www.dzwww.com/xinwen/guojixinwen/201706/t20170617_16054159.htm,最后访问日期:2017 年 12 月 22 日。

本承诺,不让任何一个人掉队,就必须消除对老人的忽视、虐待和暴力侵害。潘基文说,对老人的虐待和暴力侵害有多种形式,包括伴侣和陌生人施暴、心理和情感虐待、经济剥削等等。据世界卫生组织估计,在一些国家,遭受虐待的老人可能高达10%。同时,老年妇女遭受年龄和性别歧视的处境比男子更为脆弱。老年妇女受到的虐待往往是随其终生的歧视、暴力和压迫。更令人震惊的是,越来越多的报告称,老年妇女因被指责施用巫术而成为自己家庭和社区虐待的目标。他就此呼吁各国和民间社会拿出更大决心,加倍努力,消除对老人一切形式的暴力侵害和虐待。联合国老人享有所有人权问题独立专家科恩菲尔德－马特在声明中强调,针对虐待老人问题长期缺乏有效行动,其中的原因很复杂。例如,一些受害者不愿意让别人知道自己体弱、需要依赖别人照顾;一些人不相信曾经和自己最亲密的人是施暴者;还有一些遭受行动限制、过度服药、情感忽视的老人因为害怕报复或者保护亲属免遭刑事诉讼而选择噤声,由此导致大多数虐老案件未被发现,其流行率很可能被严重低估。❶

联合国社会发展委员会针对老人虐待问题于2002年向第二届老龄问题世界大会筹备委员会提交了一份研究报告,在对过去20年的情况进行研究的基础上,从全球角度概述了虐待老人问题。尽管该报告完成于2002年,但到目前为止,其依然是联合国关于虐待老人问题的综合性、权威性报告,对各国防治虐待老人问题依然具有指导意义。

二、虐待老人问题是人权问题

自20世纪80年代初以来,虐待老人问题开始引起公众注意。随着人们对人权问题的日益关注,对老人权利的认识日益提高,虐待老人问题逐渐被视为一项人权问题。在人权框架下,以下方面成为重点领域:(1)引起人们注意虐待老人和歧视所涉政治问题;(2)对剥夺老人经济和社会手段以及各项待遇的行为提出质疑;(3)考虑采取有效的对策,制止虐待和暴力行为。

《世界人权宣言》规定了所有人在公民、政治、社会、经济及文化领域的核心权利。这份文件构成了范围广泛的各种国际立法的道义基础。1982年第一次老龄问题世界大会通过的《老龄问题国际行动计划》概述了老人的各项

---

❶ "联合国呼吁消除对老人一切形式的暴力侵害和虐待",http://www.un.org/zh/development/population/newsdetails.asp? newsID=26348,最后访问日期:2018年1月14日。

权利。另外，1991 年《联合国老人原则》详细论述了老人在独立、参与、照顾、自我充实和尊严等方面的权利。1995 年，经济、社会和文化权利委员会在其关于《经济、社会、文化权利国际盟约》执行情况的第 6 号一般性评论中提请会员国注意老人的处境，指导缔约国在实施该盟约条款时能更好地理解对老人负有的义务。

若干联合国会议和首脑会议还通过了特别提及促进老人权利的承诺和指导原则，其中包括 1995 年《社会发展问题世界首脑会议哥本哈根宣言》和《行动纲领》、1995 年第四次妇女问题世界会议通过的《北京宣言》和《行动纲要》，2000 年联合国大会第二十四届特别会议通过的促进社会发展进一步倡议以及 2000 年联合国千年首脑会议通过的《联合国千年宣言》。

贫困是剥夺基本人权的主要因素之一，它使有助于人们享有说得过去的生活的各种选择和机会受到限制。在许多社会中，穷人中的老人为数极多，他们是穷人中的赤贫者。因此，在许多区域，消除贫困与减少暴力是相辅相成的两个人权目标，是人类发展的重要组成部分。

年龄歧视是剥夺或侵犯老人人权的一种手段。关于老人的负面刻板印象和对老人的贬低可导致社会对老人漠不关心，把他们推向边缘，使他们难以平等获得机会、资源和各种待遇。老年劳动者可能由于工作场所的年龄歧视而被排斥在正式就业领域之外。年龄及性别等方面的文化价值观念影响到社会、经济、政治和社区生活对老人的歧视程度。法律和司法制度在抵制反面压力以保护老人权利方面的作用尚未得到完全发挥。

三、认识虐待老人问题

（一）定义及类型

不同社会的不同群体及同一个社会的不同群体对虐待老人问题和暴力行为有着不同的看法和定义。一种力求顾及上述区别的关于虐待老人问题的定义内容如下："在本应充满信任的任何关系中发生的一次或多次致使老人受到伤害或处境困难的行为，或以不采取适当行动的方式致使老人受到伤害或处境困难的行为。"这种界定虐待老人定义的方式，在过去 20 年中已被人们接受。

在关于虐待老人问题的研究中，虐待类型涉及以下几种：（1）身体虐待；（2）精神或心理虐待；（3）经济剥削或物质虐待；（4）疏于照料；（5）自我忽略；（6）性虐待；（7）药物虐待；（8）遗弃；（9）侮辱；（10）体制虐待。

（1）身体虐待，指可能是重复性的某一单类的行为，或长期行为。长期行为包括施加造成痛苦或有害身体的不适当的限制或禁闭。身体虐待的后果包括可表明受到虐待的有形标志和明显的心理上表现，例如外出活动减少、困惑以及行为方式上的其他改变。

（2）精神或心理虐待（或长期口头侵犯），包括那些贬低老人，伤害老人，削弱老人的个性、尊严和自我价值的言辞和交往。这种虐待行为的特点包括：（a）缺乏对老人的隐私和个人物品的尊重；（b）不考虑老人的愿望；（c）剥夺老人接触对其来说是至关重要的人的机会；（d）不能满足老人在健康和社会方面的需要。表明受到精神虐待的标志可包括严重的心理表现，包括恐惧、作决定的能力差、冷漠、不与人交往和忧郁症。

（3）经济剥削或物质虐待，包括：（a）非法使用或不适当地使用或侵吞老人的财产和/或资金；（b）强迫老人更改遗嘱及其他法律文件；（c）剥夺老人使用其控制个人资金的权利；（d）经济骗局以及诈骗性计划。

（4）疏于照料，指不采取下列行动以满足老人的需要：（a）不提供适当的食物，干净的衣服，安全、舒适的住所，良好的保健和个人卫生条件；（b）不准与外人交往；（c）不提供必要的辅助用品；（d）未能防止老人受到身体上的伤害，未能进行必要的监护。照料老人者可能由于缺乏信息、技能、兴趣或资源而未能提供基本用品。疏于照料的标志包括能够表明老人身心状况欠佳的各种外在症状，例如脸色苍白、嘴唇干裂、体重减轻、衣着邋遢、颤抖、缺少辅助用品、个人卫生差、不能自制、身上长疮、皮肤与口部溃疡和身体及精神状况恶化。有时，禁闭和不适当地大剂量用药也是疏于照料表现形式。

（5）自我忽略，自我忽略被确定为威胁到老人健康或安全。例如，由于身心残障以及使自我照料及参加健身活动的能力受到限制的一系列行为。精神忧郁、生活邋遢也可能是自我忽略的标志。

（6）性虐待，指照顾老人者犯下的从暴力强奸或卑鄙的性攻击到性骚扰等各种未经同意的性接触行为。如果受害者无法正常交流，或由于体弱和/或因其所处环境而无法保护自己，性虐待就格外恶劣。性攻击通常被列入身体虐待类。

（7）药物虐待，指故意或无意中滥用药物和处方，不提供所需要的药物，或所给的药物剂量导致老人昏睡不醒或造成身体上的伤害。

（8）遗弃，应该负责照料或已经承担照顾老人的责任的人遗弃老人，或离老人而去。

（9）侮辱，老人从不尊敬、令其感到耻辱或侮辱性的行为中感到自己不再受到尊重。

（10）体制虐待，系指老人在体制内的养老机构处于边缘地位，或由于社会和经济政策及这些政策的实施方式使老人处于边缘地位，这种虐待导致资源分配不公平以及服务的提供方面的歧视。

在某些情况下，为了控制老人的资产而采取的经济上的暴力行为有可能因为经济、社会和政治结构容忍或间接鼓励这种暴力行为而进一步加剧。老人由于身体虚弱、没有抵抗暴力行为的能力而面临遭受经济暴力行为的危险。如果他们拥有对一个家庭的福利来说具有重要意义的资产，例如养恤金收入或一所房子的所有权，他们可能迫于压力而放弃对这些资产的权利。据报告称，有为了强迫妇女放弃资产而强奸的事件发生，还有剥夺寡妇的财产并将寡妇赶出家门的事情发生。

成为替罪羊是指当社区遭到厄运，包括旱灾、水灾或流行病导致死人时，便归咎于老人（通常为老年妇女）。据报道发生过这样的情况，即如果妇女不肯离开所在社区，就会受到排斥、遭受酷刑、成为残废甚至被杀害。她们如果因此离去，就可能会失去其不动产。

在老人与其家庭之间的社会关系崩溃或家庭不和谐的情况下，会发生对老人的社会或家庭暴力行为。关于可接受的行为的社会文化准则、家庭价值观念的重要程度以及社会对老龄问题的评价等因素都会影响到发生上述情况的程度。

社区暴力行为通过会加剧老人总体不安全感的普遍的恐惧感以及通过直接暴力行为对老人产生影响。刑事暴力行为——包括袭击、抢劫、强奸、破坏财产、违法行为、与毒品有关的暴力行为和团伙火拼——可通过妨碍社区成员利用基本服务、保健和社交活动以及通过直接加害于社区成员而对住户和社区产生影响。

政治暴力行为和武装冲突可直接或通过被迫流离失所影响到老人。人道主义救济计划很少考虑到流离失所的老人的特殊需要。在难民营的食品和医疗服务分配中，老人可能处于边缘地位。

受到艾滋病毒/艾滋病影响的国家的老年妇女通常挑起照料奄奄一息的亲属以及成为孤儿的儿童的重担，在这样的国家，可能发生与艾滋病毒/艾滋病有关的暴力行为。与艾滋病毒/艾滋病联系在一起的耻辱可使受到影响的家庭成员在社会上遭到孤立。

(二) 发现和后果

能否发现虐待老人的情况取决于对虐待老人问题的认识、了解和理解，以及能否看出受到虐待的标志和明显后果。专业人员和外行人如果以为老人的行为和（或）身体状况仅仅是由于年老或身体不好而造成的，就可能发现不了虐待问题。如果不提高对这个问题的认识，只有严重虐待行为才会引起注意，那些不利用保健或社会服务的受虐待的老人，则不大可能被人发现。另外，由于处境和心理上的障碍，影响受虐待者自己报案。隐瞒受到虐待的事实的动机包括害怕被送到养老院；害怕报复；出于保护施虐者的愿望，不希望施虐者因为报案而受到影响；感到羞耻和难堪；受害者认为受虐待本在预料之中或是报应。最后，有认知残障的人以及沟通能力差的人可能无法口述或清楚地报告受虐待的情况。

在不同环境进行的各种研究都记载了虐待老人所造成的影响。可以虐待造成的后果作为标志，确定是否存在遭受虐待的危险，这有助于发现虐待事件。如果施加的虐待行为不止一类，或同时施加多种类型虐待行为，虐待行为造成的后果会更严重。因此，对老人受虐待程度的了解，老人对虐待行动或行为的看法是发现这类行为的重要指南。

(三) 受害者和加害者

容易受到虐待的老人的特征包括有一定程度的依赖性，失去一定程度的自主权，其处境极容易使其受到虐待。那些有受到虐待危险的人往往由于各种状况，例如痴呆或残疾，造成智残或体残。其他危险因素包括贫困、无子女、独自生活、与世隔绝和流离失所。那些身体和精神都处于病态的老人，或者由于滥用药品或酗酒或滥用毒品而造成精神不健康的老人的受虐待危险都极高。

年龄歧视和性别歧视对老人的脆弱性有影响。影响到生活在不同环境中的老人的脆弱性的因素还包括：父传子式的继承法；影响到家庭关系的政治经济和权力分配的土地权利；脱离传统；"长者"在各种仪式和仲裁中不再发挥作用，这些作用曾经使他们赢得家庭和社区的尊重；以及一些巫术陋习。在代际之间家庭价值观念发生变化时期以及提供照顾的家庭人数发生变化时，老人可能容易受到虐待。如果实行年龄隔离政策已导致限制老人获得就业机会，以及（或者）没有养老金制度，那么上述导致老人脆弱性的因素可能更加严重。成年子女移居城市，致使依然留在农村的老人更容易受到虐待，得不到照顾，在他们所处的环境中,家庭支助对他们能否安度晚年是头等重要的。

对老人采取暴力行为和虐待老人的往往是家庭成员、朋友和熟人。但是,施虐者也可能包括骗取老人钱财的陌生人、欺骗老年客户的商业性组织以及虐待或者不照顾其所负责的老人的那些原本负有"照顾职责"的个人。一些施虐者的特点是与受害者之间有一种精神上或经济上的依赖关系。

(四)不同环境中的暴力和虐待行为

委员会对发生在福利机构和家庭的虐待老人的情况进行了调查。由于人们日益关心不同分组人口群体存在的虐待问题,调查范围逐渐扩大到其他以社区为基础的环境,以及暴力行为格外严重的环境。

发生在福利机构中的各种形式的虐待一直与老人长期生活在福利机构有关。在比较发达的地区,4%~7%的老人住在这类机构。在拉丁美洲,所报告的百分比低于上述百分比,为1%~4%。在其他发展中地区,可以为老人提供寄宿式护理的设施寥寥无几。除了利用寄宿式护理设施以外,老弱多病的老人可能会被送到长期病房或为贫穷、残疾的老人设立的收容所。

护理制度存在的不足之处包括员工缺乏训练、超负荷工作、住宿管理差,例如管理过于严格或保护过分,设施破旧不堪,容易造成工作人员与寄宿者之间配合方面的困难,有可能导致虐待、疏忽和剥削行为。据记载,在护理精神病人和老年病人的机构,既发生过对病人的暴力行为,也发生过病人对员工的暴力行为。

家庭虐待涉及家庭成员,通常是主要照料者的虐待行为。众所周知,家庭虐待行为通常是隐蔽的,不容易察觉,研究发现的情况与实际情况相去甚远。

随着社会的迅速变化,包括家庭内部在尊敬老人的传统准则以及已经形成习惯的照顾老人的做法方面发生了很大变化,对老人的家庭暴力行为可能会变得明显。这种暴力行为被认为是资源少的家庭所承受的社会和经济压力造成的,在这种情况下,老人被视为他们的最直接的社会支助系统的负担。

研究表明,在社会和经济转型期国家,政治和经济改革已造成年轻人贫穷、失业和攻击性强,这种情况也增加了老人受到身心虐待的风险。经济上的这种变化还造成健康和福利服务减少,住房条件差。

(五)暴力行为和虐待行为的普遍程度

委员会的研究只确定了很少几种环境下的暴力行为和虐待行为的普遍程

度。一些研究发现对男性和妇女的虐待行为的比例相同,另外一些研究则发现女性受害者的比例高于男性。在较发达的环境进行的研究,包括全国以及其非全国性的社区一级的调查（例如,在澳大利亚、加拿大和大不列颠及北爱尔兰联合王国）结果显示,据报曾受到虐待或得不到照顾的老人的比例为3%～10%。在加拿大,在社区和家庭环境中,疏于照料是最常见的虐待形式:在报告的虐待案中,55%为疏于照料,15%与身体虐待有关,12%为经济剥削。

随着时间的推移,对老人受虐待情况的变化的了解就更少。在美利坚合众国,全国虐待老人问题中心指出,1986年至1996年,各州国家成人保护服务机构报告的虐待事件增加了150%。所报告的事件显示,疏于照料是最常见的虐待形式,男性和妇女受虐待者的比例相差很大。施虐者通常是成年子女（37%）,其次是配偶（13%）,再次是其他家庭成员（11%）。

关于老人在福利机构中受虐待的情况的现有数据很少。美国的一项研究表明,36%的护理人员报告说,在调查前的12个月中,至少目睹过一次身体虐待事件,10%的人员至少实施过一次身体虐待行为,81%的人员见到过一次心理虐待事件,40%的人员口头虐待过一名寄宿在福利机构的老人。

由于较不发达地区收集到的有关虐待的统计数据有限,因此来自非统计来源（例如犯罪记录、媒体报道、社会福利记录和小型研究）的关于虐待、剥削、疏忽和放弃老人的资料不应被认为有代表性,这类资料包括印度的一项研究结果,这项在农村进行的抽样调查表明,1000人中有40人受到身体虐待;而在对一个城市环境的50名70岁以上老人进行的另外一项规模较小的抽样调查中,20%的人报告说在家里得不到照料。同样,在对阿根廷城市地区老人进行的抽样调查中,45%的人报告说有虐待的情况,心理虐待是最常见的形式。另外,在巴西进行的一项调查中,35%的人报告说有虐待的情况,涉及精神、身体或经济虐待,65%的人报告说有"社会暴力行为",包括受虐待的老人认为社会对他们有基于年龄的消极看法,特别是在政府规章的适用过程中。

四、对虐待老人问题作出反应

（一）认识与教育

媒体大量报道严重的虐待行为以及疏于照料老人的丑闻,这表明有必要提高公众对虐待老人问题的认识。在引起人们注意并促进在虐待老人问题上采取相应的政策性反应方面，媒体起到了重要的作用。

最近几年来，在制订提高认识与教育方案的内容时，采用了一种从人权角度着手的方法。为了提高认识而做的努力还包括召开宣传和教育会议、制订支助老人及老人利益宣传者的方案，以便落实各项权利，制止虐待行为；制定各项战略，为今后保护脆弱的老人而作出规划。

教育方案还针对律师、政治家、执法官员、社会工作者以及其他专业人员，使他们学会如何评价和发现虐待老人和疏于照料老人的情况，以便进行有效的干预。为了帮助他们进行上述努力，委员会已经编写了各种材料。其中包括用来查明存在虐待以及可能发生虐待行为的情况的各种甄别工具、转送到有关部门和进行干预的程序，以及为服务提供者编写的成套培训参考资料。手册有助于照顾老人者评估受虐待的风险并查明可提供援助的社区资源。通过概况介绍、培训录像带和光盘以及求助资源和网站，增加了信息传播量。

一些国家设立或作为示范项目建立了全国电话求助热线，帮助拨叫电话的人了解虐待老人问题以及可提供的资源，向他们介绍可提供帮助的机构。在一些地方中，非政府组织还制订了提高认识的教育方案。针对老人需要和关切的社区发展方案，促进了公众对虐待老人问题的认识并且从中受到教育。

（二）立法、保护机制和法律干预

在一些国家，随着对虐待老人问题认识的提高和社会政策的不断变化，颁布了新的立法，将虐待老人的行为定为犯罪行为，并加重了对某些虐待老人罪行的刑罚。有些国家还通过了各种条例和政策以补充国家法律，建立执法系统。而在另外一些国家，到目前为止，专门为保护老人不受歧视而制定的立法太少，或根本没有。

保护老人的机制还可包括护理设施寄宿者权利和责任章程，寄宿者与护理/服务提供者之间的合同。诸如老龄问题委员会之类的宣传服务部门和机构为解决申诉问题提供的援助。

一些国家尽管制定了关于保护老人不受虐待的立法，但是立法没有得到系统的适用。专业人员可能不利用法律系统提供赔偿或惩罚施虐者，或者只有存在无可争议的虐待证据时才利用法律系统。但是，必须坚持利用法律手段惩处暴力行为，这有助于解决虐待老人问题。

在一些国家，按照法律规定，专业人员如医生、社会工作者和护理人员必须报告涉嫌虐待老人、疏于照料或剥削老人的案件。在强制性报告的方法能否有效地解决并遏制虐待老人的行为这个问题上，由于种种原因，存在争议。专业人员不太愿意报告这类案件，因此遵守报告规定的比例偏低。一些人认为，这种做法损害了老人的自主权，或强制性报告制度使人们对保健和社会服务部门或其他资源产生了社区可能无法满足的期望或要求。委员会还认识到，在老人患有精神疾病，需要对其进行评估的情况下，可能会因禁忌而不诉诸法律。

（三）暴力行为和基于权利的干预

在某些环境中，不能善待老人的问题可能是贫困、结构性不平等及其他人权问题等更广泛的背景的一部分。与这种情况联系在一起的通常是发现不善待老人的案件的比例偏低，缺乏对虐待案件作出反应的正式机构和机制，缺乏资源，无法在老人遭受暴力行为时作出反应，或者增强老人的能力，以防止他们受到虐待。从引发这些暴力行为的各种社会经济和政治因素着手进行干预，有助于改善老人的生活条件，减少侵犯他们的权利以及其他人口群体的权利的行为。

不过，实践中已有帮助老人的基于权利干预行动方面的成功案例。非政府组织的举措常常起到重要作用。例如，老人组织得到加强，老人的生活条件和人身安全得到改善和保障。通过逐步加强老年妇女的体能、人力和社会资产基础，减少老年妇女的脆弱性。事实表明，老人扫盲方案减少了老人被人利用的情况，加强了老人对权利的了解、获得各项待遇和服务的机会以及抵制暴力行为的能力。另外一些干预行动力求改善教育和健康方面的状况，逐步发展创收方面的能力，改善老人的资产状况，减少他们面对环境突然改变情形下的脆弱性。

（四）国际及国家非政府组织

在所有环境中，国家组织和行动团体以及国际网络都以各种方式倡导对虐待老人的问题作出反应。他们的干预行动包括促进并加强对虐待老人问题的认识和教育，通过议会游说促进政策行动和立法、促进研究以及传播信息。他们还提供服务性援助，以鼓励、指导和支助各项战略及方案，对虐待老人的行为作出反应，保护容易受伤害的老人。

防止虐待老人国际网络在世界六个区域拥有联系成员。国家委员会和协会在世界许多国家都很活跃。在科学期刊可以找到关于虐待老人问题的大量研究文件，其中包括多学科性的《虐待及疏于照料老人问题杂志》。

五、虐待老人产生的影响：后果和代价

尽管依然知之甚少，据估计，由于虐待老人而直接和间接付出了相当大的经济及人力代价，造成了严重的后果。由于虐待老人的问题而需要付出的直接代价同预防及干预行动有关，包括提供各种服务，刑事及司法程序，机构护理，以及预防、教育和研究方案。由于虐待老人问题而需要付出的间接的人力代价体现于生产力降低、生活质量降低、精神伤害和痛苦、不信任和失去自尊、残疾和过早死亡。

根据几项经验性研究的报告，虐待行为给老人的身心健康造成了长期的影响。这类影响包括：（a）由于身体伤害而造成的终身伤残；（b）药物及酒精依赖；（c）免疫系统反应能力降低；（d）慢性进食紊乱和营养不良；（e）自伤或自我忽略；（f）易患忧郁症；（g）恐惧和焦虑；（h）自杀倾向和；（i）死亡。虐待老人造成的后果的轻重程度，取决于所受的伤害或损害的类型、虐待的意图、严重程度、强弱程度、频率和延续时间。有无及能否及时提供保健及社会支助也将影响到最终结果。

即使在那些已经有干预及预防方案的环境中，依然没有多少证据可证明这些方案的有效性。研究发现，方案很少得到评价，方案的执行情况以及方案给受益对象带来的成果难以得到评估。在许多环境下，依然缺乏对方案进行评价所需要的足够的能力或资源。

六、结论及所涉政策问题

对老人的虐待行为和做法可被视为侵犯各项国际盟约所保障的以及《联合国老人原则》所包括的老人的权利。对现有资料的审查表明，在各种不同的经济、机构、社区和家庭环境中，老人的各项权利都有受到侵犯的危险。

老人权利的倡议者指出，只有当人们整个生命周期各个阶段的基本需要和权利都能得到满足时，才能成功地解决虐待老人这个全球性问题。晚年受到虐待可能与未能取得有尊严地安度晚年所需要的经济手段以及缺乏这样的机会有关。

在那些所有年龄段的人都能受益于旨在解决导致贫困的结构性原因的社会及经济发展的环境中，发展还将增强老人身体及心理上的安全感，增强他们的

满足感，减少他们的脆弱性，使他们不那么容易受到暴力行为、疏忽行为、剥削和遗弃行为的伤害。但是，无论在任何环境中，制定一个审查保护老人权利的议程，对虐待行为进行调查，是对虐待老人的行为零度容忍政策的第一步。

如果能使老人保持活跃、老有所为，继续为社会、社区和家庭作出贡献，也可以减少老人的脆弱性。鼓励社会创造一种反对年龄歧视的环境，承认老人独立、参与、得到照顾、自我实现以及尊严的权利，并使他们能够享受这些权利。

总的来说，由于政策问题以及更喜欢以家庭为主的照料，加上社区服务提供的帮助，依赖机构来照顾老人的情况出现不断减少的趋势。因此，基于机构虐待的机会和风险，预计老人寄宿于各种机构的比例还是会很低。但是，由于社区和家庭照顾的增多，而且考虑到预期中的老年人口不断增加，预计虐待老人的事件也将随之增多。预计在那些对这个问题的认识不断提高的环境中，报告虐待事件的比例会增加。

委员会认为，需要一个更好的认识基础，以便制定国家及地方政策，制定用于干预及预防战略和方案的全球指导方针。还将面临方法方面的下列各项挑战：查明有关虐待老人的可靠的、有效的、强有力的定义；确定不同环境下的虐待行为的原因和后果，进行重点突出的、高质量的研究，以期了解虐待行为的因果关系；以及进行全国性调查，以期记载虐待老人现象的普遍程度。

更好地了解虐待老人问题的性质和程度，以期帮助提高公众认识，促进有效地识别并报告虐待老人的事件，以及加强及时采取适当对策的可能性。密切参与解决老人问题的具体团体均可受益于有关虐待行为的动态发展、诊断、干预、治疗和转移到适当机构方面专业的培训。

如果没有政治承诺，没有一个支持消除虐待老人行为的坚实的人权和法律支助基础，就不可能在研究和行动领域取得进展。政府间决议可作为全球行动的平台，也是制定确保老人受到保护、免受暴力行为和虐待行为之害的各项国家举措的依据。

第二章　美国防治虐待老人法律及其实施

一、美国虐待老人情况概述

（一）虐待老人问题现状

据《基督教科学箴言报》网站 2016 年 6 月 15 日报道，美国防治虐待老人中心估计每年约有 500 万名老人遭到虐待，其中 90% 是被家庭成员尤其是他们的子女虐待。虐待的形式有口头的，有经济上的，还有的是身体或者性虐待。[1] 老年贫困妇女受虐待情况更为严重。国家退休安全研究所的报告显示，在 65 岁及以上的年龄段，妇女比男性的贫困率高出 80%，75 岁至 79 岁的女性贫困人数是男性的 3 倍。[2]

其他一些研究证实了上述结论。美国老人研究理事会称，90% 的虐待来自老人的家属或看护人。[3] 美国国家犯罪者受害中心的报告称，虐待老人的犯罪嫌疑人中，有 33% 是成年子女，22% 是其他家庭成员，11% 是配偶或亲密伴侣，16% 是陌生的看护人员。[4]

据估计，美国约有 120 万 65 岁及以上的公民受到护理人员的虐待、经济剥削或伤害。70% 的州在调查和统计过程中，可能会遗漏养老院的数据，15% 的调查可能会忽略护理机构中居民的具体情况。[5] 由于研究和调查方法不同，

---

[1] 数据来源：《2016 年美国人权记录》，http://www.china.org.cn/chinese/2017-05/11/content_40792922_4.htm，最后访问日期：2017 年 12 月 25 日。

[2] 同上注。

[3] 高珮莙：《美国：虐老现象在沉默中蔓延》，载《青年参考》2016 年 12 月 7 日第 7 版。

[4] 同上注。

[5] U. S. Government Accountability Office (GAO), NURSING HOMES: Federal Monitoring Surveys Demonstrate Continued Understatement of Serious Care Problems and CMS Oversight Weaknesses, 2008, GAO-08-517, p.4.

虐待老人现象的发生频率在2%~10%之间浮动❶。

由于虐待老人问题是"沉默的",没有人确切知道美国有多少老人正在遭受或者遭受过身心虐待、经济剥削或是被忽视。虐待老人是很难被发现的犯罪,大多数人从来没亲眼看到过,因为受害者往往是被自己的家庭成员关起门来虐待。有些人即便看到老人遭受虐待也不会插手,因为"不关我的事"❷。有证据表明,美国每天有成千上万的老人受到伤害,但没有官方统计数据。❸问题的部分原因是虐待现象的报告率较低,❹而且美国各州分别收集数据,没有全面的国家数据。美国司法部声称,大约只有1/23的虐老案件被上报❺。

一项美国大型流行病学调查通过电脑辅助、电话随机访谈等手段,发现老人遭受精神虐待的年发生率为4.6%,身体虐待为1.6%,性虐待为0.6%,潜在忽视为5.1%。❻一项入户调查发现,美国洛杉矶低收入的拉丁裔移民的老人遭受虐待的总发生率为40.4%,其中将近25%为精神虐待,10.7%为身体虐待,9%为性虐待,16.7%为经济虐待,11.7%为照顾者忽视。❼低收入老人遭受虐待的情况远比美国其他群体严重。

(二) 虐待老人的表现形式❽

美国各州关于虐待老人的表现形式存在细微差别。大多数州将老人的虐待形式总结为七类,包括:身体虐待、性虐待、情感或心理虐待、忽视、遗弃、

---

❶ 数据来源:护理之家虐待中心 https://www.nursinghomeabusecenter.com/elder-abuse/statistics/,最后访问日期:2017年12月25日。

❷ 高珮著:《虐待老人现象猖獗、隐蔽、代价高昂甚至致命》,载《青年参考》2016年12月7日第7版。

❸ 数据来源:护理之家虐待中心 https://www.nursinghomeabusecenter.com/elder-abuse/statistics/,最后访问日期:2017年12月25日。

❹ Elizabeth Grella, Johanna Flacks, Elizabeth Brusie, Samantha Morton, Why We Need to Recognize IPV-Parallel Elder Abuse in Housing Law and Public Policy, National Center on Elder Abuse, 2016, p.2.

❺ 高珮著:《美国:虐老现象在沉默中蔓延》,载《青年参考》2016年12月7日第7版。

❻ Acierno R, Hernandez MA, Amstadter A, Prevalence and correlates of emotional, physical, sexual, and financial abuse and potential neglect in the United States, the National Elder Mistreatment Study, 2010, 100 (2), pp. 292-297.

❼ Deliema M, Gassoumis ZD, Homeier DC, Wilber KH, Determining prevalence and correlates of elder abuse using promotors: low-income immigrant Latinos report high rates of abuse and neglect, J Am Geriatr Soc. 2012 Jul; 60 (7), pp. 1333-1339.

❽ Nursing Home Abuse Center, Elder Abuse Types: Understanding Elder Abuse, https://www.nursinghomeabusecenter.com/elder-abuse/types/,最后访问日期:2017年12月25日。

经济或物质剥削和自我忽视。❶ 大多数遭受虐待的老人受到多种类型的虐待。

1. 身体虐待

身体虐待指对身体施力，导致老人身体伤害、疼痛或损伤。身体虐待包括但不限于殴打、撞击、推、摇、拍、踢、捏、烧等。此外，不恰当地使用毒品、限制人身自由、强制喂食和其他任何形式的身体惩罚都属于身体虐待的范围。

身体虐待的迹象和症状包括但不限于：
（1）瘀伤、眼眶瘀青、伤痕、划痕和绳索痕迹；
（2）骨裂、骨折、颅骨损伤；
（3）在伤口愈合过程中揭开、割裂、刺穿伤口或不提供治疗；
（4）扭伤、脱臼、内伤、出血；
（5）破碎的眼镜、镜框，受到惩罚的体征和受到限制人身自由的迹象；
（6）使用药物过量；
（7）老人被打、踢或虐待的投诉；
（8）老人自身行为的突然改变；
（9）护理人员拒绝访客单独与老人接触；
（10）老人遭受身体虐待的报告。

2. 性虐待

性虐待指以任何形式对老人进行非自愿的性接触。包括但不限于不必要的身体接触、各种类型的性侵犯或殴打，如强奸、鸡奸、被迫裸露和拍摄裸露照片、视频等。

性虐待的迹象和症状包括但不限于：
（1）乳房或生殖器周围的瘀伤；
（2）不明原因的性病或生殖器感染；
（3）不明原因的阴道或肛门出血；
（4）撕裂、染色或血腥的内衣；
（5）老人遭受性侵犯或强奸的报告。

3. 情感或心理虐待

情感或心理虐待指通过言语或肢体行为造成的痛苦、伤害或压力。情感或

---

❶ Toshio Tatara, Lisa M. Kuzmeskus, Types of Elder Abuse in Domestic Settings, National Center On Elder Abuse, 1999. pp. 1 - 2.

心理虐待包括但不限于口头攻击、侮辱、威胁、恐吓、羞辱和骚扰。此外，将老人与其家人、朋友或日常活动隔离，给老人"沉默的待遇"，迫使老人遭受社会孤立也属于情感或心理虐待。

情感或心理虐待的迹象和症状包括但不限于：

（1）心情烦躁或情绪激动；

（2）被极度反驳，无交流或无回应；

（3）类似于老年痴呆症的异常行为（例如吸吮、咬伤、摇晃）；

（4）老人遭受情感或心理虐待的报告。

4. 忽视

忽视指拒绝或消极不履行对老人应尽的义务或责任的行为。忽视也可能包括接受委托但却没有为老人提供照顾（例如提供必要的家庭照顾服务）或受雇用的家庭护理人员未能提供必要的照顾。

忽视包括但不限于拒绝或不为老人提供食物、水、衣物、住所、个人卫生用品、药品、舒适的居住环境和生活环境、保证人身安全的用品和其他必需品。

忽视的表现和症状包括但不限于：

（1）脱水、营养不良、未经治疗的褥疮以及个人卫生差；

（2）无人看管或未经处理的身体健康问题；

（3）危险或不安全的生活条件（如房屋布线不当、室内温度低、或断水断电）；

（4）不卫生和不整洁的生活条件（如污垢、跳蚤、虱子、不清洗的被褥、粪便、尿味、衣物不足）；

（5）老人遭受忽视的报告。

5. 遗弃

遗弃是指照顾人或监护人将老人弃之不顾的行为。

遗弃的迹象和症状包括但不限于：

（1）将老人独自留在医院、护理机构或其他类似机构；

（2）将老人独自留在购物中心或其他公共场所；

（3）老人被遗弃的报告。

6. 经济或物质剥削

经济或物质剥削指非法使用或不当使用老人的资金或财产。

经济或物质剥削包括但不限于：

（1）擅自兑现老人的支票；

（2）伪造老人的签名；

（3）不当使用或窃取老人的金钱或财物；

（4）强迫或欺骗老人签署任何文件（如合同、授权书、委托书等）；

（5）不当使用监护权或授权书。

经济或物质剥削的迹象和表现包括但不限于：

（1）银行账户或银行业务突然发生变化，包括老人的护理人员无法解释的大笔款项；

（2）在老人的银行账户上加入其他人的名字；

（3）利用老人的银行卡、信用卡擅自提取资金；

（4）老人的委托书或其他财务文件的突然变化；

（5）资金或贵重财物不明原因的消失；

（6）尽管已收取报酬和足够的护理费用、生活费用，仍然不提供充足的物质需要和照料或出具账单；

（7）为了进行金融交易或为了取得老人财物而伪造老人的签名；

（8）以前没有来往的亲属突然出现，声称他们有权处理老人的事务和财产；

（9）原因不明的突然将资产转移给家庭成员或家庭以外的其他人员；

（10）提供没有必要的服务和照料。

7. 自我忽视

自我忽视指老人的行为威胁到其自身健康或安全。自我忽视通常表现为老人拒绝或没有足够的食物、水、衣服、住所、个人卫生用品、药物和安全预防措施。

自我忽视的定义排除了一种情况，即老人有能力决定，并清楚自己决定的后果，有意识地或自愿地作出威胁自身安全或健康的个人行为或选择。

自我忽视的表现和症状包括但不限于：

（1）脱水、营养不良、未经治疗或接受不适当的医疗、个人卫生差；

（2）危险或不安全的生活条件（如房屋布线不当、无室内管道、室内温度低、断水等）；

（3）不卫生或不洁的生活环境（如动物或昆虫感染、损坏了的厕所、粪便、尿味等）；

（4）穿着不适当的衣物、缺少衣物、缺乏必要的辅助设备（如眼镜、助听器、假牙等）；

（5）严重不足的住房条件或无家可归。

（三）老人受虐待的原因分析

1. 施虐者的原因[1]

（1）物质的滥用或不当使用。酒精或药物滥用、中毒或物质的戒除，都可能导致虐待行为。[2]有物质依赖习惯的护理人员可能会尝试使用或出售老人的药物，因而造成对老人医疗的剥削。

（2）精神疾病。精神疾病，如精神分裂症、抑郁症等，可能导致虐待行为。这些精神疾病患者从医疗机构出院，返回护理机构或老人家中从事护理工作。他们在医疗机构的行为可能不存在暴力现象，但出院后仍可能有暴力行为。

（3）暴力史。在受虐者的社会关系中（特别是配偶之间）以及家庭内部、外部的暴力史可能会引发虐待老人的行为。有理论认为，暴力是应对困难的生活经历以及表达愤怒和沮丧的习得的方法。

（4）施虐者对老人的依赖。[3]由于老人对施虐者的经济支持、住房、情感支持以及其他支持达不到施虐者的满意，可能导致施虐者的愤恨情形，从而引起虐待。如果老人拒绝向家庭成员（特别是成年子女）提供资源，更易发生虐待。

（5）心理压力。压力性生活事件（如经济问题、亲人的死亡）以及照护责任的压力会导致虐待老人情况的发生。

此外，研究人员利用一些现有的人际暴力理论来补充虐待老人的研究，并提出了一系列的解释[4]：

（1）施虐者从周围其他人的行为中学到暴力是解决问题或取得预期结果

---

[1] Jeffrey S Jones, Christopher Holstege, Henry Holstege, Elder abuse and neglect: Understanding the causes and potential risk factors, The American Journal of Emergency Medicine, 1997, p. 580.

[2] Jan R. Greeberg, Jane A., Dependent Adult Children and Elder Abuse, Journal of Elder Abuse & Neglect, 2008, pp. 73–86.

[3] Karl A. Pillemer, Rosalie S. Wolf, Caregiver Burden: Conflict between Norms of Reciprocity and Solidarity, Elder Abuse: Conflict in the Family, Greenwood Publishing Group, 1986, pp. 67–92.

[4] Office of Justice Programs, Causes and Characteristics of Elder Abuse, National Institute of Justice, 2013.

的一种方式。

（2）施虐者觉得自己与老人之间的关系没有得到认可或没有取得预想的收益和好处，所以他们诉诸暴力，争取"平等地位和公平分享"。

（3）过去背景和当前因素的结合，如最近的冲突和通过暴力解决问题的家族史影响了施虐者的行为方式。

（4）施虐者使用强制手段来获得和保持与老人关系中的控制权。

2. 老人自身的原因

社会隔离和精神障碍（如痴呆或阿尔茨海默病）是两个因素。有研究表明，近一半的痴呆症患者遭受到虐待或忽视。

（1）社会孤立。虐待孤立的人群不易被发现，也不易承担法律责任，因而施虐者对孤立的老人容易实施虐待行为。社会孤立会加重老人的心理压力，使老人处于容易被虐待的境地。

（2）慢性疾病、功能障碍或两者兼有。患有慢性病或功能障碍的老人很难逃脱，并且寻求帮助和自我防卫的能力较弱。

（3）认知功能障碍。有认知功能障碍的老人更需要护理人员的照护，这会增加护理人员的压力。此类老人遭受经济或物质剥削以及被忽视的风险很高。

3. 受虐者和施虐者的关系原因

独居的老人较少受到虐待。当施虐者与老人共同居住时，生活的冲突、生活中的琐事、人生观和价值观的差异等因素会导致双方关系处于紧张状态，虐待发生的可能性大大增加。

二、美国防治虐待老人的主要法律

美国有 50 个州，每个州的法律都各有特色，在老人立法方面也是如此。美国关于老人的联邦立法和州立法存在差异，联邦立法主要为州立法提供范本，州立法通常在联邦立法的基础上结合本州的实际情况作出调整，以适应本州的需要。本书主要介绍联邦的老人立法。

（一）美国《老人正义法》（Elder Justice Act）

虐待老人是一个复杂的社会问题，往往需要采取多方面的政策措施，将公共卫生干预、社会服务项目和针对虐待行为的刑事执法相结合。为解决这一复杂问题，2010年3月奥巴马总统颁布了《老人正义法》，这是第一部针对虐待老人问题的综合性联邦立法。❶ 作为医疗改革法案的一部分，《老人正义法》是第一部授权联邦资金解决虐待老人、忽视和经济剥削问题的法律。

《老人正义法》适用于60岁以上的老人，目标之一是协调联邦和州护理机构对虐待老人问题的处理措施。《老人正义法》旨在促进老人正义，将"老人正义"界定为"为预防、发现、治疗、干预和起诉虐待老人、忽视和经济剥削等问题而作出努力"，并保护自理能力下降的老人，同时最大限度地保障老人行使自主权。

针对虐待老人问题，《老人正义法》设立了实体机构打击和协调虐待老人问题的处理，并加强了报告的要求。主要内容有以下几点：

（1）设立老人正义协调委员会（协调委员会），负责协调联邦、州、地方和私立机构打击虐待、忽视、剥削老人的活动并向国会提交报告和建议；

（2）设立虐待、忽视和剥削问题咨询委员会（咨询委员会），职责是支持协调委员会制订的打击虐待、忽视、剥削老人的计划和建议。咨询委员会由秘书处任命的27名成员组成，他们是虐待老人、忽视和剥削领域的专家；

（3）为虐待老人、忽视和剥削法医中心提供支持。《老人正义法》批准建立多达10个法医中心，以发展确定虐待老人和为受害者提供支持服务的专业知识。具体而言，法医中心主要承担以下职责：

①制定标准，确定虐待事件发生的时间，是否构成犯罪；

②发展受害者支持和案例评估、跟踪和审查的专业知识；

③向卫生与公众服务部和美国司法部部长提供数据。

（4）报告长期护理机构中出现的犯罪情况。《老人正义法》将报告的主体延伸到联邦资助1万美元以上的长期护理机构，这些设施的所有者、经营者、雇员、经理、代理人或承包商（被保险人）必须报告任何具有合理怀疑的虐待行为，必须在合理怀疑形成后24小时内向"国家老年虐待行政举报中心"（DHHS）和当地执法部门报告。如果引起合理怀疑的事件可能导致老人严重的身体伤害，则必须在形成怀疑后两小时内进行举报。

（5）对实施违规报告的个人进行处罚。如果报告义务人不遵守报告要求，

---

❶ Lori A. Stiegel, Elder Abuse Prevention: Elder Justice Act Becomes Law, But Victory Is Only Partial, BIFOCAL Mar. – Apr. 2010, p. 1.

该人可能会受到高达200000美元的民事罚款。如果因不报告加重了对受害者的伤害或者对另一个受害者造成伤害，那么惩罚会增加到300000美元；

（6）指导建立国家护士助理登记处的研究，包括刑事背景调查。

（二）《美国老人法》（Older Americans Act）

1965年7月14日，《美国老人法》正式通过。这是美国第一部针对老人问题出台的专门性法律，该法的出台为美国社会成立全国性老龄行政机构提供了法律依据，同时也标志着美国已将老人工作纳入了国家的法制建设当中。

《美国老人法》的颁布，对于不同层级的政府部门以及公、私立机构之间的合作提供了完整的架构，通过纵向整合及横向之间的网络联结，为美国老人提供了一个包含医疗、照护、教育、健康等层面的较为全面的服务方案，以提升老人的生活质量。

在《美国老人法》中，从第三章到第七章都是为老人提供服务方案的相关内容。

1. 州及社区保护老人方案（Grants for state and community programs on aging）❶

（1）支援性服务与老人中心方案。包含以下服务：

①区域性卫生健康（包括精神健康）、教育及培训福利、资讯、休闲、家政类服务、日常生活咨询服务；

②辅助老人日常生活的设施及服务；

③保护和帮助残障老人的特需服务；

④鼓励有工作能力的老人再就业的人力资源服务，包括工作咨询及适当的工作规划、职业介绍；

⑤护理机构、社区工作人员的职业培训、法律咨询的培训等。

（2）营养服务方案。包括社区的营养服务及送餐到家的营养服务等方案，此项计划必须保证一周五天以上（至少一天一次），由专人送餐到固定地点或者送到老人家中。

（3）疾病预防与健康服务方案。内容包括：

①例行性的身体健康检查；

---

❶ 陈冠良，《美国老人法之概述》，http：//www.nhu.edu.tw/~society/e-j/82/82-18.htm.，最后访问日期：2017年12月25日。

②社区健身计划；

③家庭伤害控制服务；

④营养咨询及教育服务；

⑤对忧虑症的预防和检查；

⑥有关医疗保险制度的计划等。

(4) 全国家庭照护者支援方案

2000年《美国老人法（修正案）》颁布了一项新的计划，即全国家庭护理人员支援方案。要求各州政府与本地老人护理机构和社区服务提供商，一起为家庭护理人员提供五项基本服务，包括：

①为家庭护理人员提供现有服务的及时资讯；

②协助家庭护理人员获取所需服务；

③为家庭护理人员提供个人心理咨询服务、专业业务培训；

④提供间歇护理服务，保证家庭护理人员的休息时间；

⑤提供家庭护理辅助服务。

2. 保证健康、独立及长寿的活动方案（Activities for health independence, and longevity）

(1) 为老人提供再就业服务；

(2) 受虐老人保护服务；

(3) 在农村地区进行健康护理服务示范；

(4) 电脑操作培训；

(5) 交通运输工具的技术培训、操作辅助；

(6) 法律咨询服务；

(7) 老龄化严重地区的社区改造计划。

3. 为老人提供社区服务机会（Community service senior opportunities act）

也称为《老人社区服务就业法案》。该计划的主要目的在于帮助55岁以上的失业、低收入老人在社区服务活动中获得兼职工作的机会。此项计划由劳工部制定，在制定、实施之前与各级政府及相关公、私立机构就实施目的、内容与经费等方面进行协商，达成共识。

本计划的适用对象为55岁以上的低收入老人，但60岁以上的老人享有优先权。

4. 本地居民补助方案（Grants for native Americans）

目的在于推广支援性服务，为美国印第安人、阿拉斯加土著居民及夏威夷土著居民服务，其中包括餐饮服务、护理服务等。计划分为两类，一是印第安人服务计划：任何印第安种族组织，如有能力为50名60岁以上的老人提供支援性服务，经核准可由老人行政管理局补助全部服务费用。二是夏威夷土著居民服务计划：任何有能力为50名60岁以上的老人提供支援性服务的护理机构，经核准可由老人行政管理局补助全部服务费用。

5. 保护受虐老人权利活动方案（Allotments for vulnerable elder rights protection activities）❶

（1）辨认及预防老人遭受虐待、忽视、经济剥削的公共服务和相关推广服务；

（2）使用遭受虐待、忽视、经济剥削的老人的分析报告；

（3）法律执行机构、公共保护服务机构的执照发放，虐待现象报告计划，保护机构之间的转介和服务网络的建立。

此外，美国国会于1992年增加了受虐老人权利保护活动条款，以此来保护受虐老人享受的基本权利。此项条款有三部分内容❷：

（1）长期护理服务方案；

（2）老人遭受虐待、遗弃、经济剥削的预防；

（3）提供法律咨询服务方案。

三、美国防治虐待老人的法律实施

（一）《老人正义法》的实施措施

1. 虐待老人法医中心❸

以洛杉矶虐待老人法医中心为主要研究对象。

---

❶ Title Ⅶ—Allotments for vulnerable elder rights protection activities, The Older Americans Act Of 1965, p. 139.

❷ Administration on Aging, Older Americans Act: A Layman's Guide, U. S. department of Health and Human services (2008), p. 4.

❸ Navarro AE, Wilber KH, Yonashiro J, Homeier DC., Do We Really Need Another Meeting? Lessons From the Los Angeles County Elder Abuse Forensic Center, The Gerontologist, 2010: 50 (5), p. 702.

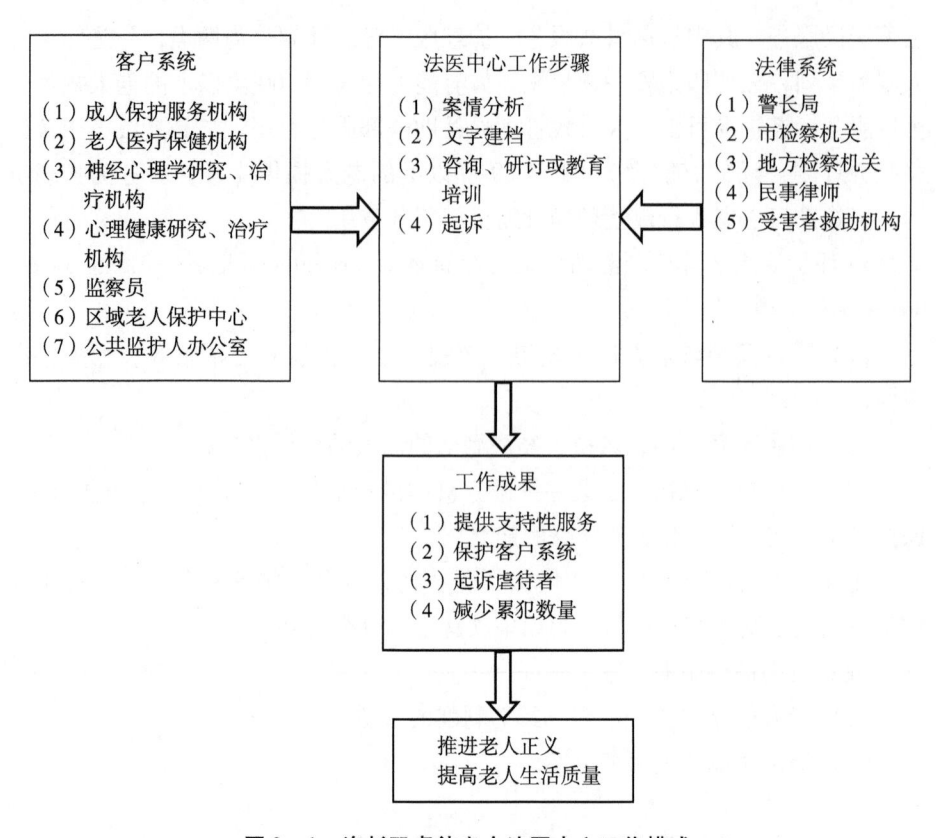

```
┌─────────────────────┐   ┌─────────────────────┐   ┌─────────────────────┐
│      客户系统        │   │   法医中心工作步骤    │   │      法律系统        │
│ (1) 成人保护服务机构  │   │  (1) 案情分析        │   │ (1) 警长局           │
│ (2) 老人医疗保健机构  │   │  (2) 文字建档        │   │ (2) 市检察机关        │
│ (3) 神经心理学研究、  │──▶│  (3) 咨询、研讨或教育 │◀──│ (3) 地方检察机关      │
│     治疗机构         │   │      培训            │   │ (4) 民事律师          │
│ (4) 心理健康研究、治疗│   │  (4) 起诉            │   │ (5) 受害者救助机构     │
│     机构             │   │                     │   │                      │
│ (5) 监察员           │   │                     │   │                      │
│ (6) 区域老人保护中心  │   │                     │   │                      │
│ (7) 公共监护人办公室  │   │                     │   │                      │
└─────────────────────┘   └──────────┬──────────┘   └─────────────────────┘
                                     ▼
                          ┌─────────────────────┐
                          │      工作成果        │
                          │ (1) 提供支持性服务    │
                          │ (2) 保护客户系统      │
                          │ (3) 起诉虐待者        │
                          │ (4) 减少累犯数量      │
                          └──────────┬──────────┘
                                     ▼
                          ┌─────────────────────┐
                          │   推进老人正义        │
                          │   提高老人生活质量    │
                          └─────────────────────┘
```

图 2-1　洛杉矶虐待老人法医中心工作模式

1) 法医中心人员构成

该法医中心由以下机构和成员组成[1]：洛杉矶成人保护服务机构、执法部门（包括洛杉矶警察局、洛杉矶警长局）、洛杉矶地方检察官办公室、受害者或证人协助洛杉矶市检察官办公室、洛杉矶公共监护人办公室、洛杉矶精神卫生局和南加州大学凯克医学院。此外，法律服务提供商也被邀请加入到核心团队，提供民事方面的专业知识。这些机构和成员是固定成员。

其他则是临时参与者，其中包括长期护理监察员、洛杉矶验尸官部和发展服务部地区中心。评估小组由南加州大学的教师和研究生组成。

2) 提供服务对象

法医中心为三类客户提供服务：(1) 老人和需要照顾的成人；(2) 为疑

---

[1] Wiglesworth A, Mosqueda L, Burnight K, Younglove T, Jeske D., Findings from an elder abuse forensic center. The Gerontologist., 2006. 46 (2), pp. 277-283.

似受虐者提供服务的专业护理人员；（3）更广泛的社区老人。中心成员开展社区演讲、为工作人员提供培训，加大工作力度，提高社区对虐待老人的认识和相关知识。

3）具体工作方案

法医中心成员每周举行会议。由案件负责人和转介机构合作确定会议的议程，其中包括对2~4个新案件的案例分析、案情最新情况汇报、发布公告。

（1）案例分析前。转介机构和案件负责人需要向中心成员提供案件基本资料，包括客户和施虐者的特点、案件背景的简要说明、对问题的简要描述、事件的时间表以及尝试或完成的干预措施。

（2）案例审查分析过程中。团队成员提出问题、明确案件信息、提出相应的建议，并在必要时使用网络和电脑等设备获取实时信息（如涉嫌施虐者的犯罪背景、相关法律法规等）。

团队成员提供的建议包括安排各项评估（例如老人的身体健康状况、精神状态、心理健康等）、与服务机构取得联系（例如护理机构、公众监护人办公室等）、是否进一步调查（例如犯罪相关事实、护理人员身份），以及具体的教育培训支持（例如获得老人的医疗记录、是否有冻结资产、提交刑事案件的证据）。

如果与老人同住的其他人（例如配偶、需要照顾的成人或未成人）有潜在风险，那么，会议还要听取这些人的建议。

（3）审查分析结束时。案件负责人通过归纳、整合团队成员的建议总结干预计划。法医中心成员确定案件的核心问题，查看案件更新情况的具体时间。

此外，案件负责人需访问内部系统，明确案件的处理进程，确定案件处于评估、调查、监管和起诉的状态。这个持续时间很长的案件情况跟踪对了解客户的案件结果至关重要。

（4）团队成员在整个调查过程中提供咨询服务。法医中心的主任和老年病学家可以申请审查病历，也可以通过家访来评估老人的健康状况。法医神经心理学家通过对老人的家访来评估老人遭受虐待时的认知能力和决策能力。老年病学家和心理学家还可以简化成人服务机构、执法机构和检察官之间信息共享的流程。公共监护人办公室、市检察官办公室和老人法律服务部门提供法律专业知识。检察机关提供包括处理提交刑事案件所需的具体信息，并就起诉标准方面提供建议，同时，他们也提供了民事方面的专业信息，例如老人的资产、贷款情况，监护人等相关信息。

4）工作成果

法医中心团队的工作成果的评估由下列调查结果数据组成，图表数据代表团队成员对所在团队的满意程度。调查表反映了团队成员办案的效率，从而可以看到各环节在处理案件过程中的优势和不足。

请选择最能描述您参加这个团队的时间的方框：
☐1~3次会议　　☐4~6次会议　　☐6~10次会议　　☐11次及以上会议

团队办案效率清单

下列对于团队工作的评语中，圈出您的真实感受所对应的数字。
5＝非常同意，4＝同意，3＝中立，2＝不同意，1＝强烈不同意

1. 团队中的每位成员都知道我们的团队为什么要这样做。
　　　　5　　　4　　　3　　　2　　　1

2. 案件负责人随时告知团队成员在完成案件过程中采取的任何行动。
　　　　5　　　4　　　3　　　2　　　1

3. 团队中的每位成员对团队的决定有充分的发言权或重要的影响力。
　　　　5　　　4　　　3　　　2　　　1

4. 如果外部人员描述我们在团队中沟通的方式，他们会用"开放""诚实""及时""双向"等词语。
　　　　5　　　4　　　3　　　2　　　1

5. 团队成员具备完成案件任务的专业技能和知识。
　　　　5　　　4　　　3　　　2　　　1

6. 团队中的每位成员都知道并了解团队的优先权。
　　　　5　　　4　　　3　　　2　　　1

7. 作为一个团队，我们一起努力制定明确的、可行的和适当的目标。
　　　　5　　　4　　　3　　　2　　　1

8. 团队成员集体决定如何处理事务，而不是团队领导制订具体工作计划。
　　　　5　　　4　　　3　　　2　　　1

9. 作为一个团队，我们能够共同努力克服障碍和冲突，而不是无视它们。
　　　　5　　　4　　　3　　　2　　　1

10. 团队中每位成员所扮演的角色都是精心设计的，对整个团队来说都是有意义的。
　　　　5　　　4　　　3　　　2　　　1

11. 如果团队没有达到目标，我更感兴趣的是找出原因，而不是谴责队员。
　　　　5　　　4　　　3　　　2　　　1

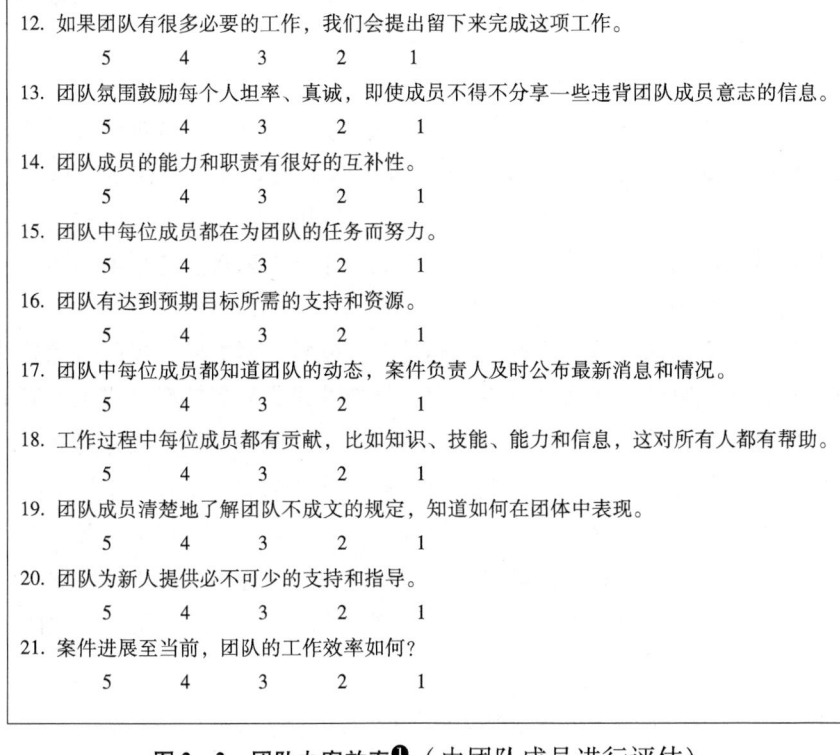

第二章 美国防治虐待老人法律及其实施

```
12. 如果团队有很多必要的工作,我们会提出留下来完成这项工作。
      5    4    3    2    1
13. 团队氛围鼓励每个人坦率、真诚,即使成员不得不分享一些违背团队成员意志的信息。
      5    4    3    2    1
14. 团队成员的能力和职责有很好的互补性。
      5    4    3    2    1
15. 团队中每位成员都在为团队的任务而努力。
      5    4    3    2    1
16. 团队有达到预期目标所需的支持和资源。
      5    4    3    2    1
17. 团队中每位成员都知道团队的动态,案件负责人及时公布最新消息和情况。
      5    4    3    2    1
18. 工作过程中每位成员都有贡献,比如知识、技能、能力和信息,这对所有人都有帮助。
      5    4    3    2    1
19. 团队成员清楚地了解团队不成文的规定,知道如何在团体中表现。
      5    4    3    2    1
20. 团队为新人提供必不可少的支持和指导。
      5    4    3    2    1
21. 案件进展至当前,团队的工作效率如何?
      5    4    3    2    1
```

图2-2 团队办案效率❶（由团队成员进行评估）

5）推进老人正义,提高老人生活质量

工作成果的评估标准可以用于推进老人正义,提高老人的生活质量。其中一个重要的评估指标是在团队讨论案件的过程中,案件负责人和转介机构是否提供了高质量的虐待老人案例。绝大多数的案件都涉及严重的虐待行为,涉案老人需要大量的救助和服务。据统计,近1/3的老人接受了神经心理学检查评估,法医中心为近1/4的老人提供了家庭医疗评估。在分析和讨论的个案中,超过1/3（28起）的案件已经成功起诉。❷

6）培训和宣传

该团队的大部分成员都参加了培训和宣传活动,目的在于提高老人对虐待

---

❶ Kormanski C, Mozenter A., A new model of team building, a technology for today and tomorrow, The 1987 annual: Developing human resources, University Associates, San Diego, CA. 1987, pp. 255-268.

❷ Navarro A. E, Wilber KH, Yonashiro J, Homeier D. C., Do We Really Need Another Meeting? Lessons From the Los Angeles County Elder Abuse Forensic Center, The Gerontologist, 2010: 50 (5), p.711.

行为的认识和理解。他们开展的活动主要有广播、有线电视采访以及报纸、杂志在内的媒体宣传。

7）总结

团队成员的合作取得了多个领域的研究成果，包括医疗和神经心理学评估结果、法庭证据证词的提供、各服务机构（如个案管理、精神卫生服务、法律委托代理）的协助，以及对成人保护服务机构和执法调查人员的支持。这些专业人员的活动一直是保护老人和提供支持服务的来源，包括案件监督、起诉、判决、赔偿等。

但是，由于团队成员涉及许多不同的专业领域，对案件结果的追踪始终是困难、复杂和耗时的。法医中心在实现案件持续跟进和保持案件成果方面的成效，仍然是研究的重点和工作的难点。解决这个问题的较好办法是建立一个评估办案有效性的分析比较小组。该小组将利用严格的实验设计，系统地测试案件办理的附加价值，有针对性地采取措施，如：①增加成人保护服务机构和执法部门之间的交叉报告；②提高对老人救助的效率，包括提供支持性服务、对案件的监督和起诉；③减少案件的重复、循环受理；④评估案件办理的成本效益。

2. 成人保护服务系统（Adult Protective Services，APS）

1）成人保护服务系统简介

成人保护服务系统在处理老人的虐待、忽视、自我忽视和经济剥削方面发挥着关键性作用。从历史上看，美国联邦政府没有提供成人保护服务的依据，也没有指定联邦拨款来资助这项极为重要的服务。相反，各州和各地方机构已经开始了各种各样的成人保护服务的实践，这导致各州之间有时会出现重大的差异和变化。为了支持成人保护服务机构和加强虐待老人问题的改善，社区生活管理局一直在制定指导方针，旨在帮助各州开发运行高效的成人保护服务系统。

美国的老人保护在20世纪70年代是没有政策，到20世纪80年代发展出以心理咨询与家庭工作为基础的家庭内部保护服务和老人与家属的压力调节服务。自20世纪80年代起，美国开始积极发展老人社区及家庭照顾服务为主的老人保护系统，并搭配出台高风险个案的紧急安置保护措施。整体而言，是由一个家庭工作模式，逐渐转变为"家庭暴力防治＋老人福利服务"的综合性、整合性模式。

当老人及有身心障碍的成人有被虐待或被忽视的危险，并且他们无法照顾自己、保护自己，也没有其他人可以协助他们的时候，美国成人保护服务系统则会提供服务来保障他们的安全。美国成人保护服务系统受理成人虐待的报告、调查报告的事实，给予处理、追踪、评估，并提供或安排转介医疗、社会、经济、司法、居所、执法或其他保护、紧急措施及支援服务。

在大多数的州，工作在成人保护服务系统的社工通常都是虐待老人现象的第一报告人。大多数的成人保护服务系统为老人及易受伤害的成人提供服务，而某些州的成人保护服务系统只负责老人的个案，还有少数州的成人保护服务系统只服务18岁至59岁的成人。

2) 成人保护服务系统工作原则❶

成人保护服务系统介入或提供服务时，最重要的原则是在保护老人安全的前提下尊重老人自我选择、自己决定的权利，在两者之间寻求平衡，次要原则是必须以诚实、关怀、尊敬的态度去对待受害的老人。

(1) 伦理原则：

A. 成人有权利保证自身安全；

B. 成人除非受到法院宣告的限制，否则拥有民法及宪法上的权利；

C. 成人有权作出不遵守社会规范的决定，只要这些决定不伤害他人；

D. 除非法院宣告，否则成人都有自决权；

E. 成人有权接受或拒绝服务。

(2) 最佳实践方针：

A. 任何介入工作的第一考虑因素应是成人本人的利益；

B. 不要将自己的价值观强加于他人身上；

C. 提供服务之前，应告知该成人并征求其同意；

D. 尊重老人的隐私权；

E. 认识到文化、历史及价值观等个人差异；

F. 以对方能了解的方式说明他们享有的权利；

G. 尽最大的能力，使该成人尽可能地参与制订服务计划；

H. 在该成人能接受的范围之内制订服务计划；

I. 优先使用限制最少的服务，社区服务优于机构服务；

---

❶ Bomba, Use of a Single Page Elder Abuse Assessment and Management Tool: A Practical Clinician's Approach to Identifying Elder Mistreatment, Elder Abuse and Mistreatment: Policy, Practice and Research, Journal of Gerontological Social Work, 2006, pp. 103 – 122.

J. 在符合该成人的最大利益前提下，优先使用家庭及非正式的服务和支持系统；

K. 不要伤害成人，不适当的介入可能比没有介入更糟糕。

3）成人保护服务系统工作流程

成人保护服务系统的运作分为四个环节：案件报告与接案、调查、支持以及受虐者拒绝服务时的转介或结案。

举报虐待老人现象的途径有很多，当任何人怀疑有老人遭受到虐待、疏忽或经济剥削时，可以拨打"911"电话报警，也可以拨打老人保护热线或向当地的成人保护服务系统报案。

当成人保护服务系统接到报案后，首先判断案件是否是紧急状况，如果案件情况紧急，应立即报告给警方或联络紧急医疗人员采取救助措施。如案件不需立即提供援助和救助，成人保护服务系统应审查案件的主体身份，如个案的主体身份不符合所在州的规定，应向报案者提供相关案件资讯或转告相关单位；如果个案的主体身份符合所在州的规定，则按照受害者的危险程度决定处理的优先顺序及处理时间，并把案件分派给成人保护服务系统的工作人员开展调查。

在调查过程中，工作人员按照案件的紧急程度，在规定的时间内联系遭受虐待的老人，通过和被害人的接触和沟通，评估目前的危险因素、被害人的行为能力等基本情况，在向被害人充分解释说明案件和服务之后，寻求被害人的同意，以便开展进一步的调查并提供相应的服务。

得到被害人同意之后，成人保护服务系统的社工制订出服务计划，为受害人提供财务安排、家庭健康服务及医疗与心理健康服务，此外，还将提供紧急安置、房屋修补、三餐、交通等短期服务。

如果被害人拒绝接受成人保护服务系统的服务和救助，可以将案件转介给其他具有帮助、服务资源的机构或提供相关资源。

在案件处理完毕后，负责处理案件的成人保护服务系统工作人员将持续追踪服务的结果，确保危机已减少或解除。

第二章　美国防治虐待老人法律及其实施

```
          ┌─────────────────┐
          │  案件报告与接案  │
          └────────┬────────┘
                   ↓
   ┌──────────────────────────────┐
   │ 怀疑老年人遭受虐待、忽视或剥削时， │
   │ 拨打专线电话或拨给州或当地人的成人 │
   │ 保护服务系统进行报案              │
   └──────────────┬───────────────┘
                  ↓
        ┌──────────────────┐
        │ 成人保护服务系统接案 │
        └─────────┬────────┘
    ┌─────────────┼─────────────┐
    ↓             ↓             ↓
┌─────────┐ ┌──────────────┐ ┌─────────┐
│个案的主体身份│ │个案的主体身份符合该州的规定│ │若为紧急案件│
│不符合该州的规定│ │       ↓            │ │   ↓     │
│   ↓       │ │依受害者的危险程度决定处理的│ │立即报警或│
│提供报案者资讯或│ │优先顺序及几个小时内要处理  │ │联络紧急医疗人员│
│转告相关单位  │ │       ↓            │ └─────────┘
└─────────┘ │分派给成人保护服务系统的工作│
            │人员进行调查              │
            └──────────────────────┘

        ┌──────┐
        │ 调查 │
        └───┬──┘
            ↓
┌──────────────────────────────────────┐
│依情况的紧急程度，在各州规定时间内联系被害人│
└──────────────────┬───────────────────┘
                   ↓
        ┌──────────────────────┐
        │ 评估目前被害人的危险因素 │
        └──────────┬───────────┘
                   ↓
┌──────────────────────────────────────┐
│评估被害人的行为能力以了解目前危机，并在充分说明│
│之后的调查及提供服务后，寻求被害人的同意        │
└──────────────────────────────────────┘
```

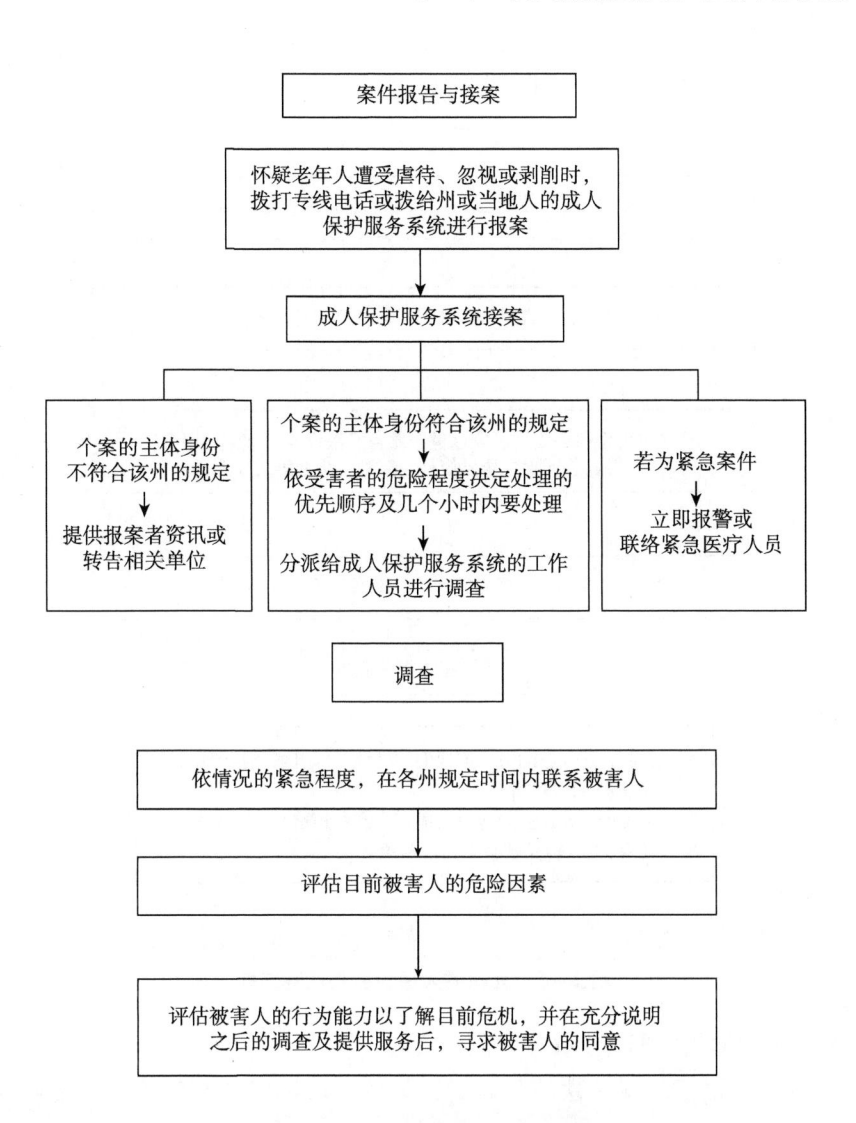

图 2-3　成人保护服务系统流程

```
                    ┌──────┐
                    │ 支持 │
                    └──────┘
                        │
         ┌──────────────────────────────────┐
         │ 得到被害者同意之后，APS社工制订出服务计划 │
         └──────────────────────────────────┘
                        │
         ┌──────────────────────────────────┐
         │ 可由社工直接提供服务或安排转介其他单位的资源 │
         └──────────────────────────────────┘
                        │
    ┌─────────────────────────────────────────────┐
    │ 受害者可由财务安排、家庭健康服务及医疗与心理健康服务， │
    │ 获得紧急安置、房屋修补、三餐、交通等短期服务         │
    └─────────────────────────────────────────────┘
                        │
    ┌─────────────────────────────────────────────┐
    │ APS社工持续追踪服务的结果，确保危机已减小或解除     │
    └─────────────────────────────────────────────┘

                 ┌──────────────┐
                 │ 若被害人拒绝服务 │
                 └──────────────┘
```

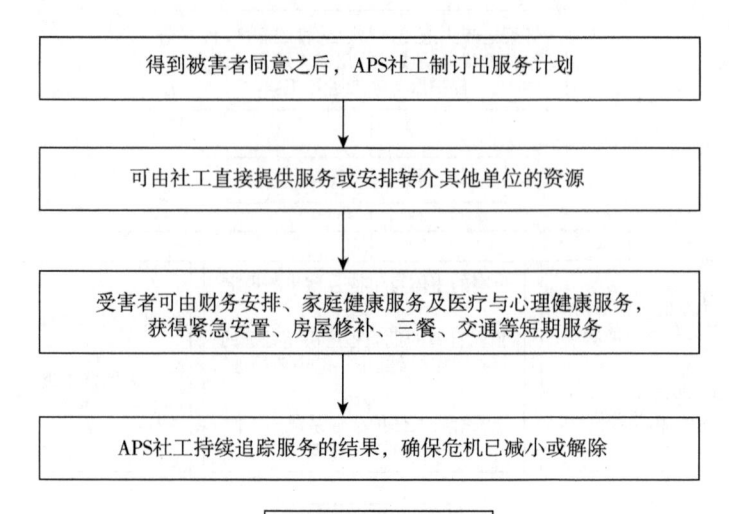

- 如果被害人有能力了解他们的处境，即有权利拒绝服务不论危险程度如何
- 在某些州，有认知能力的成年人有权拒绝APS的调查
- APS社工可转介被害者其他资源

```
                    ┌──────┐
                    │ 结案 │
                    └──────┘
```

图 2-4 美国成人保护服务四环节❶

4）美国加州橘郡的工作模式

美国各州的成人保护法不尽相同，如成人保护服务对象的年龄及所处环境，虐待的定义与表现形式，虐待属于刑事案件还是民事案件，报案是不是每个人的义务，调查的责任与程序，虐待的矫治等，都有所不同。在某些州，成人保护服务的相关法律只保护独居或遭受家庭内部暴力的老人，而在某些州，还保护住在养老院或其他长期护理机构中遭受机构内部暴力的老人。

在美国加州橘郡，成人保护服务部门是社会服务机构（Social Service Agency）下的一个单位，成人保护服务部门规模较小，大约只有儿童保护服务

---

❶ 杨培珊：《欧美老人保护政策与方案》，台湾反性别暴力资源网，http://tagv.mohw.gov.tw/TAGV17.aspx?type1=2&type2=6&type3=2&type4=N，最后访问日期：2018年1月22日。

部门的一半。接听热线的社工负责接听报案电话，并决定是否派出紧急医疗社工去调查个案，再判断是否要由他们的社工进行后续服务，最后结案或者转介到其他适合的单位。

出现下列三项情形应立即报案：

（1）个案有"立即的生命危险"，即个案目前面临严重身体伤害或死亡的危险，此危险可能是由于自己或他人的行为或不作为所造成的。

（2）个案有"即将发生的危险"，即个案有极大的可能即将或立刻面临严重身体伤害或死亡的危险，此危险可能是由于自己或他人的行为或不作为所造成的。

（3）个案发生实际危机，即原本存在的保护、支持或治疗措施发生改变，不再能保护老人免受伤害，此时成人保护服务部门针对伤害采取的行动是必需且恰当的。

若接到的报案中存在性虐待、老人有自杀的意图、严重褥疮或其他严重的身体伤害，则需报告当班的督导或是其他任何一位督导，使之了解案件情况。

当接到的报案属于犯罪行为时，则建议报案人必须打电话报警并完成报案记录。医疗机构有时不会报警，当他们认为向成人保护服务系统报案就已经足够。当怀疑医疗机构的工作人员是施虐者时，成人保护服务部门一定要报案，并且联合健康服务部门一起进行调查。

虐待老人发生的原因是多样且复杂的，若只着眼于受虐老人与施虐者的互动情况或是老人是否能够生活自理这些问题，老人受虐的问题可能无法得到解决。应该考虑到护理人员及家属、老人周遭环境等各项因素，因此成人保护服务部门不应只和保健、医疗等部门合作，也应建构与警政、司法、教育等社会资源的合作网络。成人保护服务部门还应定期召开地区救援网络会议，与其他机关交换情报及意见，并在会议之中提出疑难案件，咨询各领域专家的意见，以整合团队的力量来解决问题。成人保护服务部门的社工没有强行要求其他部门介入的权力，因此要保护遭受虐待的老人并给予他们适当的支援，需要其他机构的配合。

3. 强制报告制度

在美国，虽然虐待老人是一个全国性的问题，但由于没有强制报告虐待老人现象的联邦法律，因此各州有权决定是否规定强制报告制度，以及决定本州强制报告制度的具体内容。

目前，美国50个州中，有43个州制定了虐待老人问题强制报告的相关法律，其他州规定了自愿报告制度。由于没有联邦层面的统一立法，已经规定强制报告的43个州的立法，对强制报告的主体、报告的情形、未能履行报告义务而应承担的责任、报告的例外以及对报告者保护的措施等方面存在着一定的区别。

1）报告的主体

尽管各州立法对强制报告的主体有差异，但都明确指定医生和护理人员为强制报告的义务主体。其他人员，如法律执行官员、验尸官、教士、社工、律师、老人护理机构，在有些州的立法中也是强制报告的主体。例如，得克萨斯州立法将强制报告主体界定为由于职业原因与老人关系密切的人员，包括律师、教士、医护人员、社会工作者，以及精神健康专业人士。[1] 佛罗里达、佐治亚、堪萨斯和密西西比4个州的立法甚至规定银行职员为强制报告的责任人。多达16个州的立法要求任何人发现可能存在虐待老人现象都有责任和义务向政府报告。

2）报告的情形与内容

强制报告制度适用于所有达到法律规定年龄的受害者，而不论其精神状况、身体状况或者其他状况。例如，罗德岛州的立法规定所有超过60岁的老人如果存在被虐待、忽视或经济剥夺、自我忽视的现象，应当向州政府报告。同样，得克萨斯州立法规定65岁以上的老人如果遭受虐待、侵害、忽视或经济剥削，必须向指定的州管理部门报告。

尽管各州报告的情形有差异，但报告的内容均包括报告者的姓名和地址、遭受虐待的老人、可疑施虐者的信息以及报告者获得虐待信息的依据。[2]

3）未能报告的责任

针对未能报告的责任，有些州的立法规定了数额不等的罚款；也有些州规定了一定数额的罚款或短期监禁；还有一些州规定了未能及时报告可能承担的民事责任。

例如，阿肯色州立法规定，有报告义务的人或护理人员故意不履行报告义务，将处以相应的民事责任。这种民事责任包括支付相应的治疗费用和补偿

---

[1] 杨志超：《美国强制报告制度对中国老年保护的启示》，载《法学论坛》2013年第3期，第44页。

[2] Jennifer Beth Glick, Protecting and Respecting Our Elders Revising, Mandatory Elder Abuse Reporting Status to Increase Efficacy and Preserve Autonomy, University of Virginia, School of Law, 2005 Fall, 2005, p. 722.

等；还有些州的立法规定了不履行报告义务将对其职业资格产生影响。

4）报告的例外

各州立法都规定了强制报告的例外情况。一般而言，例外情况主要是指受害人没有受到"直接威胁"或者没有处于"明显的危险"。

例如，缅因州立法规定，如果某专业机构在为涉嫌施虐者提供服务时，了解到或怀疑存在虐待的事实，除非被害人的生活和健康受到明显的"直接威胁"，否则专业人士无须报告虐待情况。❶ 威斯康星州立法规定，仅在以下情况需要报告：报案的受害人即将发生严重的肉体伤害、死亡、性侵犯或明显的财产损失的风险。❷

法律制度仅为人们解决问题提供了平台，还需要出台相关的对策跟进。为落实强制报告制度，美国各州普遍采取了加强报告义务人的专业培训、提高老人的维权意识、为受虐老人提供服务等对策措施。

有调查显示，94%的被调查者知道法律规定其具有报告的责任，但其中仅有28%的被调查者了解报告的具体内容、报告机构和报告程序。❸ 因此，有必要加强报告责任人的专业培训。为使报告者知晓其强制报告的责任及报告注意事项，医学院、法学院、警官学院、医院、银行等部门会免费或以较低的价格向报告责任人提供专业培训。例如，医院在对医生或护士等报告责任人进行专业培训时，会教授他们填写强制报告时如何保持公正、客观的立场以避免主观偏见，以及如何通过受害人的伤情或者照顾者的陈述辨明是否存在虐待问题。毫无疑问，对医务人员的专业培训能够增强他们对虐待老人现象的敏感度，增加发现虐待老人的可能性，切实维护受虐老人的人身和财产安全。

5）总结

强制报告制度之所以能发挥效用，很大程度上依赖于老人知晓其权益及救济途径。为此，美国成人保护服务机构经常与老人教育机构合作，开展虐待老人与权益保护的教育项目，旨在使老人了解虐待的严重性、发生原因、表现形式、知晓强制报告的责任主体等。一些非政府组织，如美国退休职工联合会，

---

❶ Maine Revised Statutes, Title 22: HEALTH AND WELFARE, Section 3479 OPTIONAL REPORTING.

❷ Wis. Stat. Ann. § 46.90 Elder abuse reporting system. https://docs.legis.wisconsin.gov/statutes/statutes/46/90 最后访问日期：2017年12月24日。

❸ Stephen G. Coughlan, Mandatory Reporting of Suspected Elder Abuse and Neglect: A Practical and Ethical Evaluation, Dalhousie Law Journal, 1996, 19 (1), pp. 45–70.

为已经退休的老人提供咨询服务；专门的家庭暴力研究中心也向遭受虐待的老人提供各种服务，成立了反抗家庭暴力小组、家庭正义中心等组织，通过组员之间的帮助和支持，使遭受虐待的老人积极寻求强制报告责任主体或保护机构的帮助。可以说，老人维权意识的强弱深刻影响着强制报告制度的实效。

强制报告制度的作用不仅体现在发现并制止照顾者的虐待行为，还体现在发现受虐待的老人，并提供相关服务。各州成人保护服务机构和司法机构设立24小时热线，受理有关虐待老人的报告，并以最快的速度进行调查处理。长期照护监察员与地方警察局、医院、社工组织等公共机构或私人机构密切合作，积极处理虐待老人的案件，制止虐待老人的行为。除此之外，对于经强制报告系统发现的施虐者，相关机构除对其进行惩戒或警告外，成人服务机构还会派遣经过训练的社工或者志愿者对照顾者和老人提供正式或非正式的服务。

（二）《美国老人法》的实施措施

1. 虐待老人多学科小组（multidisciplinary team）

虐待老人行为的识别和鉴定往往耗时较长并且情况复杂，如果鉴定工作由单一的工作部门或者机构来完成，很可能会出现工作程序断点和资金不足的问题。在实践中，成立多学科小组是解决问题的最好实践方法。❶ 虐待老人多学科小组的职能是"汇集不同学科的专业人士，审查虐待老人案件，并处理案件相关问题"❷，其中包括监护人（受托人）、虐待问题专家组、弱势成人专家组、死亡审查组和虐待老人问题特别工作组。❸

Lachs & Pillemer 列出了多学科小组包括的成员、各成员扮演的角色，并将虐待老人行为依表现形式及背景进行分类，列出了可行的介入方式。❹

1）医生

在例行照护时，筛检及诊断虐待老人的现象。医生或其他健康护理医务人员是团队中的重要一员，他们可能是受害者除肇事者之外唯一可以接触的人，

---

❶ Wolf R. S, Pillemer K., What's new in elder abuse programming? Four bright ideas, The Gerontologist, 1994, 34（1），p.126.

❷ Teaster P. B, Nerenberg L., Stansbury K. L., A National Look at Elder Abuse Multidisciplinary Teams, Journal of Elder Abuse & Neglect, 2003, 15（3-4），p.91.

❸ Navarro, Wilber, Yonashiro, Homeier, Do We Really Need Another Meeting? Lessons From the LosAngeles County Elder Abuse Forensic Center, The Gerontologist, 2010：50（5），p.712.

❹ Lachs, Pillemer, Elder abuse, New England Journal of Medicine, 2015, 373, p.1950.

因此应对虐待的危险因素及受虐迹象高度警惕。

2）护士

同样是发掘虐待个案的一员，他们与老人有更自然且长期的接触（例如进行例行的皮肤或失禁护理），特别在家庭照护背景下，护士可能是施虐者与受害者之间互动的唯一外部观察者。当施虐者为照护者时，护士可以提供支持，并巧妙地让施虐者知道该行为是不应该的，某些情形下可及时阻止虐待行为。

3）社工

整合医疗及社区建议的关键角色。在特殊情况下，协助护理老人，如提供成人日间照护、间歇照顾服务。

社工往往是老人遭受虐待、忽视现象的第一反映人。因此，成年保护服务机构的社工需要从虐待现象报告人那里收集到尽可能多的信息，并迅速作出反应，评估虐待程度等案件情况。社工的工作往往会影响到之后的医疗人员、执法部门等各个工作环节和案件流程的进展。

4）检察官、律师

可于监护程序、制订护理计划、委托者授权的过程中给予协助，并协助判定照护资源，减轻照护者的负担。

5）执法人员、警察

在受虐老人不报告而演变成刑事案件的少数个案中采取行动。在这类个案中（大部分为极端个案），执法人员（如检察官、警察）扮演了举证的重要角色。

表 2-1　虐待老人发生原因与可行介入角色、方法对应表

虐待老人发生原因	可行介入角色	可行的介入方式
护理压力所导致的虐待	护工	①间歇护理服务 ②成人日间照护 ③增加其他家人、非正式或聘用的护理人员的协助，以减少护理人员的负担
	医生、护士、护理机构	①护理人员培训课程（如虐待行为的特征） ②给予护理人员心理健康咨询 ③给予护理人员社会资源支持，以减低孤立感

续表

虐待老人发生原因	可行介入角色	可行的介入方式
酒精、药物滥用导致的虐待	执法人员、警察	在适当情形下，给予酒精或药物滥用戒除课程
	医生	
由精神健康问题导致的暴力	执法人员、警察	转介治疗
	医生、护士	
长期婚姻暴力	医生	婚姻情感咨询
	社会团体	社会团体的帮助
	律师	①婚姻法律知识咨询 ②帮助申请避难所、保护令
	检察官、执法人员、警察	①提供避难所 ②发布保护令 ③受害者保护政策
经济剥削	家庭成员	检察官、执法人员、警察	①监护程序 ②老人保护服务
	雇用的护理人员	检察官、执行人员、警察	①转介服务 ②执行法律 ③老人保护服务

2. 长期护理机构

1）长期护理机构投诉程序❶

（1）根据联邦或各州的法规，认为个人权利受到侵犯的任何人都可以提出投诉。

（2）投诉可通过电话、电子邮件或书面形式进行。

（3）投诉人的姓名应保密，除非投诉人另有说明。

（4）如果涉嫌违规的监管问题，应当安排不经通知的调查，并提供书面调查结果。

（5）调查后，应向投诉人和护理机构提供书面报告。

（6）调查报告应包括以下内容：

---

❶ Terry Cline, Long Term Care Facility Complaint Procedure, https：//www.ok.gov/health2/documents/LTC%20Complaint%20Procedure%20Facility%20Poster%202011-03-31.pdf, 最后访问日期：2017年12月27日。

A. 指控的性质；

B. 书面调查结果；

C. 与投诉调查有关的不足之处（如有的话）；

D. 其他有关资料。

（7）上述（5）中的投诉信息应向公众公开。

任何人如果没有合理的依据故意或隐瞒实情地提出虚假的调查请求，对于护理机构遭受的任何实际损害以及由法院或陪审团认定的任何惩罚性赔偿，应当承担民事责任。

2）俄克拉荷马州护理之家（Nursing Home）的工作方式

俄克拉荷马州护理之家对护理人员虐待、忽视老人或挪用老人财产行为以下表的方式进行通报。❶

3）护工

护理助手/非技术服务人员虐待、忽视老人或挪用老人财产的通报

□护理助手　　　□非技术服务人员

机构类型_____

时间____/____/____

护理机构代码_____　护理机构名称_____

地址_____　联系电话_____

管理机关或报告机关_____

通报员工姓名

地址_____　联系电话_____

社会安全号码_____　通报编号_____

员工是否被停职？（　）是　（　）否

　　　　如果是，填写停职日期____/____/____

员工是否被开除？（　）是　（　）否

　　　　如果是，填写开除日期____/____/____

其他联系人_____　联系电话_____

地址_____

关于虐待、忽视或挪用老人财产的指控/事实

_____

_____

---

❶ 网址：https：//www.ok.gov/health2/documents/LTC%20Notification%20of%20Nurse%20Aide%20Abuse,%20Neglect（11k）.PDF. 最后访问日期：2017年12月27日。

(1) 护工工作指导原则❶：

相信知识就是力量，而且：

A. 成人保护服务机构的政策和实践必须以可靠的数据为指导；

B. 要有恰当的措施作为研究基础；

C. 调查和评估的实践方法是促进知识传播的关键；

D. 工组人员需要谨慎、认真分析、研究、应用研究成果；

E. 研究成果的应用可以为客户的律师提供帮助，还能为所需资源的开发提供支持。

(2) 具体工作实践：

A. 对案件进行初步评估后，社工与执法部门联系，以便为法医提供老人伤痕的照片等影像资料。

B. 执法部门为虐待老人法医中心提供照片，并请求老年医学专家检查老人的身体状况，以此来确定老人所遭受的身体虐待是否与所报告的受伤程度相符。

C. 在收到法医中心提交的案件后，地区律师可以审查执法部门收集的相关证据，并考虑提起诉讼。

(3) 美国奥兰治成人保护服务机构护工现行工作方案：

A. 成人保护服务机构指示登记注册的社工，在被告知存在身体虐待的情况下，可以向老人等相关当事人提问具体问题。

B. 社工持续收集关于老人瘀伤的详细信息，并特别注意瘀伤的位置和大小。

C. 此外，要求社工将这些报告提交给机构主管，以便机构能够了解案件具体情况并立即作出回应和处理。

D. 掌握案件调查的具体流程

无论是护工还是研究人员开展研究，基本都遵循上述顺序：从广泛的兴趣领域或者是老人有兴趣回答的问题开始。在大多数情况下，需要将提问的范围缩小，并集中在一个可以展开调查和研究的问题上。一旦问题确定，接下来就要确定最好的调查方法，在选择调查方法时，需要考虑许多因素，例如方案设

---

❶ Guidelines For Evaluating And Applying Researching Adult Protective Services, National Association of Adult Protective Services, http: // www. napsa - now. org/wp - content/uploads/2012/06/NAPSA _ NCPEA _ GUIDELINES_FOR_EVALUATING_AND_APPLYING_RESEARCH - 2. pdf, 最后访问日期：2017 年 12 月 27 日。

计的合理性、时间成本以及专业知识储备。在确定方法和收集数据之后，下一步将分析数据并出具调查结果。最后两个非常重要的步骤是与社区内的利益相关者分享调查成果，并基于所得结果讨论采取救助的方案和策略。

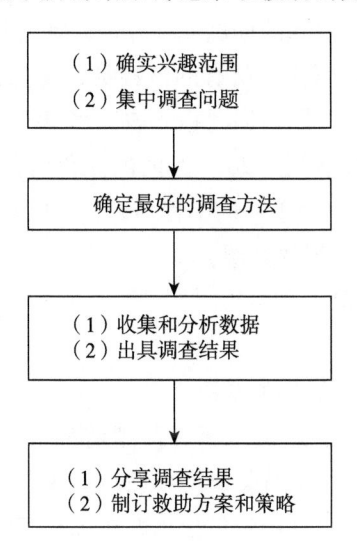

```
┌─────────────────┐
│（1）确实兴趣范围 │
│（2）集中调查问题 │
└────────┬────────┘
         ↓
┌─────────────────┐
│ 确定最好的调查方法│
└────────┬────────┘
         ↓
┌─────────────────┐
│（1）收集和分析数据│
│（2）出具调查结果 │
└────────┬────────┘
         ↓
┌─────────────────┐
│（1）分享调查结果 │
│（2）制订救助方案和策略│
└─────────────────┘
```

3. 国家长期护理监察员计划（The Long-Term Care Ombudsman Program，LTCOP）

根据《老人正义法》的授权，1972年美国开始实施示范计划，监察员计划现存在于美国的所有州、华盛顿哥伦比亚特区、波多黎各和关岛。每个州都有一个由专职监察员领导的长期护理监察员办公室。成千上万的地方监察专员和志愿者在全州数百个社区工作，作为全州监察员计划的一部分，协助居民及其家属，并为那些不能主张自己权利的人发声。

《美国老人法》第三章授权国家提供支持性服务和资助中心、广泛的社会服务，包括长期护理监察员服务。长期护理监察员计划是根据《美国老人法》授权并在州一级管理的。它为长期护理机构的居民提供了有效的宣传，以确保他们获得有质量的生活，并享有法律上应有的权利。自1978年以来，《美国老人法》规定了国家长期监察员计划的职能。但是，具体法规还没有颁布。在没有监管指导的情况下，各州在方案的解释和执行方面存在重大差异。

监察员（Ombudsman）一词源于斯堪的纳维亚语。在美国，它是指"主张者、提倡者"。长期护理监察员计划的主要职责是调查并努力解决由长期护理机构中的个人或其代表提出的投诉。这些护理机构包括养老院、老人住宿护

理设施和辅助生活设施。❶

以下以马里兰州为例介绍长期护理监察员计划。

1）长期护理监察员培训要求❷

所有新员工在完成所要求的培训课程并被认证为长期护理监察员之前，不得执行任何监察员的工作职责。所有的监察员，无论是正式员工还是志愿者，都要完成长期护理监察员计划培训课程，该课程遵循国家监察员资源中心提出的最佳培训建议方案，包括至少 20 个小时的课程培训和实践培训。

（1）新员工将进行 14 个小时的课程培训，其中包括 4 个部分：

A. 长期护理监察员计划的介绍；

B. 老人案件处理过程；

C. 居民的权利；

D. 护理机构的访问及案例的解决。

（2）完成课程培训后，新员工将和助理监察员一起完成至少 4 个小时的现场监督访问培训。最后一项监督访问由新员工领导，以此证明自身的专业能力。如果条件允许，实践培训还应包括出席居民和家庭理事会会议。

2）长期护理监察员计划的职责❸

（1）确定、调查和解决由居民或居民代表提出的投诉；

（2）向居民提供关于长期护理服务的信息；

（3）为发展居民和家庭理事会提供技术支持；

（4）倡导、改变居民的生活质量和关怀；

（5）寻求法律、行政和其他补救措施来保护居民；

（6）确保居民能够及时访问、联系到长期护理监察员。

3）长期护理监察员计划实施程序❹

（1）投诉处理。

A. 投诉只能由州长期护理监察员接收。投诉应以书面形式记录并分配给监察员进行调查。

---

❶ Office Of The State Long Term Care Ombudsman, LTCOP Service Description, New York State of Opportunity 网址：https: //ltcombudsman. ny. gov/，最后访问日期：2017 年 12 月 27 日。

❷ Alaska's Office Of The Long Term Care Ombudsman, Policy And Procedures Manual, 2011, p. 15.

❸ Sara S. Hunt, HISTORY AND ROLE OF THE LONG – TERM CARE OMBUDSMAN PROGRAM, Curriculum Resource Material for Local Long – Term Care Ombudsmen, National Long – Term Care Ombudsman Resource Center, 2008（9）, p. 11.

❹ Alaska's Office Of The Long Term Care Ombudsman, Policy And Procedures Manual, 2011, p. 23.

B. 当长期护理监察员收到关于投诉的信息时，监察员应该：

a. 明确或决定：投诉信息的类型、投诉人想要寻求什么样的结果、已经作出了什么努力来解决投诉的问题、该投诉是否属于长期监察员计划管辖的内容，如不属于，是否应移送给其他机构；

b. 与投诉人讨论处理案件的方案；

c. 鼓励投诉人亲自采取适当的行动，如果需要的话，长期护理监察员会进行协助；

d. 解释长期护理监察员作用是按照居民的意愿行事；

e. 讲解州长期护理监察员的保密工作。

C. 任何人都可以向州长期护理监察员提交投诉，包括居民、长期护理机构工作人员、家属和朋友。

D. 可以以匿名的方式向州长期护理监察员投诉。如果接收投诉的监察员能够直接与匿名投诉人沟通，则应会向投诉人解释，在某些情况下，匿名可能会限制监察员的调查和解决投诉的能力。

E. 在下列情况下，长期护理监察员应考虑自行申诉：

a. 监察员知道行为、不作为或决定可能对居民的健康、安全、福利或权利产生不利的影响，并且没有其他人对此类行为、不作为或决定提出投诉；

b. 该投诉不需要特定居民的同意。因为对此类行为、不作为或决定的调查涉及多个居民。

F. 在投诉过程中，居民表示不希望长期护理监察员就居民的投诉采取进一步的行动，监察员应停止调查或停止申诉，并且：

a. 试图确定居民拒绝或反悔的原因；

b. 给居民提供名片或小册子，告知居民如何联系州长期护理监察员；

c. 持续关注居民，对护理设施进行查访。

G. 即使居民的决策能力有限，监察员也应鼓励居民表达自己的真实意愿。当居民无法提供或不同意监察员直接提出投诉时，监察员应当：

a. 如有可能，联系并寻求驻地代表的同意，以确定其是否希望长期护理监察员代表居民提出投诉；

b. 如果没有驻地代表，寻找证据来确定居民希望得到什么，如果有这样的证据，则努力帮助实现这一愿望；

c. 征求州长期护理监察员的许可，解决关于居民的投诉。

表2-2　何时申诉可疑的虐待、忽视老人现象

居民或居民代理人（如果居民没有决策能力）	长期护理监察员将
允许监察员进行报告	通知有关机构并提供便利
（1）不准许监察员作出报告 （2）投诉人是长期护理人员、护理机构人员或其他强制性的报告人	通知投诉人有义务向有关机构报告
（1）不准许监察员作出报告 （2）投诉人不是长期护理人员、护理机构人员或其他强制性的报告人	调查： （1）其他居民是否经历过类似的情况 （2）其他居民是否希望监察员代表采取行动 （3）多次访问被报告存在虐待、忽视情况的居民，鼓励居民同意监察员报告可疑的虐待或忽视情况
无法取得居民的愿意，没有驻地代表	（1）鼓励任何知道情况的人士提出投诉 （2）在可能的情况下报告，但不披露该人或居民或申诉人的身份 （3）以LTCO作为投诉人立案，只要LTCO没有证据显示居民不愿意提出转介，认为披露将符合居民的最佳利益，并获得SLTCO的批准
不报告，而且监察员目睹虐待居民的情形	（1）当居民能够作出知情同意或者居民的代理人作出知情同意时，遵循居民或居民代表的指示 （2）当居民不能作出知情同意并且没有居民代理人可以作出知情同意时，以LTCO作为投诉人立案，并将这个问题提交给相关机构的管理层、居民居住和/或适当的机构，证明虐待、经济剥削或忽视，如果存在以下情况： A. LTCO没有证据证明居民不希望转介 B. LTCO有合理的理由相信披露将符合居民的最佳利益；和 C. LTCO获得SLTCO的批准
要求LTCO不要报告LTCO目睹的虐待行为	调查： （1）其他居民是否经历过类似的情况； （2）其他居民是否希望LTCO代表他/她采取任何行动；和 （3）多次访问作为受害者的LTCO观察到的居民，鼓励居民允许LTCO报告虐待、忽视、经济剥削现象
要求LTCO协助从设施搬出	采取措施帮助居民搬迁到其他设施，如协助居民代理人、家属和/或适当机构进行联系

（注：所有的紧急事件都应该报告给911。LTCO：长期护理监察员，SLTCO：州长期护理监察员。）

（2）调查过程。

A. 投诉反馈时间

投诉涉及的问题		长期护理监察员反馈的及时性标准
虐待或忽视	居民有立即的生命危险	2个工作日内
	居民没有立即的生命危险	3个工作日内
实际或潜在的受到护理机构的转移或遗弃		以先发生的情况为准，5个工作日内
其他类型的投诉		5个工作日内

B. 在调查投诉期间，监察员应寻求以下信息，并在长期护理监察员工作记录中记录调查结果：

a. 已发生或正在发生什么事件；

b. 什么时候发生，是否正在进行；

c. 发生的地点；

d. 参与者；

e. 事件对居民的影响；

f. 事件发生的原因；

g. 护理机构或其他有关方面采取了哪些应对措施，以及对事件的反应。

C. 监察员应根据投诉的性质采取以下一个或多个步骤：

a. 研究相关法律、法规、政策；

b. 尽可能对个人进行观察；

c. 采访居民和投诉人；

d. 采访员工、行政部门、其他居民和家庭成员；

e. 从护理机构工作人员处确定相关管辖机构并进行访问、获取信息；

f. 向与此事有关的专业人士咨询、调查；

g. 查阅相关调查记录。

D. 实施处理计划

a. 监察员应确定令居民满意的解决投诉计划；

b. 计划应与居民共同商定。如果居民无法表达自己的意愿，监察员可以与居民代理人或投诉人制订计划，以符合居民的权利和利益为标准。

（3）投诉转介。

A. 当居民或居民代表（如果居民没有决策能力）同意，并且有以下一项或多项情况时，长期护理监察员应将其转介给其他机构：

a. 另一个机构拥有可能使居民更加受益的资源（例如在某些情况下，成人保护服务部门可以协助居民搬迁到其他地点或协助调查经济剥削）；

b. 针对投诉所采取的行动不在监察员的权力管辖范围或专业知识之内（例如卫生保健质量办公室可以采取执法行动）；

c. 需要额外的协助来解决问题；

d. 居民要求转介。

B. 对于长期护理监察员向其他机构提出的转介请求，监察员应在工作记录中记载。

C. 投诉被提交后，监察员应确定居民对接受转介的机构采取的行动感到满意。

D. 案件或投诉的跟进。

（4）在结案之前，监察员应当：

A. 确认居民或居民代表对结果感到满意；

B. 确定是否应该由州监察员代表居民采取进一步行动；

C. 如果需要采取进一步行动，需保留案例记录，必要时修改决议类别和日期，并继续努力解决投诉问题。

D. 所有与该案有关的投诉均已处理，案件即告结案。

（5）为当事人保密，征得同意。

监察员经常遇到居民对他人施加虐待、遭受他人虐待和忽视的问题。不过，依据《美国老人法》的规定，未经居民及投诉人的同意或法院命令，监察员不得披露居民及投诉人的身份。

《美国老人法》要求居民同意和投诉许可的规定来源于监察员的角色性质。长期护理监察员计划的目的是为长期护理机构的居民提供支持。监察员以辩护人的身份支持居民的自主权、个人意愿和权利。监察员作为居民的代理人，帮助居民实现居民认为最符合他们利益的事情。

由于监察员为居民服务，他们的角色与长期护理系统中的其他参与者有根本的区别。成人保护服务工作者可以以客户为中心，以倡导为导向，他们作为国家的代理人，采取他们认为对客户最有利的行动，他们有时必须为客户的未来作出决定。但是，监察员方案的合法性和权威性来自居民。如果这个方案不再以居民为主导，而是代替居民作出决定，那么这个方案就失去了合法性，而且不再有任何工作基础。

（三）社会干预

1. 社区干预

以社区为基础的虐待老人干预方案，通过与当地执法机构的合作，协助涉嫌受到虐待和自我忽视的老年受害者，取得了有效的成果。

该方案包括与老人和家庭成员建立联盟，将老人与支持性服务联系起来，降低进一步受虐的风险，并利用激励性面试技能帮助老人克服困难。虐待老人的风险因素在干预过程中下降，近3/4的参与者在治疗目标方面取得了进展。该方案的调查结果显示，对于那些不愿意接受服务的老人，以关系为基础的长期干预可能是有效的，因此此种方案值得借鉴和参考。

2. 公众教育

预防虐待老人事件的发生最通常的办法是在社区内进行专门的公共教育活动，改变对虐待老人的态度会影响一个人对老人的行为。美国成人保护部门经常与其他机构合作，推进有关教育项目。

Hayslip及其同事研究了教育干预在改变青年大学生虐待老人的耐受性和行为意向方面的有效性。[1] 调查结果显示，尽管具体的干预措施可能会降低老人的虐待容忍度，但随着时间的推移，仍需要进行补充性的教育，以保持针对虐待老人的意向和行为的干预特定收益。

1）老人自己求助

发现老人受虐现象是困难的，老人不愿意向别人透露自己的生活状况，有时候看护者限制了老人与外界的接触和电话联系。

如果老人觉得自己有危险，拨打老人受虐热线就能立刻得到帮助。类似热线可以在当地电话手册上找到，多数在蓝色页码上。查号服务也提供相应查询。国家虐待老人中心提供了详细的相关法律记忆求助电话。

2）他人帮助

亲属、朋友和熟人应该在发现或怀疑虐待老人问题时提供必要的帮助。直接对抗施虐者并不是一个推荐的选择，因为那可能使事态激化。正确的做法是尽快向相关部门报告。美国所有州都强制要求报告可疑的或者被确认的发生在公共机构的虐待老人事件，有些州甚至要求报告发生在家中的虐待老人事件。

---

[1] Hayslip, B, Reinberg, J, William, J. The impact of elder abuse education on young adults. Journal of Elder Abuse & Neglect, 2015, 27 (3), pp. 233 – 253.

每个州都制定了相关的法律法规保护那些弱势、丧失劳动能力和残疾的群体，并对虐待事件的报告人提供保护。

美国超过75%的州指定接收虐待报告的机构是国家社会服务部（成人保护服务机构）。❶ 有些州的指定机构是州老龄部门。机构内的虐待，应联络当地长期护理申诉专员办事处。这些机构和办事处的电话可通过拨打老年保健指南（800-677-1116）或国家虐待老人中心（202-682-2470）或通过提供患者居住的城市乡村邮政编码获得。

3）任何人

美国虐待老人工作中心发出如下倡导和呼吁，此文件旨在提倡和引导全社会为预防和消除虐待老人现象付诸实践，包括自身学习预防、邻里间互助、参加社会组织等措施。

《任何人都可以做的12件事来防止虐待老人》❷：

（1）了解虐待老人和忽视的迹象。

（2）打电话或拜访一位年迈的亲人，询问他/她在做什么。

（3）为照顾者提供休息时间。

（4）请求银行经理培训出纳员如何检测老人的经济损失。

（5）请求你的医生询问你和其他所有的长辈关于他们生活中可能遭受家庭暴力的人。

（6）请联系当地的成人保护服务或长期护理监察专员，了解如何帮助他们的工作，帮助有遭受虐待风险的老人和残疾成人。

（7）在你孩子的学校组织一个"尊重你的长辈"征文或海报比赛。

（8）请求你的宗教集会领导者在一个关于老人服务或虐待的公告中，包含有关虐待老人的消息。

（9）成为一个居民养老院或你家附近老人家中的友好访客。

（10）写一封信给你当地的报社、电台或电视台，建议他们报道世界虐待老人意识日（6月15日）或9月的祖父母节。

（11）将骑行马拉松、马拉松、其他活动的时间分配给培养虐待老人意识和预防。

---

❶ Daniel B. Kaplan, Barbara J. Berkman, Elder Abuse, MSD MANUAL Professional Version, http://www.msdmanuals.com/professional/geriatrics/elder-abuse, 最后访问日期：2017年12月27日。

❷ Nation Center on Elder Abuse, 12 things that Anyone Can Do to Prevent Elder Abuse, https://ncea.acl.gov/resources/docs/12-Things-Prevent-EA.pdf, 最后访问日期：2017年12月27日。

(12) 加入无年龄联盟。联盟连接全国各地的人，为老人的尊严而团结一致、并合作消除虐待老人现象。

（四）典型案例

1. 老人遭受忽视[1]

受虐者：老人，女，77 岁

施虐者：儿子，57 岁；其女友，53 岁

虐待事实及发现经过：

拉特肖在其位于宾夕法尼亚州的家中被发现时，已经去世多日。她双脚长满坏疽，骨头露了出来，浑身上下沾满了血液和排泄物。尸检结果显示，拉特肖死于"由多处褥疮引发的吸入性肺炎、坏疽和由血管性痴呆和高血压导致的营养不良"。

拉特肖的儿子约翰于 2014 年将拉特肖接出了养老院，说她不喜欢那儿的环境，而且价格贵得吓人。从此，拉特肖每月 1200 美元（约合人民币 8261元）的社会保障金就落入了约翰手中。约翰和其女友声称，他们只是遵从拉特肖的愿望。"她不想看医生，拒绝接受我们的帮助，并要求我们帮她隐瞒一切。我们爱她，但她只想一个人待着，尽快见到已经去世的丈夫。"

附近居民因长期见不到拉特肖，担心其身体状况，怀疑老人的儿子将其"软禁"，于是向地方警察局报告。

应对措施：

（1）他人的帮助。邻居在怀疑老人可能受到虐待时，拨打当地警察局热线电话，寻求帮助。

（2）警察。警察接到报告后，与老人之前所在的养老院取得联系，询问老人的健康状况和家庭成员情况，并走访社区了解情况。同时联系医院，一同进行入户走访。

（3）医生。医生对老人的尸体进行检查，发现其死因主要由多处褥疮引发的吸入性肺炎、坏疽和由血管性痴呆和高血压导致的营养不良，以此推断出老人的死亡与其儿子和女友的日常护理有直接关系。

（4）检察官。老人儿子及其女友的行为已构成犯罪。检察官依法对二人

---

[1] 资料来源：虐老现象正在美国蔓延，http://www.vice.cn/read/old-and-alone-the-epidemic-of-elder-abuse-in-america，最后访问日期：2017 年 12 月 28 日。

提起控诉，并提供热线电话、尸检结果等证据，诉诸法庭。

总结：

拉特肖的儿子及其女友因照顾拉特肖失职，被控三级谋杀罪。在本案中，警察局、医院、邻居的监督和报告起到了关键作用。而此案的顺利解决也得益于强制报告制度的建立和强制实施。

很多州政府采取了一些措施，呼吁人们提高对虐老问题的关注度。洛杉矶公布了虐老问题热线，市民可以报告任何身体上、经济上、情感上及其他方面的虐待问题。巴尔的摩和华盛顿特区为虐老受害者提供法庭陪同、咨询及法律援助。

2. 养老机构中的老人遭受性虐待[1]

受虐者：居住在养老院的老人，88 岁，失明、失聪

施虐者：养老院护工

虐待事实及发现经过：

Kpingbah 是 W 养老院的夜间护工，在工作期间多次对被照顾者实施性虐待。入住该院的一位 88 岁失明失聪老人向该院举报，声称其多次在午夜遭到强暴，可她不知道施暴者是谁。

应对措施：

养老院立刻召开会议商讨应对措施。对内措施包括向全体工作人员通报此事，同时加强夜间巡逻，查看监控视频，鼓励大家举报。对外措施则是向当地长期护理监察员报告。监察员接到报告后，对该养老院进行走访，向其他老人了解情况。养老院在内部检查过程中，一位护工举报了 Kpingbah。后经调查，Kpingbah 虐待老人的行为被证实，同时查明其有犯罪前科，受到过停职处分。由于事情的恶劣性和严重程度，养老院和长期护理机构监察员将 Kpingbah 送上法庭。

总结：

Kpingbah 在法庭上承认了自己的罪行，他说自己的许多亲人死在利比亚，随后以难民的身份逃到美国。法庭最终判处 Kpingbah 八年监禁，并表示他不仅背叛了自己的职业、忘记了作为护工的信仰，还对整个护理行业造成了极坏的影响。

---

[1] 资料来源：SICK, DYING AND RAPED IN AMERICA'S NURSING HOMES http：//www.cnn.com/interactive/2017/02/health/nursing－home－sex－abuse－investigation，最后访问日期：2017 年 12 月 28 日。

根据美国有线电视新闻网（CNN）的深度调查，此类案件中遭受性虐待的大多是高龄老人，他们中的很多人都患有阿尔兹海默症或其他精神疾病。他们身体虚弱、难以自理，而他们的子女常年在外工作，无法照顾他们，护工就成了他们唯一的依靠。这类案件通常难以申诉成功，主要有四个方面原因：（1）政府监管力度不够，没有行之有效的问责机制，相关案件处罚力度小；另外，如果真的一件一件查，政府也无法承担此类案件发酵所带来的后果。（2）养老院在招募护工时存在问题，养老院的护工薪资低（每小时11美元或12美元），保证不了雇员素质，同时也很难留住好的雇员。（3）受害者家属没有在第一时间发现老人遭到虐待，等到发现时，已经失去了最佳取证时间；同时法律诉讼过程冗长，受害者家属在申诉的每个阶段都很艰难，有时只好不了了之。（4）养老院的老人们常年受疾病困扰，他们中的很多人甚至神志不清，因此就算是被人虐待或侵犯，也完全没有保留物证的意识；而老年痴呆症和其他精神疾病患者，在法律上通常会被认为是不可靠的人，故他们也无法成为有效的人证。

针对层出不穷的性侵丑闻，来自美国各州各行各业的专业人士提出了他们的建议。科罗拉多州的律师告诉大家，当有人向你求助告诉你他/她受到性骚扰时，你应该在第一时间帮助他们求证，而不是去论证他们自身的是否患病。肯达基州的护工告诉大家，在受到虐待或性侵后，不要洗澡或清洗床单、衣物，一定要保存好证据。加州倡导养老院改革的律师告诉大家，要想让类似案件无处遁形，需要媒体的关注和报道，让更多人的知道。北卡罗来纳州的警察告诉大家，需要改善此类案件的申诉机制，因为在不跟踪追查的情况下，很难证实案件的发生。

附1：

老人正义法（全文）

SEC. 2011. 定义

1. 虐待：指故意剥夺其物质需求或用以避免身体或心理痛苦的必要需求。
2. 成人保护服务：指秘书处所指定的为成人提供的服务，包括诸如：
（1）受理成人虐待、忽视或剥削的报告；
（2）调查（1）项所述报告；

（3）案件计划、监测、评价和其他案件工作和服务；

（4）提供、安排或协助提供医疗、社会服务、经济、法律、住房、执法或其他保护、紧急或支持性服务。

3. 护理人员：包括自愿，或依据合同或法律，有责任照顾老人的人员，或者指家庭成员或其他人（代表人、公立或私立机构、组织）在任何情况下向需要支持性服务的老人提供有偿或无偿照顾。

4. 直接护理："直接护理"指为老人提供援助或长期护理服务或承包商的护理。

5. 老人：指 60 岁及以上的人。

6. 老人正义：

（1）从社会的角度来看，指：

（A）防止、发现、治疗、干预、起诉虐待、忽视、剥削老人；和

（B）在最大限度地保护老人自主权的同时，保护他们的权利；和

（2）从个人的角度来看，承认老人的权利，包括不受虐待、忽视和剥削的权利。

7. 符合资格的主体：指国家或地方政府机构、印第安部落或部落组织，或任何其他公立或私立主体，从事与老人正义有关的工作，或在促进老人正义领域内具有专业知识。

8. 经济剥削：指护理人员或受托人以欺诈或其他非法、未经授权的或不当的行为，使用老人的货币、个人利益、利润或收益，或剥夺老人的合法权益，获取或使用其利益、资源、财产或资产。

9. 受托人：指

（1）具有法律责任的人或其他实体：

（A）代表他人或为了他人的利益作出决定；和

（B）诚实行事，公平待人；和

（2）包括受托人、监护人、保管人、遗嘱执行人、代理人、律师或医疗保险或财务授权的代理人，或代表收款人。

10. 授权：包括合同、合作协议，或提供财政援助等机制。

11. 监护：指

（1）州法院认定一个成人缺乏自理能力或对生活及财产作出决定能力的过程，并任命其他的个人或实体，作为监护人，类似替代决策人；

（2）法院指定替代决策人对个人和法院履行职责的方式；或

(3) 法院对替代决策人的监督方式。

12. 长期护理：

(1) 一般而言，长期护理指个人因疾病、残疾或虚弱而丧失自理能力，为需要援助的个人提供的支持和保健服务；

(2) 丧失自理能力：依据第（1）项，丧失自理能力意味着无法从事日常生活活动，包括饮食、衣着、洗澡、管理财务等其他秘书处认定的活动。

13. 长期护理机构：

长期护理机构指安排或直接提供长期护理、住宿服务的机构。

14. 忽视：指

(1) 护理人员或受托人未能提供维持老人健康或安全所必需的物品或服务；和

(2) 自我忽视。

15. 护理机构：包括有专业技能的护理机构、设备完善的护理设施。

16. 自我忽视：

指成人由于身体或精神上的缺陷或自理能力下降而无法完成必要的自我照顾任务，包括：

(1) 获得必要的食物、衣物、住所和医疗；

(2) 取得维持身体健康、精神健康或一般安全所需的物品及服务；和

(3) 管理自己的财务。

17. 严重的身体伤害

(1) 一般而言，"严重的身体伤害"指

(A) 身体极度疼痛；

(B) 潜在的死亡危险；

(C) 身体、器官功能的长期丧失或损害，或精神的长期损害；和

(D) 医疗救治的需求，如手术、住院或身体康复。

(2) 刑事性虐待：第2241条（有关严重性虐待）或第2242条（与性侵犯有关）的行为，或在州法律下的任何类似罪行的行为，都应考虑为严重的人身伤害。

Sec. 2012. 一般规定

1. 保护隐私权：在实施本法所涉活动中，秘书处应确保对个人隐私权的保护符合法律规定。

2. 实施原则：本条中的任何内容均不得解释为干扰或限制老人的权利，

（1）老人以口头或书面形式对某一特定疾病或伤害的表达；

（2）之前在生活意志、卫生保健代理或根据国家法律有效执行和适用的指示文件中规定的内容；或

（3）从老人生活史上可以清楚地推断出的内容。

Part I 国家老人正义活动与研究协调机制

第一部分　老人正义协调委员会及咨询委员会

Sec. 2021. 老人正义协调委员会

1. 设立：老人正义协调委员会（简称为"协调委员会"）。

2. 会员资格

（1）一般而言：协调委员会由下列成员组成：

（A）秘书处（或秘书处指定的人）；

（B）总检察长（或总检察长指定的人）；

（C）各联邦部门或机构或其他政府实体负责人，其职责范围是与虐待、忽视和剥削老人相关的事项或管理项目。

（2）要求：协调委员会的每一名成员都应是联邦政府的官员或雇员。

（3）职位空缺：协调委员会的任何空缺都不影响其权力的行使，但应以原任命的相同方式补充任命。

（4）主席：第2款中第（1）项第（A）点所述成员担任主席。

（5）会议：协调委员会每年至少召开2次会议，时间由主席决定。

3. 职责：

（1）一般情况下，协调委员会应就卫生和人力事务部、司法部和其他有关联邦、州、地方和私立机构和秘书处提出的与虐待、忽视、剥削老人和其他危害老人的犯罪行为有关的问题发表建议。

（2）报告：制定本法后2年之内和此后的每2年，协调委员会应当向参议院金融和筹款委员会、众议院能源和商务委员会提交报告，报告内容包括：

（A）通过以下方式描述当前开展的活动、取得的成就以及所面临的挑战：

（i）协调委员会；和

（ii）协调委员会代理的实体；和

（B）就立法、法律示范提出建议，或协调委员会认为适当的其他行动。

4. 权力：

（1）联邦机构的资料：如协调委员会认为需要，可直接从任何联邦部门

或机构获得相关资料。在委员会主席的请求下，该部门或机构的负责人应向协调委员会提供这些资料。

（2）邮政服务：委员会可以在与联邦政府其他部门和机构相同的条件下使用邮政服务。

5. 秘书处可接受委员会成员的自愿和无偿服务。

Sec. 2022. 虐待、忽视和剥削老人咨询委员会

1. 建立：建立虐待、忽视和剥削老人咨询委员会（简称为"咨询委员会"）来制定短期和长期的多学科发展战略计划。

2. 组成：咨询委员会由秘书处任命的27名成员组成，这些成员是一般公众，他们具有处理虐待、忽视老人问题和预防、发现、治疗、干预或起诉相关问题的经验和专门知识。

3. 征求提名：秘书处应在联邦登记册上公布通知，要求在第（b）款下任命咨询委员会成员。

4. 条款：

（1）一般情况下，咨询委员会的成员任期为3年，但第一次任命的成员除外，其中：

（A）9人的任期为3年；

（B）9人的任期为2年；

（C）9人的任期为1年。

（2）职位空缺：

（A）一般情况下，咨询委员会的任何空缺都不应影响其权力，但应按照原任命的方式补充任命。

（B）选举：咨询委员会应从其成员中选出主席和副主席。

5. 职责：

（1）加强沟通，防止虐待、忽视、剥削老人现象的出现，咨询委员会应制定合作办法和创新方法，提高长期护理服务质量、处理问题的效率和质量；

（2）一般情况下，咨询委员会应建立多学科小组展开讨论，并就改善长期护理质量的问题协商达成一致意见。

应有至少1个此类小组来处理长期护理机构中对老人的虐待问题并协商达成一致意见。

（3）活动：多学科小组应当检查有关的研究和数据，确定小组最佳实践主题，确定最好的、切实可行的执行方式，并确定一个有效的信息共享方式。

（4）报告：制定本法后 18 个月之内和此后的每一年，咨询委员会应向司法协调委员会、参议院金融委员会、筹款委员会和众议院能源和商务委员会提交报告，内容包含：

（A）关于联邦、各州和地方公立和私立老人护理机构的活动情况；

（B）关于以下建议（包括建议的优先事项）

（a）老人正义计划、研究、训练、服务、实践、执行和协调；

（b）在从事老人正义工作的实体和有关领域之间进行协调，这些工作可能会通知或与老人司法共同努力，例如打击暴力活动、虐待和忽视妇女和儿童；和

（c）与成人信托制度有关的活动，包括监护及其他信托安排；

（C）对联邦和州法律（包括法规）或项目、研究和培训中提出修改建议，以加强预防、检测和治疗（包括诊断）、干预（包括调查），并起诉虐待、忽视和剥削老人的行为；

（D）关于有效协调的国家数据收集方法的建议，包括对老人、虐待、忽视和剥削；和

（E）建议制定多学科战略方案，以指导老人正义法的有效运行和发展。

6. 权力：

（1）来自联邦机构的信息：如咨询委员会需要，可直接从任何联邦部门或机构获得信息和资料，应咨询委员会主席的要求，该部门或机构的负责人应向咨询委员会提供这些资料。

（2）共享数据和报告：咨询委员会可要求任何实体根据老人正义法的规定从事老人正义活动，或通过该法案所提出的修正案，任何与此类活动有关的数据、报告或建议。

（3）邮政服务：咨询委员会可以在与联邦政府其他部门和机构相同的条件下使用邮政服务。

Sec. 2023. 研究保护

1. 指导方针：秘书处应颁布指导方针，协助研究人员从事虐待、忽视和剥削老人以及有关人权保护的相关工作。

Sec. 2024. 授权的拨款

（1）2011 财政年度为 6500000 美元；

（2）在 2012 年至 2014 年的每一个财政年度中，各有 7000000 美元。

第二部分　虐待、忽视和剥削老人法医中心

1. 一般情况下，秘书长应与司法部长协商，向符合资格的实体提供资助，建立和经营固定和流动的法医中心，发展法医鉴定，并提供与虐待、忽视和剥削有关的服务。

2. 固定法医中心：秘书处应向高等教育机构提供本法所述的相关资助款，用以取证，或预防，或治疗虐待、忽视或剥削老人，获取法医方面的专业知识。

3. 流动法医中心：秘书处应将本法中所述相关资助款用于设立和操作流动法医中心。

4. 授权的活动：

（1）发展法医学标记和方法：

根据本条获得拨款的合格实体应使用资助款来协助确定是否发生虐待、忽视或剥削老人，以及是否有犯罪行为，并进行研究，以描述和传播有关的信息：

（A）可能发生虐待、疏忽或剥削老人的法医标志；和

（B）在这种情况下决定卫生保健、紧急服务、社会和保护服务的时间和方式，以及法律服务提供者应如何干预，以及提供者向执法当局报告案件时应采用的方法。

（2）法医专业的发展：

根据本条获得拨款的合格实体应使用资助款，开发有关虐待老人、忽视和经济剥削的法医专业知识，以便提供医疗和法医评估，对虐待老人、忽视和经济剥削现象进行治疗和干预，为受害者提供支持，宣传相关知识，对案例进行审查和追踪。

（3）收集的证据：

秘书处应当配合总检察长使用资助款，培养老年保健专业人员和执法机构收集法医证据的能力，包括收集与确定虐待老人、忽视或经济剥削有关的法医证据。

5. 申请：根据本法有资格领取资助款的，其主管机构应当按照秘书处的要求向秘书处提出申请，并提交申请。

6. 授权拨款：

（1）2011 财政年度为 4000000 美元；

（2）2012 财政年度为 6000000 美元；

(3) 在2013年和2014年的每一个财政年度中，各有8000000美元。

Part Ⅱ 老人正义的促进
Sec. 2041. 长期护理工作的完善

1. 拨款和奖励长期护理人员编制：

(1) 一般情况下，秘书处应开展相关活动，以鼓励个人在长期护理工作中培养、寻求和保持提供直接护理工作。

(2) 加强培训、招聘和维护员工的具体方案：

(A) 与劳工部长进行协调，招募和培训长期护理人员，秘书处将根据本款与劳工部长协调，鼓励个人去培养和寻求在长期护理中提供直接护理的就业机会。

(B) 增加职业阶梯、工资或福利，以此来增加长期护理机构中的工作人员。

(a) 一般情况下，秘书处应向符合资格的实体提供资助款，以执行以下程序：

(i) 根据观察到的临床护理实践和员工的工作时间长度，向符合资格的居民或接受社区长期护理的个人提供直接护理的员工，提供持续培训和不同级别的认证；和

(ii) 提供或作出工作安排，向在该计划下取得认证的雇员提供奖金或其他的补偿或福利。

(b) 申请：根据本款的规定，符合获得资助资格的实体应当向秘书处提出申请，按照秘书处的要求提供所需资料（其中包括与合格实体所在州进行磋商的证据，以开展资助款授权的活动）。

(3) 具体项目改进管理实践方法：

(a) 一般情况下，秘书处应当向符合资格的实体提供资助款，使实体能够进行培训和技术援助。

(b) 授权活动：根据第（a）项，收到拨款的合格实体应当使用资助提供的资金，进行培训和技术援助，利用示范的方法来促进维护直接护理的个人，例如：

(i) 建立奖励高绩效的人力资源政策，包括在工作审查基础上提供改善工资和福利的政策；

(ii) 建立激励和细致周到的工作组织实践方法；

(iii) 建立尊重和重视护理人员及其需求的工作环境和工作氛围；

(ⅳ) 促进工作氛围，尊重符合资格的实体或接受社区长期照护的个人权利，并改善对居民或个人的护理质量；和

(ⅴ) 建立其他促进护理质量的项目，例如继续教育项目，提供额外的培训时间，包括为合格护理人员提供在职培训。

（4）申请：

根据本款符合获得资助的主体应当按照秘书处要求的方式提交申请，并提供秘书处所需的信息（其中可能包括与合格实体所在州进行磋商的证据，以开展资助款授权的活动）。

（5）问责措施：秘书处应制定问责措施，以确保根据本款所提供的资金进行的活动有利于促进和增强长期护理、直接护理工作人员的稳定。

（6）定义：在本节中：

（A）以社区为基础的长期护理："以社区为基础的长期护理"这个词的定义由秘书处确定。

（B）合格实体："合格实体"一词指下述：

(ⅰ) 长期护理机构；

(ⅱ) 以社区为基础的长期护理实体（由秘书处定义）。

2. EHR 技术资助计划：

（1）拨款授权：

秘书处有权向长期护理机构提供资助，以协助有关机构购买、租赁、发展及执行经核准的电子健康记录技术，旨在改善患者的安全性并减少用药错误引起的不良事件和并发症。

（2）使用拨款：

在本款下提供的资金可用于下列任何一项工作：

（A）采购、租赁和安装计算机软件和硬件，包括手持式计算机技术；

（B）改进现有的计算机软件和硬件；

（C）对现有计算机进行升级和其他改进电子处方的软件和硬件；

（D）向合格的长期护理机构工作人员提供教育和培训，并利用这种技术实现处方和病人资料的电子传送。

（3）申请：

（A）一般情况下，根据此款有资格获得拨款的长期护理机构，除另有规定外，须向秘书处提交申请，并按照秘书处的要求提供资料（其中可能包括与长期护理机构所在州的协商证据，开展资助款授权的活动）。

（B）限制申请人数的权利：

在本小节中，任何内容均不得解释为禁止秘书处限制申请人数。

（4）参与国家卫生交流：

在本款下接受资助款的长期护理机构应当根据《公共卫生服务条例》第3013条的规定，参加由州或州指定的合格的实体开展的活动，进行协调护理及其他由秘书处合理认定的事项。

（5）问责措施：

秘书处应制定问责措施，以确保利用本款下提供的资金进行的活动有助于改善患者的安全，减少因用药错误导致的不良事件和并发症。

3. 采用长期护理机构涉及临床资料的交易标准

（1）标准和兼容性：

秘书处应采用电子标准，通过长期护理设施交换临床数据，如果可能的话，还包括消息传递和命名的标准；

（2）向秘书处提交电子数据：

（A）一般情况下，在2009年《美国老人法》颁布之日起10年以后，根据第（1）款所采用的标准，秘书处应接受长期护理机构以电子方式提交的临床资料。

（B）原则：本条任何内容均不得解释为需要长期护理机构以电子方式向秘书处提交临床资料。

（3）规定：秘书处应颁布执行本款的规定。这些规定应当要求州作为接收本部分资金的条件，进行秘书处认为有必要满足本款要求的数据收集和报告。

4. 拨款：

（1）2011财政年度，20000000美元；

（2）2012财政年度，17500000美元；

（3）在2013年和2014年的每一个财政年度中，各有15000000美元。

Sec. 2042. 成人保护服务职能和资助项目

1. 秘书处责任：

（1）一般情况下，秘书处应确保卫生和公众服务部：

（A）向国家和州成人保护事务办公室提供经费，调查有关虐待、忽视和剥削老人的报告；

（B）每年收集和传播有关虐待、忽视、剥削老人与司法部协调的数据；

（C）发展和传播关于最佳实践方法的资料，并提供培训，开展成人保护服务工作；

（D）进行成人保护服务的相关研究；和

（E）向提供或资助提供成人保护服务的州和其他实体提供技术援助，包括提供资助款。

（2）拨款：

（A）2011财政年度为3000000美元，

（B）2012—2014年每个财政年度各有4000000美元。

2. 加强提供成人保护服务的拨款：

（1）设立：设立成人保护服务补助金计划，根据该计划，秘书处每年应根据第（2）款的规定向各州提供资助款，以加强州和地方政府部门提供成人保护服务。

（2）付款金额：

（A）一般规定，数额根据第（B）和（C）款的规定，支付给州的一个财政年度的款项，应当等于执行本款时的拨款数额乘以居住在该州的老年居民总数的百分比。

（B）保证最低付款金额：

（i）50个州：根据条款（ii）规定，如果根据（A）项规定确定数额，一个财政年度的拨款金额小于该年度拨款总金额的0.75%，秘书处应增加数额，使总数占所拨款额的0.75%。

（3）授权：

（A）成人保护服务：

根据本款提供的资金只可用于州和地方政府部门提供成人保护服务，不得用于任何其他目的。

（B）由机构使用：

根据本款规定，按照本款规定接受资金的每个州应当将这些资金提供给负责在本州提供成人保护服务的承担法律责任的机构或政府部门。

（C）补充而非取代：

根据本款，每个州或地方政府部门应当使用所提供的资金作为补充资金，而不能取代提供成人保护服务的其他联邦、州和地方的公共基金。

（4）国家报告：

根据本款，接受资金的每个州，应按照秘书处要求的时间和方式，按照本款授予的资助款所服务的老人数向秘书处提交报告。

（5）拨款授权：

在2011年至2014年的每一财政年度均可获得拨款100000000美元。

3. 国家示范项目

（1）编制：

秘书处应根据第（2）款的规定，向各州拨款，以进行示范项目。

（2）示范项目：

根据本款，提供的资金可由州和地方政府部门使用，以进行示范项目的实践：

（A）为检测或防止虐待老人现象而开发的培训模块；

（B）发现或防止对老人进行经济剥削的方法；

（C）检测虐待老人行为的方法；

（D）培训虐待老人法医学是否能提高政府或地方政府雇员对虐待老人现象的发现；或

（E）与发现或预防虐待老人问题有关的其他事项。

（3）申请：

根据本款的规定，有资格获得拨款的州，应向秘书处提出申请，并提供秘书处要求的信息。

（4）状态报告：

根据本款获得拨款的每个州应当向秘书处提交一份报告，并载有秘书处可能要求的关于示范结果的资料，示范结果是州利用本款进行的实践方案而取得的。

（5）拨款授权：

在2011年至2014年的每一财政年度均可获得25000000美元。

SEC. 2043. 长期护理监察员计划拨款及培训

1. 资助长期护理监察员计划

（1）一般情况下，秘书处应向符合条件的实体提供拨款，该实体在长期护理机构或长期护理监察员计划和责任方面有虐待、忽视老人的相关专业知识和经验，为以下目的：

（A）提高国家长期护理监察员的能力，以回应和解决有关虐待、忽视老人的投诉；

（B）与国家长期护理监察员办事处或地方监察员实体开展试点项目；和

(C) 为这些国家的长期护理监察员计划提供资助,并提供这些试点项目(例如设立国家长期护理监察员资源中心)。

2. 授权:

(1) 2011 财政年度,5000000 美元;

(2) 2012 财政年度,7500000 美元;

(3) 在 2013 年和 2014 年的每一个财政年度,各有 10000000 美元。

3. 监察员培训项目

(1) 一般情况下,秘书处应制定方案,提供和改善州政府机构和州长期护理监察员方案对虐待、忽视和剥削老人的监察员培训。

(2) 授权:

在 2011 年至 2014 年的每一个财政年度中,各有 10000000 美元。

SEC. 2044. 提供和评估老人正义法计划的相关资料

1. 提供资料:

有资格获得该部分拨款的申请人应同意下列内容:

(1) 除第(2)款规定外,根据第(b)款,向进行评估的合格实体提供评估可能要求的资料,以便开展评估工作;

(2) 在第 2041 条(b)款下,申请人向秘书处提供所需资料,以便秘书处进行评估或审核。

2. 利用合格的实体进行评估:

(1) 要求的评价:

除第(2)款的规定外,秘书处应

(A) 为本部分所执行的每项计划拨出经费(不少于2%);

(B) 使用在第(A)项下保留的资金,向合格的实体提供援助,以对所资助的活动进行评估。

(2) 不包括核证的 EHR 技术拨款计划:

本款的规定不适用于第 2041 条(b)款的核证 EHR 技术资助计划。

(3) 授权活动:

第 1 条第(2)款所述的拨款申请人应当使用拨款,对根据本部分内容所资助的活动的有效性进行有效评估。

(4) 申请:

在第 1 条第(2)款下有资格获得拨款的实体应当向秘书处提出申请,并载有秘书处可能需要的资料,包括对评估的建议。

（5）报告：

根据第 1 条第（2）款，在秘书处规定的日期之内，获得拨款的合格实体应当向秘书处、众议院方式方法委员会、能源和商业委员会和参议院财政委员会，提交报告，报告内容包含使用这种援助的评估结果的报告及建议。

3. 秘书处核证的 EHR 技术资助计划的评估和审核

（1）评价：

根据第 2041（b）条，秘书处应当对所提供的经认证的 EHR 技术拨款项目所资助的活动进行评估。这种评估应包括评价提供的拨款是否只用于其所规定的用途。

（2）审计：

秘书处应对第 2041 条（b）款所规定的拨款进行适当的审计工作。

SEC. 2045. 报告

不迟于 2014 年 10 月 1 日，秘书处应向根据 2021 款设立的老人正义协调委员会、众议院能源和商业委员会、方式方法委员会和参议院财政委员会报告，报告内容包括：

（1）根据第 2042 条第 2 款第（4）项和第 3 款第（4）项，汇编、总结和分析州提交的报告中所载的资料；

（2）载有秘书处提出的立法或行政的适当建议。

SEC. 2046. 原则

1. 此款中的任何内容都不被解释为：

（1）限制任何国家的法律或其各州所提供的本款下的任何行动理由或其他救济；或

（2）为违反本款规定而实施行动的私人原因。

2. 根据有需要的家庭临时援助计划，制订的州计划：

（1）一般规定：根据《社会保障法》修改、增加以下新条款：

该文件应说明该州是否有意协助培养、寻求和维持雇员：

（A）在长期护理机构提供直接护理；或

（B）在服务人员需求得不到满足的州确定的其他有关老人护理的职业中，如果有，则应当包括对这种帮助的概述。

（2）生效日期：第（1）项所作的修正案将于 2011 年 1 月 1 日生效。

3. 保护长期护理机构中的居民：

（1）国家培训机构的测评：

(A) 一般情况下，卫生与人类服务部门秘书处应与实体签订一份合同，为联邦和州测评人员开设国家培训机构。该培训机构应当提供和改进对测评工作的调查，包括对虐待老人、忽视和经济剥削的项目和长期护理机构的调查，以及根据《社会保障法》第18条和第19条，接受这些项目和长期护理机构的支付。

(B) 该培训机构进行的活动：

根据第1条第（A）项所述的合同，应要求设立并在该合同的规定下执行下列活动：

(a) 评估州机构应由专门调查人员进行调查，调查报告中有关虐待老人、忽视和经济剥削这些项目和长期护理机构的财产的投诉。

(b) 评估如何提高测评人员的能力，以便更有效地调查有关虐待老人、忽视和经济剥削的投诉，并向联邦和州机构提供有关评估的反馈。

(c) 向联邦和州测评人员提供全国范围的培训、工具和技术援助，调查有关虐待老人、忽视和经济剥削的报告。

(d) 开发和传播关于调查此类虐待、忽视和经济剥削的最佳做法的信息。

(e) 评估州投诉服务系统的性能，以确保投诉的信息每24小时收集一次，每周7天（包括节假日）。

(f) 在卫生与公众服务部门秘书处批准的范围内，每周7天（包括节假日）每天24小时为国家投诉系统提供备用系统，确保各州以最快的速度反应虐待老人、忽视和经济剥削现象。

(g) 每年分析和报告下列事项：

(i) 有关虐待老人、忽视和经济剥削的投诉的总数和来源。

(ii) 向执法机构提交投诉的程度。

(iii) 联邦和州对此类投诉的大体调查结果。

(viii) 根据《社会保障法》第1819条和第1919条，对州机构对专业护理机构和护理设施进行投诉调查的成本进行全国性研究，并向卫生与公众服务部门秘书处提出建议，建议内容关于提高调查的效率和成本效益的备选办法。

(C) 拨款：

在2011年至2014年的每个财政年度，各有12000000美元。

(2) 向州调查机构提供拨款：

(A) 一般情况下，卫生和公共服务部门部秘书处应向执行护理机构或护理设施调查的州测评机构提供拨款。

（B）拨款的使用：根据第（A）款，应使用本款授予的拨乱，目的是设计和实施投诉调查系统。

（a）立即优先处理投诉，以确保对最严重和最紧急的投诉迅速作出反应；

（b）以最高的效率和最快的速度来回应投诉；和

（c）优化地方政府、消费者和供应商之间的合作，包括：

（i）类似的州机构；

（ii）国家长期护理监察员；

（iii）地方执法机关；

（iv）宣传和消费者组织；

（v）州老人团体；

（vi）区域老人机构；和

（vii）其他适当的实体。

（C）拨款：在2011年至2014年的每一财政年度中，均可拨出5000000美元。

（3）在联邦长期护理机构中的犯罪报告：

对在联邦政府资助的长期护理机构中发生的犯罪行为进行执法报道。

Sec. 1150B. 对在联邦政府的长期护理机构中发生的犯罪行为进行报告

1. 确定和通知

（1）确定：在本法案下接受联邦基金资助的每一个长期护理机构的所有者或经营者，每年应确定该设施是否在前一年收到至少10000美元的联邦资金。

（2）通知：如果所有者或运营者确定该护理机构在前一年收到至少10000美元的联邦资金，则应遵守报告义务。

（3）个人定义：在本节中，"个人"指的是指每一个长期护理机构的所有者、经营者、雇员、经理、代理人或承包商，这是第（1）款所述的主体。

2. 报告要求

（1）一般情况下：上述的每个"个人"都应当向秘书处和1个或多个执法机关报告有合理怀疑的犯罪行为，犯罪行为包括在各地方或各护理机构中对居民或正在接受护理的任何人实施的犯罪行为。

（2）时机：如果引起怀疑的事件：

（A）造成严重人身伤害的，应当在2小时内立即报告；

（B）没有造成严重人身伤害的，应在产生怀疑后24小时内报告。

3. 处罚

（1）一般情况下，若有人违反了第 2 款：

（A）民事罚款不得超过 200000 美元；和

（B）秘书处可在同一程序中作出决定，排除上述个人参加任何联邦卫生保健计划。

（2）加重的危害：如果个人违反了第 2 款，其行为加重了受害人的伤害或导致了对他人的伤害：

（A）民事罚款不超过 300000 美元；和

（B）秘书处可在同一程序中作出决定，排除上述个人参加任何联邦卫生保健计划。

（3）被排除的个人：长期护理机构在任何一段时间内雇用被列为上述"排除的个人"，则不符合在本法案下接受联邦基金的资格。

（4）例外情况：

（A）一般情况下，秘书处在确定施加本款下的任何惩罚时，可能会考虑到服务人员的经济负担。

（B）"服务不足人口"定义："服务不足人口"指的是一个地区的人口或团体，因为某种原因缺乏老人正义法项目或此类服务。

秘书处所指定的地区或团体，可包括：

（a）地理上孤立的地区或社区（如在农村地区孤立）；

（b）少数民族和少数民族地区；和

（c）由于特殊需要（如语言障碍、残疾、异形身份或年龄）而得不到满足的人群。

4. 对采取报复的额外惩罚措施：

（1）一般来说，长期护理机构可能不会：

（A）解雇、降级、中止、威胁、骚扰、或拒绝向雇员提供晋升或其他与雇佣有关的福利，或因雇员的合法行为而歧视雇员的工作条件和条件；或

（B）由于护理人员或雇员的合法行为而向适当的州专业纪律处理机构提出针对护理人员或其他雇员的投诉或报告。

（2）惩罚措施：如果长期护理机构违反第 1 条第（A）或（B）款，应当接受不超过 200000 美元的民事罚款，或者秘书处可以根据第 1128 条第（2）款，将该机构排除在拨款资助范围之外，或两者兼有，为期两年。

（3）要求张贴公告：每个长期护理机构应在适当的位置醒目地张贴（由

秘书处指定的表格),确定本机构雇员的权利。

此类标志应包括一份声明,雇员可向秘书处投诉长期护理机构违反本小节的规定,以及有关提出投诉的方式的信息。

5. 程序:

根据第1128条的规定,适用于本节规定的民事罚款或被除名,处罚方式与第1128条的规定相同。

6. 定义:在本部分中,"老人正义""长期护理机构"和"执法"应用第2011条中的含义。

附2:

美国老人法(节选)

SEC. 721. 防止虐待、忽视和剥削老人

1. 使用拨款:

州机构应使用拨款,用来开展、加强和发展预防、检测、评估和预防虐待、忽视和剥削老人方案,以及治疗、介入、调查和回应虐待、忽视和剥削老人问题,包括:

(1)提供公共教育和外联活动,用以认定、防止老人受到虐待、忽视和剥削;

(2)提供公共教育和宣传推广金融知识,防止老人受到身份盗窃和经济剥削;

(3)确保区域提供的服务的相互协调,提供服务的机构有国家提供服务的老龄机构、成人保护服务系统,州和地方执法系统和有管辖权的法院;

(4)促进信息和数据的发展,对包括虐老报告系统在内的各个系统进行量化,确定老人遭受虐待、忽视和经济剥削的程度;

(5)促进虐待老人、忽视、经济剥削问题的提交,并开发适当的行政数据库或秘书处指定的其他数据库;

(6)分析虐待、忽视和剥削老人的信息,认定未得到充分服务、执法保护或干预需求的老人;

(7)为包括护理人员在内的个人进行培训,培训专业人员和辅助人员,在虐待、忽视和剥削老人相关领域进行鉴定、预防、和处理,特别注重预防和

增强自我决定和自治;

(8) 为遭受虐待的老人及其家庭成员提供技术援助;

(9) 针对个人进行特殊和持续的培训;

(10) 促进预防虐待、忽视、经济剥削制度的发展:

(A) 根据州或当地法律,包括豁免条款在内的虐待、忽视和剥削老人的相关的法律,报告虐待,忽视和剥削虐待事件;

(B) 州、地方机构:

(a) 收到确定的或可疑的虐待事件报告,应当立即展开调查,以证实报告的准确性和真实性;

(b) 发现老人受到虐待、忽视或剥削,应采取措施,包括适当的转介,保护被虐待、被忽视、剥削的老人的身心健康和应有福利;

(C) 在整个国家范围内实施的虐待、忽视和剥削老人和有合理怀疑的案件的报告:

(a) 行政部门;

(b) 开发和防治虐待、忽视和剥削老人的专业人员,如法医、专家;

(c) 培训教育;

(d) 护理机构和其他护理设施,包括公立和私立;

(e) 有关的多学科计划和服务,包括防止经济剥削的计划和项目,以确保国家和州将有效处理虐待、忽视和剥削老人的案件;

(D) 记录的保密,以保护老人的权利;

(E) 规定执法人员、有管辖权的法院和为解决虐待、忽视和剥削老人的特殊问题提供人力服务的国家机构的合作;

(F) 使老人能够参与有关老人福利的决定,并使受虐待、被忽视或被剥削的老人可以适用对其权利限制最少的方案;

(G) 向公众传播信息的信息交流中心,信息内容包括:

(a) 虐待、忽视、剥削老人的问题;

(b) (C) 项所述各个机构、部门及工作人员;

(c) 可用于处理虐待、忽视和剥削老人问题的预防和治疗方法;

(11) 对提供老人护理服务的各类场所的检查,并测试各种(在国内或在其他地方)的安全避难模式,充分保护老人的正当权利;

(12) 支持多学科老人正义活动,如:

(A) 支持和研究多学科或跨学科团队的协调、处理方法,包括个人在社会服务、保健、公共安全和方面的回应；

（B）成立国家协调委员会，确定个别州的需要并提供相应的资料和建议，共同打击虐待、忽视和剥削老人的行为；

（C）提供培训、技术援助等，支持多学科团体（在一些州称为"国家工作组"）进行研究；

（D）扩大和研究各种老人机构死亡和重伤审查小组的工作模式，对这些机构的组成、协调、职能、任期、角色和责任提出建议；

（E）制定最佳实践方案，用于长期护理机构，减少居民虐待老人遭受虐待的风险；

（F）支持和研究创新实践计划，支持社区跨学科发展伙伴关系，共同预防、调查和起诉虐待、忽视和剥削老人的问题；

（13）调查、访问缺少服务的老人口，如：

（A）居住在农村地区的老人；

（B）少数民族的老人；

（C）低收入的老人。

2. 方法：在制定和强化方案下，州机构应采用综合整合的方法，与地区老龄机构协商，共同协助受到虐待、忽视和剥削的老人，其中包括居住在州许可的护理机构、无照经营的护理设施、家庭或社区中的老人。

3. 州机构应协调下列方案，保护弱势成人，特别是易受伤害的老人，包括：

（1）地区老龄化计划机构；

（2）成人保护服务计划；

（3）国家长期护理监察员计划；

（4）保护和宣传方案；

（5）长期护理机构及类似设施工作计划；

（6）医疗保险服务；

（7）受害者援助方案；

（8）消费者保护和州、地方执法方案，其他州和地方确定并帮助弱势的老人的工作方案，由有管辖权的机构和法院提供的实施方案。

第三章 日本防治虐待老人法律及其实施

一、日本虐待老人情况概述

(一) 虐待老人问题现状

日本是全世界高龄人口比例最高的国家,其人口老化速度超过欧美各国。2012年日本总务省统计局的数据显示,超过75岁的"中老人"已达到总人口的12%,而超过85岁的"老老人"约占总人口的3.5%。预计到2020年,日本的老人人口将达到29.11%,[1]届时日本将成为世界上老龄化最严重的国家。随着老龄化社会的进程,虐待老人越来越成为一个严重的社会问题。[2]

日本的虐待老人问题于20世纪80年代末开始受到社会的普遍关注,自1993年开始,越来越多的虐待老人案例被报道,从而引起学术界、立法届的高度重视。2006年,日本《虐待老人防治暨老人照顾者支援法》得以通过,成为世界上第一个以国家法律形式对虐待老人问题作出明确规定的法律。

虐待老人往往发生在家庭和养老院的护理过程中。日本厚生劳动省和县市町村进行的调查结果均显示,由养老院的看护员和扶养者实施的虐待案件均呈现出增长趋势。[3]然而,虐待老人存在难以察觉的现实问题。具体的虐老案件往往在媒体报道之后才为公众所知。并且遗憾的是,只有发生悲剧后人们才意识到问题的严重性。"苦于看护,78岁丈夫手刃妻子,以杀人未遂罪被逮捕"[4]——兵库县,平成22年(2010.3);"杀死患有老年痴呆症的87岁的父

---

[1] 刘家勇:《日本〈虐待老人防治暨老人照顾者支援法〉之分析:对台湾老人保护工作的启示》,载于台湾《社会政策与社会工作学刊》2016年第二十卷第二期(2016年12月),第125—173页。
[2] 内阁府:http://www.cao.go.jp/whitepaper/index.html,最后访问日期:2017年12月27日。
[3] 厚生劳动省:http://www.mhlw.go.jp/stf/houdou/,最后访问日期:2017年12月23日。
[4] 厚生劳动省:『平成21年度高齢者虐待の防止、高齢者の養護者に対する支援等に関する法律に基づく対応状況等に関する調査結果』、http://www.mhlw.go.jp/stf/houdou/2r9852000000vhb9.html,最后访问日期:2017年12月24日。

亲"——爱知县，平成22年（2010.9）；"我将母亲的头撞向榻榻米，杀了她"——静冈县，平成22年（2010.3）；"儿子残杀痴呆症母亲"——群马县，平成25年（2013.7）；"精疲力竭的家庭杀死奶奶"——岛根县，平成28年（2016.1）。扶养者对虐待老人的案例时常见诸报端，屡见不鲜。

2006年，《虐待老人防治暨老人照顾者支援法》实施后，厚生劳动省增加了对虐待老人的实况调查。从发布的数据来看，日本老人受虐待问题进一步加剧。2006年，登记在册的虐待老人案达12600多件；2007年，家庭内虐待老人事件为13273件；2009年，家庭内虐待老人案件升至15615件，较2008年上升4.9%，创自2006年调查开始以来的新高。2011—2016年，虐待老人案件数量再创新高，表3-1为老人受虐案件的判决数量、咨询数量。图3-1和图3-2分别是看护人员和抚养人员对虐待老人的咨询通报数量和判决数量变化曲线。由表3-1中数据可以明显看出，随着时间的推移，虐待老人案件（不论虐待人是看护人员还是扶养人员）的数量不断升高。以看护人员虐待老人为例，2014年咨询数量为1120件，2015年资询数量上升至1640件，增幅达到了惊人的46.4%。这些数据揭示了日本虐待老人的严峻事实。同时，由于虐待老人行为具有很强的隐蔽性，因此，日本老人受虐待的实际情况远远高于政府和有关方面的统计数据。此外，通过每年虐待老人咨询数量和虐待判决数量之间的对比可以发现，虐待判决数量的增减率低于资询数量的增减率，表明日本虐待老人问题的法律体系还不成熟，相关法律的完善和具体执行措施的建立任重而道远。

表3-1 老人受虐案件的判决数量、咨询数量[1]

	看护人员等专业人员		扶养人员	
	虐待判决数量	咨询数量	虐待判决数量	咨询数量
2015年[※1]	408件	1640件	15976件	26688件
2014年	300件	1120件	15739件	25791件
增减	108件	520件	237件	897件
增减率	36.0%	46.4%	1.5%	3.5%

※1 调查对象年度为（2015年4月1日至2016年3月31日），由都道府县和市町村的调查咨询案例综合分析得出。

---

[1] 厚生労働省：『平成27年度高齢者虐待の防止、高齢者の養護者に対する支援等に関する法律に基づく対応状況等に関する調査結果』、http://www.mhlw.go.jp/stf/houdou/0000155598.html，最后访问日期：2017年12月24日。

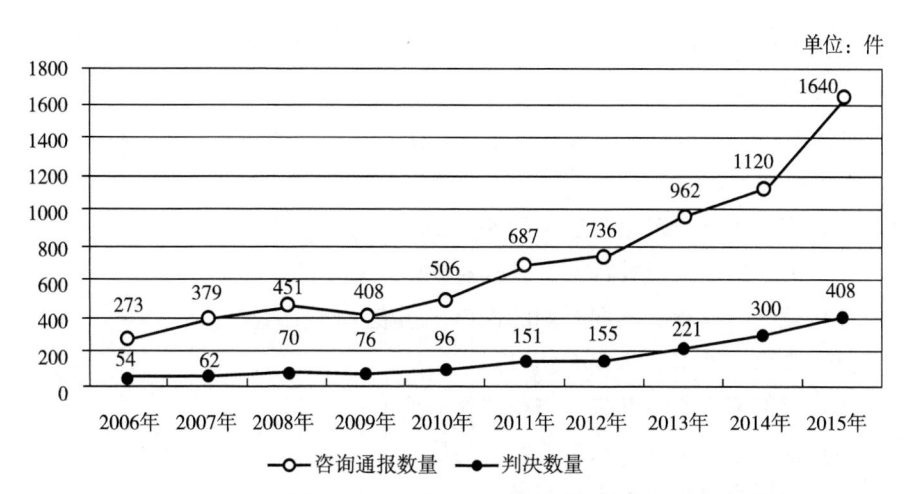

图 3-1　看护人员等专业人员虐待老人的咨询通报数量和判决数量的推移

图 3-2　扶养人员虐待老人的咨询通报数量和判决数量的推移

（二）虐待老人的表现形式

老人遭受虐待和儿童遭受虐待不同，即使遭到同样的虐待行为，在虐待儿童的情况下，儿童与托儿所、幼儿园、学校和社会接触的机会很多，因此，有相当多的机会可以被发现。但是，老人外出机会少，与外界接触也少，所以，发现老人遭受虐待的概率比较小。而且，即使通过入户调查发现了问题，也无法完全解决老人遭受虐待的困境，因为施虐者很可能隐瞒重要事实，使得解救遭受虐待的老人变得十分困难。

预防虐待老人的重要一点是提高社区居民的意识，并据此采取措施。为使社区居民了解虐待行为的表现形式,厚生劳动省归纳总结出以下特征。[1]

1. 身体虐待

身体虐待指对老人施加暴行,使其受伤,或者施加与暴行相等价的虐待行为。主要表现为:

(1) 身体上经常可以看到小的伤口;
(2) 大腿内侧或上臂内侧、背部有伤口或红肿;
(3) 就诊时发现有不同时期的伤口、伤痕;
(4) 头部、面部、头皮有伤口;
(5) 背部或手心背部有烧伤或烧伤的痕迹;
(6) 会对很小的惊吓产生非常大的反应;
(7) 会说家里很可怕不想回家;
(8) 关于身上的伤口及伤痕的解释不合常理;
(9) 对于和主治医师及福祉负责人对话及接受其援助感到迟疑;
(10) 和主治医师及福祉负责人的对话内容会改变、前后不一。

2. 放弃治疗

放弃治疗指拒绝提供看护服务,放弃护理,导致老人的生活环境和身心状况恶化。主要表现为:

(1) 居住房间非常不卫生;
(2) 房间里衣物或尿布随意丢置;
(3) 寝具和衣服随意摆放且长期不清洗;
(4) 穿着肮脏的内衣裤;
(5) 有严重的褥疮;
(6) 身体散发强烈的异臭;
(7) 没有准备足够的饭菜;
(8) 经常表示自己饿肚子,没吃饱;
(9) 呈现营养不良的状态;
(10) 即使知道自己生病了,也不愿去医院看病。

3. 心理虐待

心理虐待指通过语言上的威胁和否定的态度戳伤老人的内心。例如,在外

---

[1] 厚生労働省:『全国高齢者虐待防止・養護者支援担当者会議資料』、http://www.mhlw.go.jp/stf/houdou/,最后访问日期:2017年12月25日。

人面前辱骂、咒骂老人，对其实施冷暴力，告知外人老人大小便失禁等私人问题。主要变现为：

(1) 抓、咬、摇晃身体；
(2) 说自己睡不好（噩梦、不敢睡觉、过度失眠等）；
(3) 萎缩身体；
(4) 有害怕、哭泣、大叫的症状；
(5) 食欲变化很大、有进食障碍（吃太多、拒绝进食等）；
(6) 自我伤害；
(7) 呈现充满无力感、自暴自弃的样子；
(8) 体重不自然地增或减。

4. 性虐待

性虐待指对老人实施色情行为，或者让老人实施色情行为。例如，未取得老人的同意强行接吻、接触性器官、发生性行为等。主要变现为：

(1) 步行姿势很怪，无法保持坐姿；
(2) 肛门或性器官有出血或伤口；
(3) 说自己生殖器疼痛、痒；
(4) 突然变得恐惧害怕；
(5) 变得不想看到别人，一个人度过的时间增加；
(6) 对于主治医师及福祉负责人的对话或其援助感到迟疑；
(7) 有睡眠障碍；
(8) 平常的生活举动出现不自然的变化。

5. 经济虐待

经济虐待指限制老人使用金钱，或者未经老人同意擅自使用老人的金钱。例如，未经老人授权擅自使用其养老金和现金，擅自出售资产（房屋和土地等）。主要表现为：

(1) 明明有养老金和财产收入，却说自己没钱；
(2) 说自己没有花钱的自由；
(3) 虽然经济上充裕，但却不想使用付费服务；
(4) 虽然有钱，但无法支付服务费及生活费；
(5) 拥有资产的情况和实际衣食住行等生活状况有很大的落差；
(6) 存款在不知情的情况下被领走，诉说存折被拿走。

虐待老人虽然被分为如上情形,但很多情况下老人遭受的虐待并非其中一种,而是同时遭受两种或更多种的虐待,如身体虐待往往和心理虐待、放弃治疗等同时发生。因此,对虐待老人表现形式的分类,在于对虐待行为有更深刻的认识,在实践中需关注综合虐待的情况。

(三) 老人遭受虐待的原因分析

虐待老人问题是由多种原因引发的复杂现象。既有老人自身的问题,也有护理者的责任。受虐老人活动不便、性格顽固及自我为中心的性格等问题,容易给护理者带来较大的精神压力。而护理者自身由于健康状况欠佳或护理负担加重带来的精神紧张、护理知识和护理意识欠缺以及自身性格缺陷或就业及育儿压力大、没有精力进行耐心护理等因素也容易引发虐待老人问题。日本老龄化进程加快导致护理老人负担加重、家庭结构变化带来的家庭养老功能削弱、生活方式改变使得代际间矛盾激化是导致虐待老人问题加剧的更为深层的社会文化原因。

1. 施虐方原因

护理者与老人长时间接触不可避免会产生摩擦,护理者因此而心生不满,积怨不断增加,到达一定程度时则引发虐待行为。此外,护理者对看护知识所知甚少,护理过程中也会发生不必要的冲突。护理是心灵和身体的双重负担,如果护理者有精神错乱、酒精依赖、人格障碍等问题,则难以承受巨大的护理压力,容易引发虐待行为。施虐者的经济条件差、对照顾者存在经济依赖,也会使照顾者产生心理负担,进而成为引发虐待的因素之一。如果有专业的护理人员或者咨询对象就比较容易处理这些问题。只有在缺乏护理人员和咨询对象时,护理者才容易被激怒,最终将恶化的情绪转化为虐待行为。

2. 老人方原因

需要长期护理的老人遭受虐待的可能性较大。身体较弱的老人比健康的老人更容易受到虐待。由于健康方面的原因,老人不能实现生活自理,需要依赖他人照料,这种状况使老人丧失自我保护的能力,处于受虐的危险之中。此外,老人的性格缺陷也是虐待的影响因素之一,有些老人性格固执、不善于沟通,不配合护理者的照护工作,从而激怒护理者而引发虐待行为。

3. 双方关系原因

在信息不足、护理人员单一、没有咨询合作伙伴的情况下,虐待行为容易发生。虐待发生的因素及其作用机制与躯体虐待的内容基本一致。只要长期与老人接触，护理人员就会逐步累积压力，不满意度就会增加。所以，应尽可能地让护理人员轮流照顾老人。如果只能由一名护理人员看护老人，则需要寻求一种方式让护理人员释放压力，及时减少或避免压力积累。

二、日本防治虐待老人的主要法律

（一）《虐待老人防治暨老人照顾者支援法》

1. 立法背景及特点

2000年之前，日本对于虐待老人问题的态度比较隐晦，原因在于社会传统对"虐待"一词比较敏感，通常以"不当对待"称之，而且学术研究也未对政府政策产生影响。自2000年开始，随着护理保险制度的实施，长期照护的服务品质以及对老人的虐待问题受到越来越多的关注。2003年，日本进行了第一次针对家庭虐待老人的全国性调查，调查结果显示75%的受虐老人是女性，60%的受虐老人是失智者。调查结果同时显示，施虐者不仅是亲人和家属，有60%的施虐者是照顾者，而且有近半数的施虐者并未意识到自己的行为是虐待行为。[1] 此外，虐待老人不仅发生在家庭内部，也会发生在社区或机构中，而且虐待行为通常较为隐蔽，难以被发现。各界人士逐步认识到，只有建立制度体系为老人提供预防和保护措施，才能有效缓解虐待老人问题。2003年，日本高龄者虐待预防学会成立，作为民间团体与日本律师公会、日本成年人保护法学会积极配合，共同推动立法工作。经过三年的努力，《虐待老人防治暨老人照顾者支援法》于2005年通过，并于2006年正式实施。

《虐待老人防治暨老人照顾者支援法》以预防虐待老人行为的发生为目标，立法目的在于防患于未然，具有相当先进的立法意义。该法注重于对照顾者潜在需求的满足，以缓解照顾者的压力、提升照顾技巧、形成对照顾者的支援团体、进而达到防治虐待老人的目的。该法将老人保护工作的重心由消极、被动的虐待老人事实发生后的处理，转向积极、主动、支持照顾者的策略，展现了老人保护工作的新思路，具有里程碑式的意义。

---

[1] 刘家勇：《日本〈虐待老人防治暨老人照顾者支援法〉之分析：对台湾老人保护工作的启示》，载于台湾《社会政策与社会工作学刊》2016年第二十卷第二期（2016年12月），第125—173页。

2. 主要内容

日本构建了分层次的防治虐待老人策略体系，由预防工作、保护措施及支援工作三项构成。政府负责制定虐待老人的预防策略，对受虐老人进行保护，对施虐者进行支援。

《虐待老人防治暨老人照顾者支援法》主要内容包括：立法目的、虐待老人的定义、家庭及社区内虐待老人防治工作的开展、罚则。

该法把虐待老人细分为五类。一是身体上的虐待，指对老人施暴，使其肉体受到伤害，留下瘀青造成痛苦等，比如殴打、脚踢、捏掐或强制性恶意喂食等。二是放弃护理和照顾，指不给予必要的关爱，使老人身心状态恶化，比如不给洗澡，使其处于脱水状态，放弃护理不管不问等。三是心理上的虐待，指咒骂、威胁、语言伤害等，让老人精神痛苦。四是性虐待，指对老人采取淫秽行为，或指使老人实施淫秽行为。五是经济虐待，指不经本人同意非法处理或使用老人的财产等，比如随意使用老人的存款和养老金，变卖老人的家产，或不向老人支付生活费等。这些明确的法律规定，帮助人们对生活中的虐待老人行为作出明确判断，使执法部门有法可依，提高执法效率。

该法建立了虐待老人通报制度。根据《虐待老人防治暨老人照顾者支援法》，邻人或其他人发现虐待行为时有义务向地方行政机构福利部门报告。虐待老人案件大部分发生在家庭或养老机构、护理机构，如不进入家庭或这些机构内部进行调查，人们很难知道老人受虐待的情况。在《虐待老人防治暨老人照顾者支援法》发布之前，这一问题一直没有得到很好的解决，给老人援助工作带来极大的困难。为此，该法建立了虐待老人通报制度，该制度把报告老人的义务赋予老人的邻居或者其他路人。也就是说，在日本，社会中每个人都有在发现虐待老人行为时及时向地方行政机构福利部门报告的义务，这样就把整个社会都纳入保护老人、防止虐待老人的体制中，一举克服虐待老人不易被发现的困难，同时这也警醒每一个护理者和养老机构，护理老人的行为时刻都处在社会监督之下，从而减少虐待行为的发生。

在施虐者方面，除家庭养护者外，《虐待老人防治暨老人照顾者支援法》把长期照护机构的从业人员纳入法律调整的范围之内。这些从业人员的定义，在《老人福祉法》《护理保险法》中有详细规定。因此，该法须配合《老人福祉法》《护理保险法》的相关规范，共同处理虐待老人问题。

3. 取得成果

针对公民维权意识不足的问题，《虐待老人防治暨老人照顾者支援法》成为加强公民维权意识的源头；自2006年《虐待老人防治暨老人照顾者支援法》推行以来，老人受虐待咨询数目呈上升趋势，普通公民在了解虐待的相关内容和表现形式后主动询问的意识显著提高。其中，《虐待老人防治暨老人照顾者支援法》推行后的前五年内咨询和判决数目增加相对缓慢，主要是因为社会形态和社会意识在短时间内相对稳定，当普法活动更加深入且日常后公民的意识形态才会逐步转化。自2012年开始，老人受虐待咨询数量出现井喷式增长，公民意识真正开始觉醒。公民逐步意识到虐待老人不单是家庭问题更是严重的法律问题，因此对于身边发生的虐老案件，都积极咨询。《虐待老人防治暨老人照顾者支援法》针对受虐方自行通报、家庭成员通报以及福利机构成员的通报都有详细规定，使虐待老人案件能够及时发现，及时处理。

公民主动参与构建"预防虐待老人网络"，除了2006年修改的《护理保险法》外，原则上区域综合支援中心已成为虐待老人应对专用窗口，越来越多的公民选择参与其中，不仅做虐待相关问题的咨询，也为网络的构建和板块的增加建言献策。"预防虐待老人网络"为公民提供权益保障的同时，也为政府增加了了解公民生活的渠道。

现场调查程序中确认安全的工作得到及时落实，确认程序规定翔实，执法人员每完成一步确认工作，都需在工作簿中作出记录，这为后续查证和追责工作提供便利。此外，执法人员分工明确，避免了相互扯皮和"踢皮球"的现象。最后，《虐待老人防治暨老人照顾者支援法》的推行使执法人员在执法过程中有法可依，减少了来自施虐方的阻挠，提高了执法人员的办事效率。

4. 存在问题

《虐待老人防治暨老人照顾者支援法》自2006年开始实施，到2017年已实施12年。根据《虐待老人防治暨老人照顾者支援法》的补充规定，考虑到本法的执行情况，"防止虐待老人和支持照顾者"制度在本法执行三年之后，会根据实行情况修改某些不适应的条款。

在此期间，日本律师协会联合会、日本司法家协会、成人监护中心、日本社会工作者协会、日本老年公民防止虐待协会等提出了修改法律条款的意见书。其中，主要从《虐待老人防治暨老人照顾者支援法》和地方政府措施的实际情况出发，对虐待老人的定义、与身体上的约束的关系、报告和通知的流程、护理人员的工作内容、地方政府的作用和权力等方面提出了修改意见。

《虐待老人防治暨老人照顾者支援法》在取得成果的同时，也存在一些问题和不足。这些问题也指明了后期立法和执法过程中所应及时调整的方向：

（1）对虐待老人定义的歧义（标准，老人范围，照顾者范围，身体束缚等）；

（2）国家和地方政府职责模糊（市政工作过度）；

（3）报告"义务"规定不完善；

（4）不发达的专门机构（目前仅有地方综合支持中心）和专业的工作人员以及专业设备；

（5）关于刑事条款的讨论（这个法律是否是《监管法律人格法》或《福利法人人格法》）以及针对虐待老人的护理人员的具体惩罚措施。

（二）《老人福祉法》

福祉是以自主生活能力下降的老人（如生活中无法作出适当判断的老人）为对象，将老人的福利需求作为主要服务内容的统称。具体来说，就是保障老人的生活，从养老金、社会保险、公共援助等方面为老人提供全方位的保障与支持。

1963年（昭和38年）日本政府颁布了《老人福祉法》，这是日本第一部关于老人福利的法律，首次明确了老人享受福利的权利与义务，成为老人享受社会福利的基本法律，因此也被誉为"老人宪章"。该法于1986年、1989年、1990年三次修改，日臻完善。

第二次世界大战后，日本的产业结构迅速变化，随之相伴的是社会的剧烈变迁，城市化和核心家庭的出现是最显著的特征。一方面，以家庭为单位的私人共同体对老人的扶养能力急速下降，特别是家庭内部和社区的支持能力下降；另一方面，老龄社会的到来使老人问题逐步产生，并在整个社会范围内表现出来。为应对老龄社会中的老人问题，《老人福祉法》应运而生。

《老人福祉法》由针对所有老人普遍存在的共性问题所对应的服务，以及针对某些特殊老人的特定问题相对应的服务构成。该法的立法目的是"在明确老人福祉原理的基础上，为维护老人的身心健康和安定的生活而设立必要的措施，从容为老人谋取福利"（第1条）。此外，该法明确了福祉的基本理念（第2条，第3条），并按照"老人福祉促进义务"（第4条）的规定予以体现。此外，与老人福利的相关内容在行政机制中也做了具体分工。

该法的主要内容包括政府有权对老人护理中心进行调查、要求护理中心提供有关其运营状况和其他必要事项的报告、询问相关工作人员，对于不符合规定的老人护理中心，政府机关有权采取相应措施等。

（三）《护理保险法》

日本在1997年12月16日颁布了《护理保险法》，并于2000年4月1日正式实施。该法是在日本社会进入老龄化的背景下产生的。随着人口老龄化的推进，需要护理的老人人口迅速增加，以家庭护理为主的传统护理方式难以应对社会需要。此外，护理缺失造成的"社会性住院"引发了严重的医疗赤字。因此，建立护理保险制度一方面是为了使医院能够更加接近老人保健设施和特别护理老人之家的设施标准，另一方面是为了向需要长期住院的老人提供生活护理和身体复健等具体服务。

根据《护理保险法》的规定，政府专门拨出经费在社区建立全面性社区照顾中心。一方面，使社区虐待老人的防治工作整合到长期照护系统中，保障其有稳定的经费来源；另一方面，使虐待老人防治工作不仅仅停留在联系通报、紧急安置等消极层面，而是积极地将虐待老人防治工作与长期照护联系在一起，不但为老人提供长期照护服务，而且可以满足照顾者在照顾服务过程中所需要的支持和资源。

《护理保险法》在老人遭受虐待后，提供相关看护保险服务，这些服务包括：护理咨询、护理计划制定服务；定期家访服务；设施服务（日间服务）；接受参观、通行和住宿服务；居住在设施内的短期或长期服务；与使用福利设备有关的服务。这些服务不仅为老人提供了服务和帮助，为照顾者提供了支持和资源，同时对照顾者起到了监督作用，特别是定期家访服务有效地监督了照顾者，为老人免受虐待提供了制度保障。

三、日本防治虐待老人的法律实施

防治虐待老人是政府、社会和公民的责任。为了预防虐待老人、及时妥善保护受虐老人、支持照顾者，中央和地方政府、公民、老人福利机构等均应承担相应责任。

（一）防治虐待老人的基本观点与注意事项

1. 基本观点[1]

1) 确认和尊重老人的意图

在考虑和选择针对虐老的应对政策时，首要工作是要确认老人的意图，以便尽可能地在尊重老人意图的基础上采取措施。在此过程中，不仅要掌握老人表面上的意图，而且还要在确认与老人建立信任关系后所表现出的真实意图。

在特殊情况下，必须采取分离老人与家人才能实现保护老人的目的时，要为老人准确分析采取分离措施的紧迫性和有利点，鼓励老人理解和支持政策的执行，让老人更易接受分离结果。

2) 惩罚施虐者并非最终目的

在处理虐待老人问题上，确认虐待事实后惩罚施虐者并最终分离老人和施虐者并非最终目的。虐老问题背后存在复杂的因果关系，因此，重要的是并非指责或惩罚施虐者，而是探索虐待背后的原因并制定解决问题的方案。在进行家访时，家属会对"虐待"一词相对敏感，因此要谨慎使用。

3) 准确的信息收集和客观的判断

准确的信息收集对评估老人遭受虐待的程度以及如何作出适当的判断是必不可少的。当缺乏正确的信息时，即使通过紧急性判断将老人和施虐者予以分离，也会影响后续救助工作的开展。

通报受理机关应与虐待事实有关的福利机构、医疗机关开展协同工作，及时掌握准确的信息，从而作出客观合理的判断。

4) 尊重个人信息和隐私

在处理家庭内虐待老人的问题时，往往涉及原本属于私人领域的问题，如家庭关系和家庭内部问题。一方面，老人及其家属都存在一种家丑不可外扬的心理状态，他们不想让外人知道家庭内部问题，这也是老人遭受虐待的潜在因素之一。虐待老人问题是非常隐秘的话题，因此为解决问题提供支援的工作人员，必须对其了解到的老人本人和家属的个人信息以及隐私予以保密。

另一方面，在处理虐待老人案件时，老人和家属的信息包括个人信息在内支援人员必须在利益相关者之间分享信息，并评估支援措施。另外，受到"个人信息保护法"和厚生劳动省制定的指导方针支持的相关机构、民间团体

---

[1] 厚生劳働省：http://www.mhlw.go.jp/stf/houdou/，最后访问日期：2018年1月3日。

也应遵守《个人信息保护法》和厚生劳动省的相关法令。根据《个人信息保护法》的规定，个人信息的取得需要事先争得本人的同意；此外，法律在第16条和第23条还规定了例外条款。

（1）建立支持系统。防治虐待老人预防措施的目标是支持老人，使他们能够过上稳定的生活，同时保护他们的尊严，使他们免受虐待的侵害。政府在各个阶段都应做好防护工作，直到被虐待的老人能够过上安定的生活。因此，建立一个以倡导老人权利为理念的支持系统是十分必要的。

（2）建立积极的关系模式。与虐待儿童不同，虐待老人最有可能发生在"成年人和成年人"的人际关系上，因此有必要根据老人的意愿作出反应，建立积极的关系模式，帮助老人与施虐者重建良好的人际关系。要避免出现"受害者-犯罪者"的关系模式，那样将使老人陷入更加不利的境地。

提高家庭成员的权利意识，正确理解包括痴呆症在内的各种老年病的特征，帮助家庭成员理解老人所面临的困境，培养家庭成员尊老、爱老的情怀，用积极的方法预防虐待行为的发生。通过看护人员学习护理知识、福利机构推广护理保险制度等措施，减轻护理者的负担、缓解护理者的压力。此外，还应通过利益相关者的合作预防老人遭受虐待，如定期探望等措施。

在问题变得严重复杂之前，便应开始做好支援老人的工作，做到早发现早支援。政府应与社区协会、街道协会等社会组织开展合作，对当地居民进行防治虐待老人的教育，与健康、医疗福利相关机构建立合作制度，对虐待行为制定早发现和早回应机制。

（3）支援照顾人员。在很多情况下，老人的虐待往往是由各种因素交织在一起造成的，所以，解决这一问题也并非易事。从发现虐待到终结案件往往需要两年以上的时间，因此要立足长远的观点对扶养人员予以支持。在处理个案问题时，应首先考虑施虐方和受虐方的居住问题，在这一问题的基础上再探讨解决方案。

在家庭照顾者发生虐待的情况下，容易把扶养人员视为肇事者，这种认识过于简单，不利于解决问题。应该对扶养人员提供支持，并动员亲属共同努力解决问题。为此，需要知道其他家庭成员的状况，如经济状况、医疗问题、与邻居的关系等。不能单纯地把虐待老人问题看作老人与扶养人员之间的问题，而要看作老人、扶养人员和亲属的共同家庭问题。

在处理这一情况时最重要的是改善虐待现状，保护老人自己的权利，消除家庭的各种负担，调整家庭关系，使家庭成员都能安定地生活。

在许多情况下，家人和其他人在没有意识的情况下实施虐待行为，因此为避免此情况的发生，长期护理支持人员在对家属进行虐待老人基本情况的宣传是十分必要的。

为了全方位支援家庭，政府部门应调动各相关机构协同合作解决虐老问题。

（4）跨领域机构合作。虐待老人行为一般是长期的家庭矛盾、照顾疲劳、财务紧张等因素造成的，需要协调各系统和人员共同解决问题。所以，从报告发生到确认事实，以及虐待案件处理、为老人安排后续生活的各个阶段，多个利益相关者应该一起努力，建立支援老人和护理者的多元人才团队，以回应虐待老人案件的需要。

2. 注意事项

1）是否认识到虐待行为无关紧要

在虐待老人案件中，很多虐待者没有意识到自己实施了虐待行为，很多老人也不认为自己遭受了虐待。因此，是否认识到虐待行为无关紧要，只要有虐待的客观事实，即应采取行动帮助老人摆脱困境。

2）优先考虑老人的安全问题

在处理虐待老人的案件时，应明确首要任务是捍卫被虐待老人的权利，使受虐老人获得有尊严的生活。此外，应着眼于老人现实的生活状态，把改善老人的生活状态作为最优先项。

在需要住院、采取紧急措施等情况下，即使不能与老人建立信任关系，也必须优先确保老人的安全。通常情况下，工作人员在介入虐待老人案件时，应首先与老人建立信任关系，以缓解老人的压力和紧张情绪。但在老人面临生命健康危险的情况下，应首先解决老人的安全问题，毕竟生命高于一切。

3）始终保持清醒的头脑

随着时间的推移，虐待老人问题可能会使工作人员变得麻木、习以为常，这对老人是非常危险的。虽然工作人员每天都会处理虐待案件，但每一个虐待案件对老人来说都是严重的身心伤害，因此，工作人员要始终保持清醒的头脑，及时作出反应，不可有丝毫懈怠。

4）各机构互相配合开展工作

对于复杂的案件，各机构之间的配合是必不可少的，利用区域综合支援中心建立的"预防虐待老人网络"便是其中重要的一环。网络的运作是区域综合支援中心的任务，而各机构需要参与或分别召开个案会议，处理个案。通过案件协调会议，确定各机构的工作职责。各机构需相互配合才能使案件得以顺利解决。

（二）虐待事实的确认流程[1]

针对日本虐待老人频发的现状，日本学者总结了一套完整的虐待事实的确认流程，具体如下。

1. 虐待行为的发现

为尽早发现老人遭受虐待的事实，居民和有关机构应正确认识老人受虐的相关情况，发现问题应及时到相关部门问讯处进行问询。另外，重要的不是在虐待老人行为发生后的应对方法，而是防患于未然，尽量避免虐待老人的发生。但是，在已知的扶养人员虐待老人案件当中，扶养人员有90%是亲属，80%以上与老人共同生活。因此，老人在家庭中遭受虐待后，很难向外界求助，并且外界也难以发现。特别是患有老年痴呆症的老人被虐待时，可能都没有意识到自己遭到了虐待，所以，针对老年痴呆症患者是否遭受虐待的检测十分必要。

老人受虐的重点应是早期发现和早期预防，虐待事实可通过一些迹象被察觉，比如老人出现身体伤痕、情绪低落、衣着不适等表象时，应怀疑其可能遭受了虐待。

虐待信号有：

（1）可以听到老人家里有怒吼声和哭泣声以及扔物体发出的巨大响声；

（2）无论严寒酷暑，或者户外正在下雨时，老人都长时间停留在室外；

（3）老人需要护理，但是并没有护理服务提供者上门服务；

（4）老人的衣服很脏，且看起来长时间没有洗澡；

（5）老人身上有瘀伤和伤疤；

（6）老人在被提问时没有反应，面无表情或者感觉很害怕；

（7）老人没有好好吃饭；

（8）老人无法管理自己的养老金；

（9）扶养人员的态度非常可疑（不让老人与外界接触）。

2. 通报与受理

老人在遭受虐待时，不一定要用"虐待"这个词来咨询或通报。为了不

---

[1] 斎田陽介（2007）『高齢者虐待対応マニュアル』[M]、保険福祉部高齢福祉課、18-25.

错过发生虐待的可能性，在接受虐待老人（包含怀疑）的咨询和通报时，要尽可能地了解虐待状况、虐待内容和虐待次数等相关信息。在咨询过程中，为了确认事实，必须明确"老人是谁""什么时候""在什么地方""发生次数"等相关问题。另外，从收集到的信息中判断该事件"是否紧急"时，必须由整个咨询团队共同判断，而不是由某一个相关负责人单独判断。

发现老人遭受虐待的下一步工作即是通报。任何公民在发现存在虐待行为时都有义务向当地政府部门进行通报，政府接受通报后会把案件移送到市町村政府或者区域综合支援中心。

咨询事项有：

(1) 明确记载信息来源。

①咨询者是否是老人本人；

②咨询者是否听到了怒吼声和哭泣声，从而推测是否发生了虐待行为；

③咨询者和老人的关系，和施虐者的关系；

④要明确信息来源，明确咨询者是传闻还是亲眼看到或亲耳听到。

(2) 多方面了解虐待情况。

①老人的身心健康状况、语言表达能力如何？

A. 是否为老年痴呆症患者；

B. 来往医院的次数；

C. 是否存在身体上有瘀伤、不能走路等情况；

D. 在危险状况下，老人能否有能力回避危险。

②老人/扶养人员的生活状况和接受（拒绝）援助的状况。

A. 什么时候意识到要来接受相关咨询和帮助；

B. 是否了解与虐待老人相关的咨询服务和咨询窗口；

C. 如何获得的咨询方式等信息。

3. 事实调查

接到通报通知后，市町村政府或者区域综合支援中心首先要确认虐待老人的事实。事实确认指的不是"确认虐待事实"，而是通过"通报的信息，确认老人的安全和状况"。原则上在 48 小时内完成事实确认，并召开核心成员会议。这项工作也被称为事前调查。信息接收工作由训练有素和经验丰富的专业人员负责，确认施虐者和受虐待老人的基本信息是十分重要的工作。在涉嫌虐待的情况下，按照威胁老人生命和身体健康的风险排列调查顺序，并根据具体情况开展调查。

1）家庭走访调查时的注意事项

（1）工作人员在走访调查时需要考虑自身安全问题，所以应安排多人进行访问。此外，如果走访过程中需要检查老人的身体状况，则需要一位专业医疗人员陪同访问；

（2）工作人员应当尊重老人及其家庭成员的个人隐私和个人信息；

（3）如果老人患有老年痴呆症，很难意识到自己是否受到虐待，工作人员应当咨询老人住所周围的邻居，并且仔细观察老人的身体情况（身上是否有瘀青等）。

2）检查项目

（1）在确认老人的生命和身体安全之后，工作人员要进一步确认是否存在虐待行为；

（2）工作人员可以不经意提出老人是否遭受过虐待的问题，并仔细观察家庭成员的反应；

（3）工作人员不仅要确认"发生了什么"，还要确认是"如何发生的"；

（4）必须注意"没有发现虐待问题意味着没有虐待问题"这样的错误判断，有时"发生了虐待，但是老人自己没有发觉"，因此在询问老人时要多方面提问。

4. 调查工作遭到阻碍时的解决办法

老人和扶养人员拒绝工作人员的调查是工作人员遭到的最大挑战，因为这可能对老人的身心安全带来极大的隐患。在此情况下，应尝试先接受老人和扶养人员的想法，即使遭到老人或扶养人员的拒绝，也应该与老人和扶养人员建立信任关系，这点非常重要。

如果有人发现了疑似虐待行为，工作人员应先进行一次入户调查。

1）理解并接受扶养人员的想法

市町村虐待老人部门的工作人员应当倾听扶养人员的烦恼。因为，相互信任关系是通过接受和包容建立的。虽然老人和扶养人员拒绝工作人员的调查，但是工作人员可以经常上门拜访，通过日常访问建立关系，理由可以是"我路过附近"，"去拜访他人"等。虽然这样做需要花费很长时间，但通过长时间的接触，可以与老人的家庭取得信任，或者获得邻里的信息。

2）帮助老人家庭解决困难

市町村虐待老人部门的工作人员可以通过帮助老人家庭解决困难拉近和老人家庭的关系。这是一个调查的机会，同时通过帮助扶养人员解决困难，减轻他们的负担，从而避免他们成为潜在的施虐者。

3）挖掘老人家庭人物关系，构建合作关系

市町村防治虐待老人部门的工作人员应尝试找到能够影响老人家人、亲属作决策的人，并与他们开展合作。如果工作人员判断目前为紧急情况，根据法律有权强制提供保护。

5. 确认虐待事实和否认虐待事实

虐待事实的认定应该在核心成员会议上进行。所谓核心成员会议，主要指由相关工作人员共同决策、判断是否存在虐待行为、对案件进行全面分析、制定对策的会议。参加核心成员会议的工作人员主要有：当地政府防治虐待老人部门负责人，区域综合支援中心负责人。此外，根据实际案件的不同，还会有福利机构工作人员、康复中心保健护士以及长期护理支持人员参与。核心成员会议的主要内容如下。

1）分享信息和确认已了解到的情况

（1）确认老人的安全（包括身心健康、能力、生活条件等）。

（2）确认哪些地方存在虐待老人的可能性。

2）通过分析已有信息，判断是否存在虐待老人的行为

如果判断存在虐待老人行为，则分析决定是否有必要紧急实行分离保护，或者考虑家庭走访调查的必要性。如果采取了各种措施，但是由于扶养人员的阻挠等原因而无法确认老人的安全，则应当进行家庭走访调查。

3）考虑支援政策

以保护老人安全为本，制定全面的支援政策。

在调查过程中，如果虐待事实没有得到证实，则案件就此结束。在任何机构中都有关于删除已结案件的规定，从涉案人的隐私角度考虑，案件终结后3个月内信息将被删除。另外，如果确认发生了虐待行为，案件则被确认为虐待案例，服务机构需跟进提供各种服务，同时案件应移送给警方和检察机关等行政机构。根据法律规定，虐待事实的认定应该在核心成员会议上进行。在判断有无虐待行为时，老人本身是否意识到遭受了扶养人员的虐待不是工作人员关注的重点。同时，判定过程中不应带有主观感情，如"虐待者已经很努力地照顾老人了"。到底有没有虐待行为，必须着眼于事实（基于已收集到的材料与证据），而这个事实就是老人的权利是否受到侵害。

6. 服务保障

服务机构针对不同的对象提供不同的服务。对于虐待老人案件，服务机构

引入了成人保护服务制度。对已确认为遭受虐待的老人以及在某些情况下虽未被证实遭受虐待但需要帮助的老人，提供心理疏导和物质保障。

(三) 各部门具体职责及落实措施

虐待老人的防治工作是一个立体的防虐网络，在防虐网络中有不同的关系者。《虐待老人防治暨老人照顾者支援法》对防治虐待老人体系中的各个关系者都有明确的法律规定，赋予其从事虐待老人防治工作的相关角色和任务。政府的角色在于制定防治老人遭受虐待的策略，这些策略由专门的机构去执行，福利机构以保护受虐老人为主要目标，同时所有的公民都有责任加入这个支援体系中。

1. 中央政府

"虐待老人防治暨老人照顾者支援法"第 3 条规定了中央政府和地方政府❶的职责，日本地方政府的虐待老人防治体系分为都道府县级和市町村级。市町村是日本最小的行政单位，承担第一线的防治虐待老人工作。都道府县是市町村的上一级组织，对市町村的工作进行监督。

中央和地方政府应采取措施，防止老人遭受虐待，及时适当保护受虐待的老人，并协助有关部门和机构。中央和地方政府应提供专业人员保护老人、支援看护者，并确保专业人员充足。为了确保和提高专业人员的素质，政府要组织好培训工作。为及时预防虐待老人和保护老人，中央和地方的公共机构必须报告有关老人遭受虐待的情况和有关侵犯人权事件的救济制度，并且开展必要的公众普法宣传活动。

1）工作职责

《虐待老人防治暨老人照顾者支援法》规定了中央政府的宏观措施，具体体现在行政层面的分工和财政层面的支持，通过行政和财政的相互配合确保虐待老人防治工作能够顺利运行。

2）落实措施

中央政府要主动强化与相关部门的互联互助，为各部门合作搭建沟通的桥

---

❶ 日本行政区划介绍：一般分为都、道、府、县（广域地方公共团体）以及市、町、村（基础地方公共团体）两级。现今日本全国分为 47 个一级行政区：一都（东京都）、一道（北海道）、二府（大阪府、京都府）、四十三县，其下再设立市、町、村。行政区划网：www.xzqh.org，最后访问日期：2018 年 1 月 6 日。

梁。在体制层面，应积极支援防止虐待老人体系的构建并配备其他必要体制，确保防虐体系的及时推广。确保专门人才的储备充足并对其展开培训管理，提高专门人才的服务质量和专业素质，落实相关部门职员进修等必要课程。此外，还应大力开展防止老人遭受虐待的通报义务、人权侵犯事件救济制度的宣传活动以及其他必要启发活动。

2. 都、道、府、县政府

1）工作职责

（1）都道府县政府工作人员需对老人和看护人员提供咨询、指导和忠告；

（2）都道府县在接到报告后，应及时确认老人的安全，确认报告事实，与对口单位协商支援措施；

（3）都道府县政府应确保《老人福祉法》的实施，必要时适用成人监护制度。

2）落实措施

都道府县政府应制定老人及家属投诉制度，该制度允许老人针对监护人和福利机构工作人员进行投诉。如果老人投诉监护人，都道府县政府会对应限制监护人的相关权利如限制自由等，并对老人采取保护措施；而针对老人及家属投诉福利机构工作人员的虐老行为，都道府县政府会对应制定防止福利机构工作人员虐待老人的措施。都道府县政府应安排专业人员，提供减轻照顾者负担的咨询、指导和建议服务，以避免照顾者因为负担过重而对老人产生虐待行为。其根本目的是预防虐待行为的发生。

此外，都道府县政府的另一重要责任就是对相关机构的通知与针对工作人员的培训工作。针对政府部门的最新措施和制度，要对下属相关机构给予通知。同时，都道府县政府不仅要对从事相关专业工作的人员进行完备的专业培训，也要对福利机构的看护人员进行相应的知识普及与技能培训，保证福利机构看护人员的专业水平。此外，都道府县政府还应该与防治虐待老人相关组织开展合作，共同保障老人的身心健康。

针对疑似有虐待老人行为的家庭成员，都道府县政府有权派遣相关工作人员对其进行入境检查。对于存在照顾者阻挠工作人员入境检查的情况，相关工作人员有权在调查期间要求警察进行协助。

3. 市、町、村政府

1）工作职责

（1）接受咨询，通知和通报；

（2）与相关机构、组织进行联络；

（3）开展调查（协助警察）；

（4）认定虐待事实（核心会员大会）。

根据《虐待老人防治暨老人照顾者支援法》的规定，市级政府需要做好预防虐待老人的工作，保护老人的基本人权，接受市民的通报，并定期公布老人遭受虐待的详细报告。

2）落实措施

行政部门接到通知和通报后，需将接待信息记录在"虐待老人信息报告书"上，并将报告书提供给区域综合支援中心。市政府应及时进行调查，以确定被虐老人的健康和安全情况，确保老人在虐待案件处理后能够重建日常生活。重建工作需要市政府和区域综合支援中心的合作。

（1）预防、注意、隔离措施

对虐待老人和虐待的诱因及时作出回应。仔细聆听老人和护理人员的倾诉，并通过情绪表达和咨询等情感支持缓解压力。定期视察老人的生活，并同时进行监测和重复评估，提供符合护理者和老人需求的服务。❶ 针对老人和护理者之间的困难，以预测和协调的方式进行干预，及时缓解家庭和老人的压力。经常与家属协会联系，鼓励家属参加会议并反馈相关意见。积极使用社会资源，如果在虐待老人的案例中看到精神障碍者或人格障碍者，推荐专业人员给予治疗。

需要强调的是，这里针对的对象不仅仅是老人，还有老人的扶养人员。这样做能够减轻扶养人员的负担，避免他们因为负担过重而产生虐待行为，可称之为对潜在施虐者的支援。

政府工作人员应告诉被虐待的老人不要放弃个人权利。发生虐待行为后，施虐方和老人的问题如果没有得到解决或者情况严重恶化，为了保护老人，应暂时把老人和施虐方隔离。❷ 如果遇到老人的生命遭受威胁的紧急情况，并且

---

❶ 田口麻美子（2013）『高齢者虐待の現状と課題』［J］、『政策科学研究会』、18：23.

❷ 菅沼真由美、佐藤みつ了（2011）『認知症高齢者の家族介護者の介護評価と対処方法』［J］、『日本看護研究学会雑誌』、34（5）：41-49.

会发生使其无人看管的严重后果，则需要作出紧急反应。在此情况下，除了紧急引入家庭服务或临时分居的情况外，应考虑采取相应的法律措施。

发生虐待老人案件后，应及早判断是否对老人的生命有威胁。如果存在生命危险，应提供紧急救援，及时联系救护车安排住院，并在发生事故后尽快与警方联系。

（2）信息汇总和管理

《虐待老人防治暨老人照顾者支援法》第 6 条规定，市政府为防治虐待老人的主要应对机构，因此，市政府应做好咨询、信息汇总及报告工作。

具体来说，市级政府应编制从咨询、报告信息到案件通信记录信息的表格，确定统一运作规则，并在此基础上对运行情况进行管理。如出现各种相关组织参与处理虐待案件的情况，为了促进各方合作，有必要将反应结果的信息反馈给重要管理部门，并向主管部门报告。

《老人福祉法》的执行、成年监护申请书的普及以及基于防止虐待老人的现场调查的实施和监护人支援等是区政府的工作范围，市町村负责人员要根据虐待的程度、状况及时采取措施。为此，需要明确各项工作的主管部门和负责人，事先确定分工，并模拟执行程序。根据《虐待老人防治暨老人照顾者支援法》第 10 条第 12 款和第 14 条第 2 款的规定，市町村政府应每月下社区开展《老年福利法》的教育宣传活动并告知老人自我保护方法，以防老人出现生命安全之虞。虽然法条中没有规定各单位要提前预留空间来应对虐待事件，但当出现不可预测的情况时，各单位要第一时间采取措施，为市町村各项措施的推进先行做好铺垫工作。

（3）建立、维护老人保护及支援网络

《虐待老人防治暨老人照顾者支援法》第 16 条规定，各市负责防治虐待老人的政府工作人员，应妥善处理老人遭受虐待的案件，并给予老人充分的照料与安抚。区域综合支援中心和其他有关组织应与"老人养老保障机构""护理保险机构"以及其他私营机构等建立长期合作关系。

政府将《虐待老人防治暨老人照顾者支援法》中提到的"协助合作系统"称为"预防虐待老人网络"❶（以下简称"网络"）。为了防止老人被虐待并及早发现、支援受虐老人和照顾者，市町村必须整合家庭照顾资源中心、地域照

---

❶ 楊培珊（2011）『老人保護評估系統之研究案』[J].『國立台灣大學 內政部委託研究報告』60 – 63.

顾支援中心等相关机构和民间团体的合作体系，即透过相关单位的合作，对有受虐之虞的老人及其照顾者、家属进行多方面的支援。

A. 早期发现、守护网络

防治虐待老人体系是以居民为中心建立的虐待老人防治、早期发现及守护的网络。民生委员、地方居民、社会福祉协会在网络的构建中起着不可忽视的作用。对于被社会孤立的老人或者家属，依靠民生委员及附近居民的关注来预防虐待，如发现疑似虐待的情形，则能及早报告并采取适当的应急措施，以免虐待问题的进一步恶化。

该网络的构成人员包括：民生委员、人权拥护委员、社会福祉协议会、自治会、老人会、NPO（非营利组织）、志愿者团体、附近居民等。

B. 保健医疗福祉服务网络

此网络以团队的方式开展工作，主要为现存的虐待老人事件提供处理意见，并进行具体的资源配置。此外，该网络的成员平常接触老人、护理者、家属的机会较多，有早期发现虐待行为的机会和可能。

该网络构成成员：居家照顾支援事业所、照顾服务事业所、保健中心、医疗机关等。

C. 专门机构支援网络

当保健医疗福祉领域所能提供的咨询服务无法满足老人的需求时，专门机构网络可提供专业的处理方式，特别是警察、消防、法律等专门机关和精神保健领域的专门机关。

该网络构成成员：警察、消防、保健所、精神保健福祉中心、精神科等医疗机关、律师、权利拥护团体、家庭法院、消费者中心等。

对上述网络的维护被视为市町村政府的重要职责。市町村作为保护老人、预防虐待老人的前线阵地，必须重点做好一级响应工作。市町村应与老人福利监督科就管理问题和各部门合作事项达成一致。另外，网络的建立与区域综合支援中心的工作方式和结构至关重要，因此有必要结合区域综合支援中心的组织角色和功能来考虑网络的构建问题。此外，为了建立以区域综合支援中心为重点、以防治虐待老人为主要内容的区域合作体系，区域综合支援中心管理委员会也应随之建立，同时应成立督导委员会，以监督区域综合支援中心项目的实施情况，保障各项目的顺利实施。

（4）协助警察调查

市町村政府工作人员有权进行现场调查，同时有义务对警察的调查给予协助。为了保障在具体案件中政府和警察的顺利合作，应建立一个平台机构使每天得到的最新消息在平台上进行交流，从而加深对案件的认识和推进保护措施。各种领域通过在线交换信息，加深合作双方对虐待老人问题的共同理解，确认具体协作措施，提供工作效率。

4. 区域综合支援中心

1）工作职责

（1）接受咨询、通知和通报；

（2）收集有关机构的信息，进行事实确认；

（3）建立"防止虐待老人服务网"；

（4）起草和监督支援政策的执行；

（5）举办虐待老人案件专题会议。

2）落实措施

区域综合支援中心是保护老人的执行机构。主要通过咨询窗口，维护老人的各项权利。接到通报后，区域综合支援中心应和市政府展开合作，进行信息收集和确认虐待事实的工作。必要时协助市级政府开展入境调查工作。区域综合支援中心收到咨询和通报后，应在"虐待老人信息报告书"中进行记录。

区域综合支援中心是很多市町村处理虐待老人问题的核心处理机构。中心可以将部分工作委托给私营部门，但仅限于虐待老人预防措施的执行和监护法实施的宣传工作。根据《虐待老人防治暨老人照顾者支援法》的规定，以下工作可以由支援中心委托给私营部门进行：对老人和看护者的咨询、指导和建议（第6条）；接受通知和通报（第7条和第8条）；确认老人的安全以及确认其他事实（第9条第1款）；接受护理者的咨询和指导，建议和采取其他必要措施（第14条）就第三方引起的财产不公平交易问题的咨询，相关机构应给予介绍（第27条）。

区域综合支援中心有权调查福利部门的状况，收集必要的信息，要求福利部门的工作人员回答相关问题。福利部门有义务陪同支援中心的工作人员进行实地调查，并与相关组织协调落实工作责任。

区域综合支援中心负责汇总并整理虐待老人问题的信息，为此市町村政府应建立统一的信息表格及登记系统，并告知填报的程序和方法。在处理虐老案件时，有必要从多个相关组织中收集信息，并在相关组织中分享信息。关于虐待老人的信息属于个人信息类别，中心在收集和使用时，须严格遵循个人信息保护条例。

5. 福利机构

1）工作职责

（1）向市政府或区域综合支援中心进行咨询或通知相关事项；

（2）收集相关组织、民生委员和邻居的信息；

（3）开通生活方式的咨询窗口、支援贫困户；

（4）推广成人监护制度；

（5）开展虐待案件总结后的信息保护工作（利用网络监视）。

2）落实措施

社会福利局作为地区的咨询窗口，通过社区福利监督网与各种机构和居民开展交流工作。在虐待案件调查终止后，为了让市民在该地区过上安心舒适的生活，社会福利局应做好个人信息保护工作。

（1）确保居住问题：确保老人短期入住福利机构的房间及床位；

（2）限制会面：受扶养人员虐待的老人短期入住福利机构时，福利机构负责人员出于对老人的保护，可限制施虐扶养人员与老人会面；

（3）介入调查：市町村以老人生命及身体遭受重大危险之虞为由，可指派福利机构相关人员到老人的住所或居住地展开调查；

（4）申请警察援助：市町村介入调查时，可申请警察援助，必要时福利机构必须予以配合；

（5）扶养人员的支援：为减轻扶养人员的负担，福利机构在必要时可依据扶养人员的身心状态，提供短期收容养护。

为了防止看护人员虐待老人，福利机构需要通过提升护理技巧和培训活动提高看护人员的职业素养和实践能力。福利机构应定期开展护理技术改进工作，以及与虐待老人相关的课程进修工作。此外，还应参加市町村和都道府县开展的进修课程，通过一系列的课程学习提高福利机构看护人员的资质和技能。另外，为了防止看护人员实施虐老行为，福利机构要对看护人员进行心理疏导，并实时改善看护环境，使看护人员时刻保持乐观向上的心态。

此外，由于许多老人住在福利机构，因此需要对其开展个人护理服务。在此情况下，护理服务需要充分考虑老人遭受身体虐待或心理虐待后的心理状态，确保受虐老人心态平衡、避免更坏结果的发生。此外，在制定特殊服务的同时，也应考虑看护人员个人的心理状况和服务能力，综合考虑双方特点后制定护理服务更有助于受虐老人早日走出阴影、恢复健康。福利机构需要营造积极健康的护理环境，让每位老人都能在维护自己尊严的同时自由地生活。

福利机构作为老人的暂住场所，与外部人员的沟通相对困难。然而，当地居民和志愿者可作为沟通的桥梁，一方面，为老人送去外部的信息，另一方面，也可以缓解看护人员的工作压力，使看护人员的心理得以平衡。此外，福利机构也应考虑引入服务评估系统，包括老人自我评价、第三方评价等多方位评估体系。服务评估系统有利于监督福利机构的运营，确保老人安全稳定的生活。

根据《虐待老人防治暨老人照顾者支援法》的规定，福利机构应建立为老人及其家属提供服务的投诉制度（第20条）。投诉内容主要包括福利机构的环境设施、卫生条件等；还应包括看护人员的服务态度等。福利机构应开设投诉咨询台，为提高服务质量，咨询台应24小时开放。福利机构在接受投诉后，应迅速调整服务内容或更换看护人员。为了保证投诉咨询台发挥实质作用，投诉案件应在市町村相关部门备案。

6. 长期护理支持人员

1）工作职责

（1）向市政府或区域综合支援中心咨询情况、通报虐待事实；

（2）收集护理保险服务机构的信息；

（3）实施护理管理，解决虐待问题；

（4）同市町村政府和区域综合支援中心的工作人员随同访问。

2）落实措施

长期护理支持人员隶属于护理保险机构，主要负责协助市町村政府解决虐老问题。长期护理支持人员通过长期访问老人的住处，与老人和看护人员交流以及查阅护理保险服务提供者的报告等，发现虐待现象，及时采取措施。

长期护理支持人员的主要工作是走访看护保险服务利用者的家庭，以及与老人及其亲属交谈，做好早期发现虐待事实的预防工作。当长期护理支持人员发现存在虐待行为，或者疑似存在虐待行为时，应调整虐待家庭的看护次数，修改看护保险服务内容。

在发生虐待案件后，长期护理支持人员应与市町村政府或者区域综合支援中心以及护理保险服务提供部门合作，根据需要审查家庭服务计划，制定支援方针和支援措施。最后，长期护理支持人员应在"虐待老人信息报告书"中记录虐待案件的处理情况。

7. 医疗机构

1）工作职责

（1）检查老人的身体状态，如伤口和精神状态；

（2）医疗机构如发现老人疑似遭受虐待行为，应立即通知市政府或区域综合支援中心；

（3）紧急情况下向警方报警；

（4）鼓励老人和护理者接受医疗服务。

2）落实措施

医疗机构应注意老人的可疑伤痕和瘀伤等情况，了解家属和护理人员的情况和变化等。医疗机构应鼓励老人或者家属接受医生的医疗建议，必要时可主动为老人进行身体检查和治疗。

医护人员在诊察时有很多机会对老人的皮肤和全身状态进行观察，此时比较容易发现老人遭受身体虐待或亲属忽视的情形。另外，如果医生怀疑老人存在遭受身体虐待的可能性，有必要从医学的角度判断生命和身体的危险性，从而给予老人及时治疗。并且，医生的全方位观察也有利于诊断书的制作和住院必要性的判断。

医生或其他医务人员在检查老人身体时如发现疑似虐待的情况，需及时通知市町村政府和区域综合支援中心，必要时联系警方。

8. 警察

1）工作职责

（1）虐待案件发生后，警方应及时保护被虐待者；

（2）警方应及时制止正在发生的虐待行为；

（3）必要情况下警方需配合市町村或者区域综合支援中心调查虐待案件；

（4）确认施虐者后警方应及时逮捕施虐者。

2）落实措施

警察负责受理当地居民关于生活安全的咨询，并保证当地居民的生活安全。此外，当市町村进行现场调查时，警察应提供技术和信息支持。根据《虐待老人防治暨老人照顾者支援法》的规定，老人遭受虐待后生命或身体受到严重危害，任何人都有责任向市町村政府报告虐待事实。因此，警方在从事搜查活动或者保护工作时，如发现虐待行为，也应向市町村政府报告。

当施虐者是非同居亲属时，应以《虐待老人防治暨老人照顾者支援法》

规定的早期发现、早期预防的观点予以通报；当施虐者无法确定是否为扶养人员时，只需确认其与老人同居的事实即可通报。通报工作由警察署的生活安全部门负责。

根据《虐待老人防治暨老人照顾者支援法》的规定，市町村负责人在对受虐老人进行入户调查和询问时，必要情况下警察需提供援助。具体来说，警方将陪同相关人员进行现场调查，对老人的生命和身体安全提供保护措施。在进行现场调查时，有可能受到来自扶养人员或者看护人员的阻碍，在此种情况下，警方可依法采取强制措施逮捕阻碍人员。

警察对市町村负责人的法律援助，只针对市町村负责人在进行调查或询问时适用，不得适用市町村负责人的其他事务。警方的执行措施在与刑事法律冲突时，警方应根据刑事法律规定妥善处理案件；在与刑事法规不相冲突的情况下，警方可采取必要的措施，指导受虐老人维护自身权利以及警告肇事者。

最后，为了确保老人的生命或者身体的安全，警署应给予警员必需的辅助工具和辅助措施。

9. 民生委员会

1）工作职责

（1）了解当地社区老人家庭的实际情况，收集当地居民的基本信息；

（2）走访调查时若发现疑似虐待事实，应及时向市政府或区域综合支援中心报告；

（3）民生委员会工作人员若发现老人或者看护者的行为存在异常时，应及时向市政府或区域综合支援中心报告；

（4）民生委员会工作人员在走访调查时若发现老人身上有伤口或瘀青时，可通过录音、照相等方式收集证据；

（5）民生委员会负责人应参与区域综合支援中心举办的虐待老人案件会议；

（6）民生委员会在虐待案件总结后应做好信息保护工作。

2）落实措施

民生委员会作为社区居民的代言人，担负为居民向政府机构传达诉求、接受政府援助的任务，为社区居民的社会福祉而努力。在防治老人遭受虐待的工作中，民生委员会应为当地老人和护理者提供支援，让居民安心生活。

民生委员会重点进行社区调研和安全确认工作，并且通过调研活动回应老人和家庭成员的咨询。民生委员在社区走访调查时，如发现虐待迹象或者怀疑存在虐待行为，应及时将信息反馈给区域综合支援中心，并向市町村政府报告。

另外，民生委员也应捕捉"老人的尖叫声"或者"老人颤抖害怕的样子"等敏感信息，并将这些信息通报给市町村政府或者区域综合支援中心，做好防治老人遭受虐待的早期预防工作。

10. 当地居民

1）职责

（1）居民如果怀疑有老人遭受过虐待或正在遭受虐待行为，应向市政府或区域综合支援中心通报；

（2）虐待案件终结后应保护受害者，自觉做好信息保密工作。

2）落实措施

（1）家庭扶养人员应采取的措施

尊重老人的生活方式和意愿，使老人按照自己的意愿生活，需要护理者耗费大量的时间和精力。护理者不愿意按照老人的指示进行护理的想法时有发生，当护理者觉得"我很累""我坚持不住"的时候，要及时与其他人沟通。如果附近没有咨询人员，可以向公共机构求助，以减轻心理负担，并及时找到解决问题的方法。

A. 充分利用工作时间以便拥有自己的个人时间，出现情绪低落时即时转换心情；

B. 遇到麻烦时，可以利用当地政府的咨询窗口向专家咨询（政府应开设咨询窗口，设立专家意见指导小组，专家也应经常下社区开展活动）；

C. 积极向亲属或者朋友寻求帮助；

D. 向专业护理人员学习必要的护理知识；

E. 积极参加看护专业人员的交流会或者培训会等。

（2）亲属、朋友应采取的措施

如果亲属或者朋友存在侍奉老人的情况，周围的人应给予充分支持。虽然很多家庭由于工作的原因无法为护理者提供直接的帮助，但将看护问题作为全体家庭成员的共同问题来处理是十分重要的。

A. 要有意识地将老人看护问题作为全体家庭成员的共同问题；

B. 经常夸奖实施看护行为的家庭成员；

C. 对老人看护问题的相关信息要保持敏感；

D. 不要把看护老人的任务推给某一个人，有机会的话每个人都要提供帮助。

(3) 普通公民应采取的措施

中央和地方政府推行各种旨在预防老人遭受虐待的举措，这些措施依赖于全体公民的贯彻执行，没有普罗大众的理解与支持，这些政策就不能顺利推行。更为重要的是，不能把虐待老人当作一个特定的家庭问题，而要把它看作这个地区所有人的共同问题。

A. 要有一种与这一地区老人共存的意识（社区成员要有大家庭意识，应多关注社区老人的身体和精神情况）；

B. 平时在这一地区看到老人的时候要主动大声打招呼；

C. 对护理者也要积极主动打招呼（打招呼是联络感情的手段，沟通心灵的方式和增进友谊的纽带，主动与护理者打招呼可减轻其精神负担，对防止虐待行为的发生也大有裨益）；

D. 看到护理者或者老人的状态存在异常，认为他们需要支援或者援助的时候，要及时联系派出所或者相关机构（派出所应开设市民热线，以便市民第一时间联系警察）。

（四）成人监护制度（成人後见制度）

1. 成人监护制度对受虐老人的保护

成人监护制度是保护和支持判断能力不足人群的措施。成人监护制度在防治虐待老人方面的主要作用是撤销虐待老人的监护人，重新指定理解老人、愿意照顾老人、有能力照顾老人的人为监护人。该制度主要针对老年痴呆症患者、智障人士、弱智人士等判断能力不足的人，帮助他们安排生活、管理财产、处理民事纠纷。

表3-2是成人监护制度概要。

表3-2 成人监护制度概要

	法定监护制度			任意监护制度
	监护	保佐	辅助	
本人的状况	经常缺乏事理辨识能力	事理辨识能力明显不足	事理辨识能力不足	缺乏事理辨识能力之前签订契约，缺乏事理辨识能力时启用
本人	成年被监护人	被保佐人	被辅助人	本人
援助者	成年监护人	保佐人	辅助人	任意监护人

续表

	法定监护制度			任意监护制度
	监护	保佐	辅助	
监护人	成年监护人	保佐监护人	辅助监护人	任意监护人
本人同意启用	不需要	不需要	需要	原则上需要
同意权、取消权的范围	同意，无争议	重要交易行为（依据法律规定）	特定交易行为（同意权赋予的审判）	不同意，取消制度
代理的范围	所有交易行为（部分限制）	特定交易行为（代理权赋予的审判）		契约的约定范围

2. 监护申请及监护人范围

为了使用成人监护制度，申请者可向法庭提出监护、保佐、辅助的审判请求。申请通常由被监护人本人、配偶和四亲等以内的亲属提出。但是，如果监护人是施虐者则不会向法院提出申请，此时市町村负责人应代为提出。

在任命监护人时，不限于配偶、亲属，律师、社工、公司等均可被任命为监护人。图3-3为亲属关系表，数字越小表明监护优先级越高。

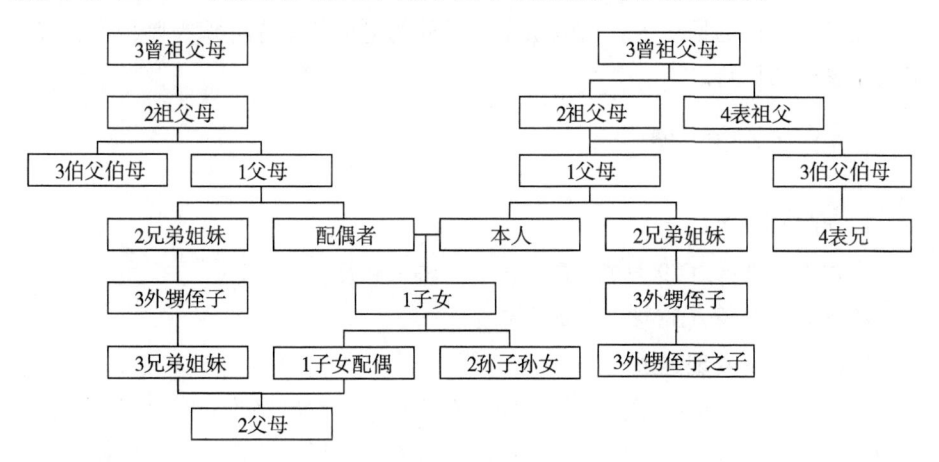

图3-3 亲属关系

3. 利用成人监护制度的意义[1]

日本成人监护制度于 2000 年进行了修订,以保护因痴呆、智力残疾、精神错乱等原因而缺乏判断能力的人群。

在应对虐待老人问题上,老人可能基于多种原因导致判断能力不佳,成人监护制度一方面为能力不足的老人提供支持和帮助,另一方面对虐待老人的监护人进行撤销与更换,对老人来说是一种有效的支持手段。

4. 成人监护制度的实施障碍

虽然成人监护制度在应对虐待老人问题上有一定的效力,但目前成人监护制度的利用率并不高,原因之一是难以获得亲属的理解和配合。许多虐老案例中虐待行为的实施者就是承担监护责任的亲属,因此,无法寄希望于这些人主动提出变更监护人的申请。

成人监护制度在推广使用中存在高成本问题。当事人在负担沉重的情况下,往往难以承担成人监护制度所需的费用。因此,为减少当事人的负担、降低虐待老人的发生率,政府有必要设立必要的经费支持,支援成人监护制度的推广、适用。

监护人短缺是一个更大的问题,但是从成本的角度来看,全部依赖专业律师是不现实的。应考虑将监护人选扩大到第三方非专业人员,特别是因为缺乏信任而发生虐待的情况下,可以由亲属以外的可信任第三方作为监护人,以缓解人员紧张的局势。

(五) 典型案例[2]

1. 身体虐待

受虐者:母亲(79 岁),需要护理(痴呆程度:二级)

施虐者:女婿(58 岁),公司职员

虐待事实及发现经过:

老人在吃东西的时候弄撒了食物,女婿看到后发出怒吼并殴打了老人。女儿和其丈夫对老人说,没什么事就在床上待着,如果老人擅自下床就撕扯老人

---

[1] 厚生労働省:『市民後見人の育成及び活用』、http://www.mhlw.go.jp/file/06 - Seisakujouhou - 12300000 - Roukenkyoku/ikusei_katsuyou.pdf, 最后访问日期: 2017 年 12 月 26 日。

[2] 神奈川県政府ホームページ:『養護者による高齢者虐待対応事例集』、http://www.pref.kanagawa.jp/, 最后访问日期: 2018 年 1 月 3 日。

的头发或者对老人实施殴打行为。老人说即使自己的膝盖很痛，女婿依旧不允许老人下床，女儿也经常说"膝盖痛的话更不要下床了，就在床上待着吧"。

一位护理人员说："当日看护人员为老人洗澡时发现老人的脸上和身上有瘀伤，向本人确认后得知是被大女儿的丈夫殴打所致。"殴打行为不止一次，最近有增加的趋势。看护人员得知虐待时立即向区域综合支援中心报告。

对应措施：

市老年福利科工作人员和区域综合支援中心的工作人员对老人进行了家访，并确认了虐待事实。之后，护理人员每月向政府报告一次老人的近况。政府人员也多次走访老人，女儿表示愿意接老人回家。但是，虐待阴影并没有从老人的脑海中散去。市老年福利科、护理人员和市民服务办公室提出了以下预防措施：

（1）加强巡访；

（2）紧急情况救护车申请；

（3）送入养老院；

（4）必须及时接收民生委员的报告和当地居民的通报；

（5）市老年福利科工作人员发现老人情况异常后应该及时通知看护人员；

（6）市区老年福利科，地域综合支援中心每月约谈一次受虐老人，充分听取当事人的故事，并给予情感和经济上的帮助；

（7）由于虐待行为而使老人出现生命危险时，工作人员应当及时通知派出所。

总结：

最终，本案以老人入住养老院而告终。如何确保老人的生命安全是一个重要的课题。在本案中，派出所的合作、民生委员会的通报以及邻居的监督等，为帮助老人起到了很大的作用。而能够获得警察的帮助也得益于防止虐待老人网路的架构。

对于类似案件，政府工作人员在进行家庭沟通时不仅要听取受虐老人的意见，还应听取其他家庭成员的意见，应站在整个家庭的立场考虑问题。为了防止虐待行为的发生，要加强患有老年痴呆症的人员和拥有护理知识人员之间的交流，鼓励家庭照顾者树立信心，建立有问题及时沟通的意识。

2. 身体虐待

受虐者：老人（女、77岁），需要护理（卧床不起）

施虐者：看护人员 A（29岁）

虐待事实及发现经过：

福利机构工作人员打扫卫生时看到对面房间发出一阵刺耳的声音，抬头看去，一名看护人员正在辱骂老人并摇晃老人的床，老人脸上露出痛苦的表情。然而，该工作人员因为担心同事关系受影响而没有向负责人员通报。在一次聊天中，该工作人员无意说出了看到的虐待事实，其他人员迅速通报，负责人才知虐待事实。

负责人员向看护人员询问后，看护人员承认了虐待行为并说出原因。老人因为长年卧床不起，身体功能严重退化。吞咽不好，吃东西的时候时常呕吐。看护人员为了尽早完成老人进食的任务，所以言语威胁老人，并摇晃老人的床试图让其快速进食。

对应措施：

针对这一情况，福利机构将看护困难的老人分为一组，由福利机构模范员工予以看护，并为他们提供工资补贴。同时，福利机构向所有护理员工发放防止虐待宣传册，举行宣讲会，提高工作人员对虐老行为的认识，并指出虐待行为应承担的法律责任。

此外，福利机构联系政府相关部门召开了研讨会，讨论如何尊重每一位受看护老人的尊严等议题。对于实施虐待行为的看护人员，由政府对其进行调查与处理。看护人员和福利机构成员均向受虐老人的家属解释情况并道歉。

总结：

看护人员对待患有痴呆症的老人往往缺乏足够的耐心，这是导致虐待行为发生的重要原因之一。因此，加强看护人员的技能培训以及定期进行心理疏导是政府部门的重要工作。在发生虐待行为后，及时开展应对措施，完善通报制度也成为今后努力的方向之一。

福利机构发生虐待行为不易被察觉，因此通报制度甚为关键。本案中最早发现虐待行为的工作人员，由于担心与同事的关系受到影响因此没有及时通报，导致受虐待的老人没有及时得到保护，以致虐待行为持续发生并造成严重后果。因此，完善通报制度，通报的方式和时间应更具有可操作性；同时，对发现虐待行为而不通报的人员应给予一定的制裁，以促使发现者及时通报。

3. 经济虐待、忽视

受虐者：父亲（78岁），肺气肿，无痴呆；
　　　　母亲（76岁），3A级痴呆（阿尔茨海默型痴呆），沟通困难，需要护理。

施虐者：儿子（42岁），失业。

虐待事实及发现经过

母亲患有老年痴呆症，经常在家中附近走丢，当地派出所已多次寻找老人并将老人送回家。由于痴呆症老人时常尿失禁，但儿子不给老人换衣服和内衣，使老人的卫生状况堪忧。此外，儿子不给老人提供足够的饮食，老人身体机能逐渐下降。社区委员多次劝导儿子为老人请护工，但儿子以护工费用高为由予以拒绝。

父亲的养老金被儿子控制，没有能力为老伴和自己购买日常生活用品。老人6个月没有洗澡，经常在浴室外静坐，只为能够进浴室洗澡。老人有轻度的呼吸困难症，但儿子不出钱购买呼吸机，使老人饱受憋闷之苦。社区人员为此也与儿子沟通过，但儿子同样以经济困难为由予以拒绝。

儿子常年失业在家，也没有参加工作的意愿，多年来依靠父亲的养老金生活，还伴有赌博恶习。

提供看护保险服务的工作人员在家访过程中，儿子多次提出终止看护服务的要求。在劝说未果的情况下，看护保险服务人员向当地支援中心进行了通报，地域支援中心的工作人员通过走访调查，确认了儿子对二位老人实施的多种虐待行为。

对应措施：

（1）患有痴呆症的母亲在看护专门人员的帮助下接受了日常护理服务、访问看护服务以及短期咨询服务等。地域支援中心派遣护工为老人整理家务并且送上营养三餐。但是，由于这些服务都需要入户实行，儿子时常出面阻挠，因此开展得并不顺利。

（2）当地看护支援专门人员和护理支援专家向父亲推荐了社区服务中心的活动，但老人担心参加费过高而予以拒绝。而后，社区服务中心为老人提供了免费服务，老人欣然接受。

（3）护理福利科和区域综合资源中心的工作人员召开了紧急会议，将老人的养老金发放到老人自己的手中。同时为老人配备了专属服务人员，一旦儿子再次拒绝老人接受看护服务，当地社区服务中心的工作人员将会把老人双方接到养老院生活。

总结

在本案中，儿子控制了父亲的养老金，构成经济虐待。不给老人提供必要的饮食、卫生和医疗辅助设施，构成忽视。经济虐待与忽视相伴而生，影响老人的身体健康和饮食卫生等多个方面。在此类案件发生时，社区服务中心、区域综合中心之间的相互合作非常重要，相关机构的协作配合是解决虐待老人的重要环节。

4. 心理虐待

受虐者：母亲（89岁），脑梗塞后遗症，痴呆症，并且有骨折病史，卧床不起；

施虐者：长子，（67岁），渔业，酒精依赖者。

虐待事实及发现经过：

老人最初是和次子生活在一起，接受护理。但是，由于后期老人身体状况变差，便由长子夫妇提供护理，并于六个月前搬到长子家居住。随着母亲的到来，长子夫妇可自由支配的时间变少，长子精神压力增大，加上平日嗜酒，所以经常辱骂母亲，如"你为什么不去死""你没有活着的价值"，或者在母亲吃饭时说"你除了吃还会干什么"等，对老人进行心理虐待。长子的妻子担心长子会对老人进行身体虐待，于是向保健中心的精神健康部门进行咨询，该部门随即向区域综合支援中心通报。

应对措施：

区域综合支援中心工作人员得知情况后，来到长子家中进行协调，最终决定将福利看护服务由每周一次上升至每周两次，将日期定为每周六、周日，并由原来在长子家中进行看护服务变成将老人接到区域综合支援中心进行看护服务。最终，由于周末老人不在家中，长子有了足够的自由时间，精神逐渐稳定下来，平日不再辱骂母亲。老人不再受到长子的心理虐待，并接受了更好的看护服务。

总结：

本案中，老人没有受到身体虐待，但是心理虐待对老人的伤害同样严重。老人的心理承受能力比较弱，长期在这种情况下生活，势必会带来严重的健康问题。同时，因为不会造成肢体上的明显伤痕，心理虐待相较于身体虐待更难被发现，因此在发现措施上应该有更多突破。

附1：

虐待老人案件通报表

虐待老人案件通报表　　　　　　　　　　　　第　号

　　　　　　　　　　　　　　　　　　　　　　年　月　日

市（町、村）负责人

　　　　　　　　　　　　　　　　　　　　　警察署长

当发现老人遭受虐待时，应及时通报。

	发现时间	年　月　日
	发现经过	
老人	姓名	男　女
	出生年月	年　月　日生（　岁）
	住所	
	电话	
	职业	
扶养人员、看护人员	姓名	男　女
	出生年月	年　月　日生（　岁）
	住址	同上 其他
	电话	
	职业	
	与老人的关系	配偶　子女　子女的配偶　孙子 其他亲属（　　） 其他（　　）
虐待状况	行为类型	身体虐待　忽视或放弃　心理虐待　性虐待　经济虐待
	虐待内容	
	参考事项	
	负责人、联系电话	警察局　　科室 电话　　　区号　　内线

附2：

虐待老人防治暨老人照顾者支援法（全文）

平成十七年十一月九日法律第124号

最终修正：平成二十七年五月二十九日法律第三十一号

第一章　总则（第一条至第五条）
第二章　预防扶养人员虐待老人、支援扶养人员（第六条至第十九条）
第三章　预防福利机构工作人员虐待老人（第二十条至第二十五条）
第四章　杂项规则（第二十六条至第二十八条）
第五章　惩罚条例（第二十九条、第三十条）

第一章　总　则

第一条（目的）

本法设立目的为：缓解老人遭受虐待的严重情形、维护老人的尊严、防止虐待老人、明确国家为防治老人遭受虐待所应承担的责任、减轻看护人员的负担、制定看护人员的保障政策，从而维护老人的权益。

第二条（定义）

1. 本法所称的老人，指65周岁以上的人群。

2. 本法所称的照顾老人者，是家庭中照顾老人的扶养人员，指福利机构中专门从事护理工作的看护人员。

3. 本法所称的虐待老人，是指家庭中照顾老人的扶养人员和专门从事护理工作的看护人员对老人的虐待。

4. 本法所称家庭中照顾老人的扶养人员对老人的虐待，指以下行为之一：

（1）使老人的身体产生外伤，或施加相应的暴行。

（2）使老人身体变差的情形，例如饮食供给明显不足或者是长时间放置的食物，扶养人以外的其他同居者所实施的第（1）（3）项行为，或者相类似的虐待行为。

（3）对老人进行严重的口头虐待或明显的拒绝回应，给老人造成明显的心理创伤。

（4）对老人采取淫秽行为，或指使老人实施淫秽行为。

（5）扶养者非法处置老人的财产，并从老人那里获得不公平的利益。

4. 本法所称专门从事护理工作的看护人员对老人的虐待，指以下行为之一：

（1）使老人的身体产生外伤，或施加相应的暴行。

（2）使老人身体变差的情形，例如饮食供给明显不足或者是长时间放置的食物，或者相类似的虐待行为。

（3）对老人进行严重的口头虐待或作出明显的拒绝回应，给其他老人造成明显的心理创伤。

（4）对老人采取淫秽行为，或指使老人实施淫秽行为。

（5）看护人员非法处置老人的财产，并从老人那里获得不公平的利益。

5. 针对年龄在65岁以下进入养老院护理机构、接受护理服务的残疾人，适用专门从事护理工作的看护人员对虐待老人的规定。

第三条（中央和地方政府职责）

1. 中央和各地方政府应采取措施，防止老人遭受虐待，及时适当保护受虐待的老人，并为照顾老人者提供支援。强化相关部门和民间团体的工作、为民间团体提供支援，以及提供其他必要的支持。

2. 中央和地方政府要努力防止老人遭受虐待，保护老人，并提供专业人员对看护人员进行培训，确保从事这些职务的专业人员数量充足。为确保和提高专业人员的素质，要组织相关部门做好培训等必要工作。

3. 为及时预防老人遭受虐待和保护老人，中央和地方政府必须报告有关老人遭受虐待的情况和有关侵犯人权事件的救济制度等，并且开展必要的公众普法宣传活动。

第四条（公民的责任）

公民应加深对防止虐待老人、支援照顾者重要性的认识，努力配合中央或地方政府做好对老人的保护措施、对照顾者的支援措施。

第五条（福利机构成员的责任：早期发现虐待老人）

1. 与老人福利有关的护理设施、医院、公共卫生中心以及商业协会等机构中的护理人员、医生、公共卫生护士、律师和其他与老人福利有关的工作人员都是能够早期发现虐待老人的人员，应充分注意虐待老人事件。

2. 前款规定的人员应努力在国家和地方公共机构中开展普法活动，防止老人遭受虐待，并采取措施保护老人。

第二章　针对家庭中照顾老人的扶养人员的预防及支援措施

第六条（咨询，指导和忠告）

市町村的工作人员需对老人和扶养人员进行咨询、指导和忠告，以防止扶养人员虐待老人，并保护遭受虐待的老人。

第七条（关于扶养人员虐待老人的通知）

1. 任何人如果发现扶养人员正在虐待老人，老人的身体健康正在遭受严重危险，必须及时通知市町村采取措施。

2. 除前款所规定的情形外，任何人若发现扶养人员正在对老人实施虐待行为，也应及时向市町村进行通报。

3. 刑法（明治四十年法律第四十五号）关于泄露秘密犯罪和其他保密义务的规定不适用于上述情况。

第八条

市政府收到第七条第一款和第二款规定的通知或第九条第一款规定的通知时，收到通知的市政府应当仅公布事件名称，不得透露通知的内容或者通知人的身份。

第九条（收到报告时采取的措施）

市政府根据第七条第一款或第二款的规定收到通知时，应及时确认老人的安全。除了按照第十六条的规定采取措施外，还应确认与市政府合作的机构（以下简称"虐待老人对口单位"）名称并落实具体分工细则。

第十条

市政府应依照《老人福祉法》第十条第一款第三项或第十一条第一款第一项或第二项的规定，对遭受虐待的老人采取保护措施。

第十一条

1. 当市町村负责人发现遭受虐待的老人面临生命危险或老人身体健康出现问题时，负责人可依照《护理保险法》第一百一十五条第二款的规定，由区域综合支援中心的工作人员和从事与老人福利有关事务的其他工作人员，走访老人的居住地，进行必要的调查或询问。

2. 在根据前款规定进行调查或询问的情形下，工作人员应携带证明，表明身份。

3. 根据第一款的规定进入老人居住场所进行调查或询问的权力，不得解释为授权进行刑事调查的权力。

第十二条（警察协助）

1. 市町村的工作人员根据前条第一款的规定进行调查或询问时，在必要的情况下，对老人的居住地具有管辖权。同时，老人也可以向警察寻求帮助。

2. 从确保老人生命安全或人身安全的角度考虑，市町村工作人员应根据前款规定，寻求警察协助。

3. 在依照第一款的规定收到协助请求时，警察应及时通知该辖区的警务人员。当警务人员认为有必要保护老人的生命或财产安全时，可根据警务人员职务执行法（1949年第136号法）采取措施。

第十三条（访问限制）

针对遭受扶养人员残忍虐待的老人，在采取《老人福祉法》第十一条第一项、第二项或第三项措施的情况下，市町村的工作人员或者福利机构的工作人员可以从保护老人的角度出发，限制扶养人员探望老人。

第十四条（扶养人员的支援）

1. 除第六条所规定的情况外，市町村应向扶养人员提供咨询、指导和帮助等必要措施，以减轻扶养人员的负担。

2. 市町村按照前款规定，如根据扶养人员的身体和精神状况确定扶养人员迫切需要支援以减轻其照顾负担，市町村应为老人提供短期护理服务。

第十五条（确保从事专业技术的员工）

确保从事专业技术的工作人员能够照顾老人、关怀老人，并朝此方向努力。

第十六条（协作合作体系）

为了保护受虐待的老人，加强对扶养人员的支持，市町村应当努力防止老人遭受虐待，根据《护理保险法》第一百一十五条第三款的规定，市町村应与区域综合支援中心等组织以及私营机构建立合作机制。

第十七条（事务委托）

1. 市町村可以委托合作者为受虐老人提供全部或部分帮助。例如本法第六条所规定的咨询、指导和建议措施，第七条第二项规定的通知或者第九条规定的老人安全确认以及申报等事实的确认措施，以及第十一条第一项规定的减轻护理者负担的措施。

2. 根据前款规定接受委托的合作机构，其官员或其工作人员应对委托的事务秘密，没有正当理由不得泄露。

第十八条（周知）

市町村工作人员，收到根据本法第七条第一项或第二项规定的通知，或第九条第一款规定的通知后，应为受虐老人提供保护部门和具体联络人的信息，同时告知对扶养人员的支援措施，告知老人和扶养人员政府及合作部门的名称。

第十九条（都道府县的援助等）

1. 都道府县应协调城市、乡镇之间的工作，向市政府提供支持资料，按照本章的规定监督市政府的执行措施，并提供其他必要的协助。

2. 当都道府县政府认为有必要对市町村政府进行指导时，可以向市町村提供必要的咨询意见。

第三章　预防专门从事护理工作的看护人员虐待老人

第二十条（预防看护人员虐待老人的措施）

设立养老院，培训护理机构的人员，或培训从事护理服务的人员去养老院工作，做好养老护理工作。采取措施，避免老人及其家属投诉，防止其他护理人员和其他工作人员虐待老人。

第二十一条（关于看护人员虐待老人的通知）

1. 护理机构的工作人员、商业或公立护理机构的看护人员（设立养老护理机构的人员或进行护理工作的人员），如果发现老人有被虐待的迹象，应及时向市町村报告。

2. 除前款规定的情况外，其他人发现老人遭受护理人员虐待的，且老人的生命或身体受到严重危害的，必须及时向市町村报告。

3. 除前款所规定的条款外，若发现看护人员正在对老人实施虐待行为，也应及时向市町村进行通报。

4. 受到看护人员虐待的老人可向市町村报告虐待事实。

5. 根据本法第十八条第一款至第三款的规定，通报窗口以及受理部门应由相关机构告知大众。

6. 刑法（明治四十年法律第四十五号）关于泄露秘密犯罪和其他保密义务的规定不适用于上述第一款至第三款所述情况。

第二十二条

1. 根据第二十一条第一款至第三款关于通报的规定，或根据同条第四款关于申请的规定，在收到通知时，市町村应依照卫生劳动和福利部条例的规定，实施与此类通知或通知有关的护理行为。关于老人遭受虐待的相关事宜，必须向护理业务所在地的都道府县报告。

2. 前款规定，不适用于厚生劳动省令所排除的规定。包括地方自治法（昭和二十二年法律第六十七号）第二百五十二条第一款的指定都市以及同法的第二百五十二条第二十二项第一款规定的核心城市。

第二十三条

当市町村政府根据第二十一条第一款至第三款的规定收到通知，或者按照同一条第四款规定收到申请时，市町村应向相关人员告知相关事实。不得透露不相关的事项，不得告知不相关人员。当都道府县政府按照前条第一款的规定收到报告时，收到报告的工作人员同样适用此条例。

第二十四条（收到报告时采取的措施）

市町村政府收到第二十一条第一款至第三款规定的通知，或同一条第四款规定的通知，或都道府县政府收到第二十二条第一款规定的报告，市町村负责人员或都道府县知事应该适用护理机构或提供护理服务，为遭受虐待的老人及时提供保护。保护措施应依照《老人福祉法》或《护理保险法》的相关规定执行。

第二十五条（发布时间）

都道府县知事每年应公布从护理机构等渠道获得的虐待老人情况，并公布卫生、劳动和福利部条例规定的其他信息。

第四章 杂项规则

第二十六条（调查研究）

分析虐待老人案件，并对老人受虐情况采取对策，总结照顾老人的方式及其他虐老方式，预防虐待老人的情形，进行有助于老人保护和护理者支持事项的研究。

第二十七条（防止财产不正当交易造成的损害）

老人的财产受到亲戚、扶养人员的不正当交易后，相关人员应及时咨询或向相关部门投诉，由工作人员及时处理。

第二十八条（促进利用成人监护制度）

为防止老人遭受虐待，保护老人，妥善处理因财产交易不当而对老人造成的经济损害，国家和地方公共机构必须利用成人监护制度，确保成人监护制度得到广泛适用，并采取措施减少老人的经济负担。

第五章 惩罚条例

第二十九条

违反第十七条第二款规定的，处五年以下有期徒刑或者不超过一百万日元的罚款。

第三十条

当事人拒绝按照第十一条第一项规定进行调查且无正当理由，妨碍根据同条规定提出的质询或作虚假答复，拒绝回答老人问题或者虚假答复的，处三十万日元以下的罚款。

附3：

老人福祉法（节选）

（关于接到虐待老人报告时行使适当权力的条款）

第十八条

1. 都道府县知事可以询问日常护理中心的工作人员，必要时也可以查阅中心的报告。

2. 为保持前条第一款规定的标准，都道府县知事可以要求养老院院长报告必要事项，或者要求利益相关者回答问题，或者进入机构并检查设备、书籍文件和其他物品。

3. 依照前两款规定提出问题或者检查现场的人员，应当提交证明其身份的证明文件，并在有关人员提出要求时出示证明文件。

4. 第一款和第二款规定的权力不得解释为被授权进行刑事调查。

第十八条

1. 都道府县知事发现从事老人生活救助项目的工作人员违反第十四条第

四款规定的，由都道府县政府采取必要措施。

2. 都道府县知事可以依照前款规定，命令老人日常生活保障项目机构或者老人日常服务中心、老人短期入院服务机构或者养老服务支持中心停止营业，此处包括《社会福利法》第七条第一款规定的地方社会福利理事会的意见。

第十九条

1. 都道府县知事对违反本法或者以其为依据的命令，如养老院安装不符合安全标准的设备时，可暂停或撤销该项目，或者按照第十五条第四款的规定撤销批准。

2. 根据前款的规定，都道府县知事可以下令取消养老院，或取消养老院的经营资格。此处必须征询第七条第一款规定的地方社会福利理事会的意见。

第二十九条

1. 为了达到本法的目的，都道府县知事，应向护理养老院（以下简称"护理托管人"）的安装人员、管理人员或护理人员等告知具体细则。另外，都道府县政府工作人员可要求养老院提供有关运营状况和其他必要事项的报告，或者询问相关工作人员。

2. 第十八条第三款、第四款的规定适用于现场询问或者现场视察。

3. 都道府县知事如发现设立有偿养老院违反第四条至第八条的规定，损害老人的利益或者扶养人员的利益，必要情形下可采取紧急措施加以保护。都道府县知事按照前款规定发布命令的，应当公告。

附4：

护理保险法（节选）

第七十六条

县级以上地方人民政府或者市级人民政府认为有必要提供居家长期护理服务经费的，可以指定在家服务人员或者指定家庭服务经营者，在指定居住地点（以下简称"指定家庭服务提供者等人"）提交或出示报告或书籍文件，并向指定的家庭服务提供者咨询信息，工作人员可以进入相关地点或其他有关地方检查设备、书籍文件或其他财产。

第七十六条　第二款

都道府县工作人员发现家庭服务提供者属于下列情形之一的，可以命令家庭服务提供者限期采取措施：

1. 不符合第七十条第二项规定的条件的。

2. 在不符合第七十四条第一款规定的县级标准或者县级法令中规定的人员数量的情况下，应及时提高上述营业地的职员的专业知识和技能，以满足县级法令规定的标准或县级法令规定的人数。

3. 根据第七十四条第二款规定，指定的家庭服务人员不按照指定的家庭服务业务经营标准运作的，指定家庭服务机构应根据相关程序暂停工作人员职务。

4. 在第七十四条第五项规定的住宿条件不适当的情况下，应当提供适当的条件。

5. 都道府县工作人员依照前款规定提出建议的，指定的家庭服务提供者在收到建议书时不按规定整改的，可以予以公告。

6. 都道府县工作人员建议家庭服务提供者依照本条第一款的规定整改的，如服务提供者没有正当理由不采取整改措施，都道府县工作人员应当督促服务提供者，并可以通过设定最后期限来命令负责人采取措施。

7. 都道府县工作人员按照前款规定发布命令的，不得公开通知。

8. 当市町村发现指定家庭服务提供者在保险利益中获利的，属于第1款各项所列情形之一的，应及时通知都道府县负责人员。

第七十七条

都道府县负责人员发现下列情形之一的，应及时撤销第四十一条第二款中关于指定家庭服务提供者的指定，或者设置一定期限全部或部分中止指定任务：

1. 指定家庭服务提供者应根据第七十条第二款第四项至第十项的规定，通知老人相关服务项目（不包括属于第五项的人员）。

2. 指定的家庭服务提供者违反根据第七十条第八款的规定进行指定的条件的，应设置一定期限全部或部分中止其指定服务。

3. 指定家庭服务提供者无法按照第七十四条第二款的规定提供设备和运作标准适当地开展在家服务业务。

4. 发现指定的家庭服务提供者违反第七十四条第六款规定的义务。

5. 在家长期护理服务费的索赔有欺诈的时候。

6. 依照第七十六条第一款的规定，指定的中介服务提供者被责令提交文件或者报告的，不服从或者虚报的。

7. 指定家庭服务提供者根据第四十一条第一款主体条款以欺诈手段获得指定的。

8. 除上述情况外，指定家庭服务提供者违反本法或根据本法规定的"人身、医疗或福利法令"规定的内阁令的。

9. 除上述各项所列的个案外，指定的家庭服务供应商行为消极或明显不合理的。

10. 指定的家庭服务提供者为法人的，在前五年内被终止指定或撤销指定有效期的，法人作出明显不公平的行为的。

在指定的家庭服务提供者不是法人的情况下，当负责人希望在过去五年内取消指定或中止全部或部分指定的有效性时。

11. 当市町村发现指定家庭服务提供者，在保险利益中存在前款规定的情形的，应当将该情况告知县级知事。

第七十八条

县级长官在上述情况下，应当公告有关指定的中间服务提供者的名称，与上述指定有关的营业机构所在地以及厚生劳动省条例规定的其他事项。

第四章 中国台湾地区防治虐待老人法律及其实施

一、台湾虐待老人问题概述

（一）虐待老人问题现状

台湾自1993年进入老龄社会，老龄人口增长迅速，截至2016年12月底，65岁以上人口已经达到3233.6608万人，约占台湾总人口的10.7%，预计到2025年，老人将占总人口的20.10%。❶ 随着人口老化、社会发展、老人照顾需求殷切和虐待老人案件持续增长等趋势，防治虐待老人已经成为老人政策的重要议题之一。

在台湾社会快速老龄化过程中，引发了诸多老人问题。其中，事关老人尊严及生存权的虐待问题引起社会的普遍关注。在台湾，传统上一直强调敬老孝顺、尊敬长辈等伦理孝道，在预防虐待老人问题上具有一定的社会道德约束作用，但随着社会价值观的迅速变迁，伦理道德的影响逐渐缩小，导致老人遭受虐待案件越来越多。对老人的虐待行为不仅严重影响了老人身心健康与人格尊严，同时也败坏了社会风气，对整个社会造成了极其恶劣的影响。虐待老人问题由来已久，人们通常将其视为家庭内部事务，往往低估或忽视这一问题的社会危害性，以前很少有人对该问题产生重视并作出反应。然而，日积月累的证据表明虐待老人不仅是重大的公共卫生问题，还是严重的社会问题。❷

根据台湾卫生福利主管部门家庭暴力防治中心的相关统计，台湾地区65

---

❶ 2017台湾人口指标. http://sowf.moi.gov.tw/stat_chart/chart_full.aspx, 最后访问日期：2018年1月23日。

❷ 认识虐待老人问题世界日：http://www.un.org/zh/events/elderabuse/background.shtml, 最后访问日期：2018年1月23日。

周岁以上老人遭受家庭暴力的受害人数从 2005 年的 2584 名到 2016 年的 8344 名,呈逐年递增的态势(表 4-1)。乍看之下或许会认为虐待老人情况并不严重,但数字背后隐藏的问题很多,比如老人本身隐忍不报、社会民众对于虐待老人的认知不够、保护系统专业人员对于虐待老人的敏感度不足、保护系统工作人员数量不足、老人受虐征兆与老人疾病症状相似易导致错误诊断等,都可能造成虐待老人的案件数被低估,再加上绝大多数虐待老人案件发生在家庭照顾的私密情境中,使得老人遭受虐待的状况隐藏不显。❶

表 4-1 2005—2017 年台湾地区家庭暴力案件中 65 岁以上被害老人数量统计❷

年份	65 周岁以上被害人人数(人)	虐待老人案件数(件)
2005	2584	1616
2006	2762	1573
2007	3245	1952
2008	3675	2271
2009	4482	2711
2010	5341	3316
2011	5257	3193
2012	5753	3625
2013	6402	3624
2014	6921	3375
2015	7245	5971
2016	8344	7046
2017 年第一季度	2559	1917
2017 年第二季度	2334	1801

此外,台湾内政管理部门统计处 2016 年针对过去 6 年接受老人保护网络体系服务的个案统计(见表 4-2)显示:台湾虐待老人的类型以身心虐待为最多(49.41%),其次是其他(14.81%),再次是疏忽(11.94%)和遗弃(9.15%),老人遭受暴力类型最少的是财务侵占,只有(0.68%)。

---

❶ 杨培珊,《老人保护评估系统之研究案》,https://www.mohw.gov.tw/cp-190-231-1.html,第 23 页。

❷ 数据来源:https://www.mohw.gov.tw/cp-190-231-1.html,最后访问时间:2018 年 1 月 23 日。

表 4-2　老人保护类型（复选；人次）❶

年份	遗弃	身心虐待	疏忽	财务侵占	失依陷困	其他
2011	693	1355	540	43	745	1114
2012	506	1427	573	74	577	915
2013	517	2218	437	51	758	1300
2014	488	2550	566	69	866	1307
2015	614	3257	664	64	1084	1448
2016	710	3833	926	53	1086	1149

（二）虐待老人的表现形式

台湾文献有关虐待老人的表现形式极其多元，至今没有共识，造成很多混淆和困扰，研究上容易造成结果难以比较的问题，实务上则容易造成认定、发掘个案和介入等方面的障碍。以下从三个层面介绍台湾虐待老人的表现形式。

1. "家庭暴力防治法"的相关规定

依"家庭暴力防治法"第2条第1项之规定，"家庭暴力"包括身体上和精神上的不法侵害行为。台湾内政管理部门家庭暴力及性侵害防治委员会网站提到的身体上不法侵害行为包括肢体虐待、遗弃、押卖、强迫、引诱从事不正当之职业伤害或行为、妨害自由、性侵害、违反性自主权等行为；精神上不法侵害行为则是言辞攻击（包括用言辞、语调予以胁迫、恐吓，企图控制被害人）、心理或情绪虐待（包括窃听、跟踪、监视、冷漠、鄙视、羞辱、不实指控、破坏物品、试图操纵被害人等，使对方畏惧或心生痛苦的各种举动）、性骚扰（包括强迫性幻想或特别的性活动、逼迫观看性活动、展示色情影片或图片等）、经济控制（包括不给生活费、过度控制家庭财务、强迫借贷等恶性伤害自尊的行为），这些指标的列举力图具体和广泛，除了不包括疏忽之外，基本涵盖了多数虐待老人相关研究显示的指标。❷

---

❶ 数据来源：https://www.mohw.gov.tw/mp-1.html，最后访问日期：2018年1月23日。
❷ https://www.mohw.gov.tw/mp-1.html，最后访问日期：2018年1月23日。

2. 学术研究的相关结论

根据台湾文献研究，一般将虐待老人的形式归纳为以下几种。❶

（1）身体虐待：如打、踢、刺、挥拳、刀割、鞭打或约束行动自由等使用暴力的虐待行为，受虐者身体上常出现瘀青、红肿、伤口及裂伤的情形；

（2）心理虐待：如口语攻击、侮辱或威胁恐吓等，使老人心生畏惧，或感觉沮丧、焦虑甚至有自杀意念与行动；

（3）性虐待：包括任何形式的未经老人同意的性接触、强迫裸露、拍淫秽照片等，或与无行为能力的老人发生性关系，未经老人同意而任意抚摸其身体等；

（4）疏忽：老人的照顾提供者没有提供足够的物质需要、照顾或服务，或照顾环境卫生条件不良，缺乏辅具的协助或支持等而使老人暴露于危险环境；

（5）财产剥夺：不提供老人必要的财务协助，未经老人同意而非法或不当地使用老人的财物等。

3. 内政部门的研究结果

台湾内政管理部门1999年委托李瑞金教授执行《虐待老人指标之研究》项目，分别从老人的身体指标、行为指标或外在指标等角度对虐待老人的行为进行了描述。❷

（1）疑似身体虐待：身体指标指原因不明的瘀伤、鞭伤、灼伤、割伤、刺伤、擦伤、裂伤或骨折脱臼及下腹伤害等；行为指标指害怕与施虐者接触、有明显受伤事实，拒绝透露受伤原因或谎称没事等。

（2）疑似医疗虐待：身体指标指未定时服药、推迟就医或表情呆滞等；行为指标指害怕就医及被喂食安眠药的情形。

（3）疑似心理/情绪虐待：身体指标指非生理因素造成的食欲不振、血压不正常的变动或身体上留有自杀的痕迹等；行为指标指出现难过、痛苦、恐惧、沮丧等负面情绪。

（4）疑似金钱滥用：指标为账目上出现不寻常或不当的记录、老人的财

---

❶ 黄志忠：《小区老人受虐风险检测之研究：以中部地区居家服务老人为例》，载《社会政策与社会工作学刊》第十四卷第一期（2010年6月），第5页。

❷ 李瑞金：《虐待老人指标之研究"内政部"1999年度研究》，http://www.elderabuse.org.tw/ugC_Target.asp#06，最后访问日期：2018年1月23日。

务、津贴或年金被照顾者侵占、遗失属于个人的物品等。主要表现：

①银行账目上出现不寻常或不当记录；

②当老人不能写字时，却出现他的签字或类似老人签字，或是在支票上加盖手印；

③委托书上出现老人不可能作的决定，如新近的改变或遗嘱的设置；

④看护花费过高的金钱在照顾老人的费用上；

⑤出现数额高的未付账单、过期的租金；

⑥遗失属于个人物品，如艺术品、银饰、珠宝、现金；

⑦老人的财务、津贴或是年金被照顾者侵占；

⑧不准老人拥有私人物品，没收其财务；

⑨照顾者有意使老人与朋友及亲属隔离，以达到控制老人的目的；

⑩谎称保管却占有老人的存折、印章、财务等；

⑪有关老人的财产（物）被滥用的传言。

（5）疑似疏忽照顾：指标为老人生活环境有健康及安全上的危险，未供应适当饮食或未给予医疗照顾或老人有不适当的穿着或出现疹子、伤口的情形。主要表现：

①在老人的生活环境上，有健康及安全上的危险，如污秽物、大小便的气味；

②老人身上出现瘀肿、疹子、伤口、虱子、褥疮、溃烂疼痛、肮脏；

③老人不足或不适当的穿着；

④未供应适当饮食或未给予医疗照顾；

⑤老人没有达到医学上认定的健康情形（如营养不良，需配合医生诊断书）；

⑥老人经常离家，不愿意待在家中；

⑦有关老人被照顾者疏忽的传言。

（6）疑似自我疏忽：身体指标为身上有红肿、伤口、大小便气味、穿不合适的衣服等，或三餐饮食、饮水不正常；行为指标为无能力管理个人财务及处理日常生活，出现自我孤立行为，拒绝与他人接触或沟通以及带有不合宜或不当防卫态度等。主要表现：

①身体指标：

A. 身上有红肿、伤口、大小便气味、穿不合适的衣服；

B. 智力功能的改变，例如不知道自己在哪里、没有时间观念、记忆衰退、说话语无伦次、没有反应、混乱、不合宜的言行；

C. 三餐饮食、饮水不正常（面黄肌瘦、营养不良的样子），常忘记自己没吃饭。

D. 老人自己打自己。

②行为指标：

A. 无能力管理个人财务，例如随便使用金钱、常丢东西；

B. 无能力处理日常生活，如自行料理生活起居、购买生活用品；

C. 出现自杀行为；

D. 没有持续就医或拒绝医疗照顾；

E. 心不在焉地漫游；

F. 出现自我孤立行为，拒绝与他人接触或沟通；

G. 不合宜或不当防卫态度；

H. 拒绝饮食；

I. 缺乏自我肯定、拒绝社会支持；

J. 老人本身固执而不愿配合医疗措施与程序。

（7）疑似性虐待：指标包含不可解释的性病或生殖器官的感染、阴道或肛门处的出血及衣服的下面沾有被污染的血迹、污渍，被撕裂的痕迹等。

从不同层面的研究可以看出，台湾关于虐待老人的表现形式基本包含身体虐待、心理虐待、性虐待、疏忽（含疏忽照顾及自我疏忽）、财产剥夺（金钱滥用）等类型，而在判断指标上，有些虐待类型的外在表征具有相似性，如老人身体出现的各种不健康症状，如红肿、瘀血、伤口、大小便气味等，表明老人可能受到身体虐待、疏忽照顾或自我疏忽，因此相关人员在介入时需要在观察表症的基础上做深入了解，以便作出针对性的救助计划。

（三）老人遭受虐待的原因分析

老人受虐的原因非常复杂，几乎所有的研究都指出导致虐待老人行为的原因是多元性的。了解虐待老人的成因有助于了解老人受虐的风险因素，并通过观察或控制风险因素防止虐待老人行为的发生，有助于推动老人保护工作的开展。综合学者的研究成果，虐待老人的原因可归结为如下几个方面：

1. 健康状况不佳

老人随着年龄的增长，生理机体不可避免地出现老化症状，与之相伴的是健康状况出现问题。2010 年，台湾 65 岁以上老人身心障碍者为 37.3 万人，占当年老年总人口数的15%，其中需要长期照护的身心障碍者约17万人，占老年身心障碍者总人数的45%，占老人口总数的6.8%。❶从某种程度上说，老人受虐待的发生率随老人年龄的增加而增高，主要原因是随着年龄的增长，老人的健康状况越来越差，生活自理能力也相应下降，因而受到照顾者虐待的危险性相应增加。在一项针对431名受虐住院老人的调研中发现，平均每位受虐住院老人约有1.8个慢性疾病，以"高血压（13.2%）""糖尿病（6.7%）""精神疾患（2.9%）"较为常见。❷老人身心功能障碍和身体健康状况欠佳所带来的长期照护压力，容易引起照顾者与老人之间产生摩擦与冲突，因而容易发生虐待行为。其中，老人失能问题是身体虐待、精神虐待、疏忽、遗弃四种暴力类型的共同重要因素，失能老人在四种类型中的人数均是最多的。失智则是另一个引发虐待的重要因素。一般情况下，被照顾者失智程度愈大，照顾者施虐的倾向愈高。❸当照顾者一直面临着一个高强度问题时，持续的压力使得照顾者不堪重负，且失智症多为不可逆转，照顾者面对无法改善的困境会产生强烈的挫败感和无力感，进而产生虐待行为。

2. 经济依赖

毋庸置疑，经济因素在虐待老人问题上扮演着十分重要的角色，虐待的发生率与经济状况密切相关。在受虐老人的特质方面，研究结果显示，台湾受虐老人平均年龄约76.9岁，受虐者以"丧偶（60.0%）""学历在小学（含）以下（84.8%）""家人同住（73.3%）"者占大多数。另外，若将依赖"社会福利补助（低收入和中低收入户共占44.9%）"和依赖"子女供应（25.0%）"的两类老人整合，则受虐老人中约有69.9%属于财务上的依赖者（相较于自给自足的老人），占整体样本的七成左右。❹低收入老人受虐风险约是非低收入老人的2.1倍。❺因此，可以说，经济条件弱势的老年群体是受虐

---

❶ 2010年台湾户口及住宅普查报告，www.dgbas.gov.tw/np.asp?code=2834. 最后访问时间：2018年1月23日。

❷ 王德文，谢良地：《社区老人口养老照护现状与发展对策》，厦门大学出版社2013年版，第54页。

❸ 萧子筠：《失智老人家庭主要照顾者施虐倾向相关因素之初探性研究》，暨南大学学位论文，2012年，第23页。

❹ 吴隆文，王德文：《社会性别视域下台湾虐老与防治现状》，载《凤凰论丛》2016年9月第三辑，第8页。

❺ 简戊鉴：《台湾地区65岁以上老人伤害类型及受虐住院原因与预测因子》，国防医学院公共卫生学系暨研究所学位论文，2014年，第6页。

待的高风险人群。同时，对于施虐者一方来说，台湾卫生福利管理部门的调查分析表明，"经济负荷（占40.4%）"是照顾者所面临的最大压力，其中医疗支出、照顾者因照顾失能者而无法外出工作等都是造成经济负荷的主要原因，照顾者的工作环境越消极与负面，其对被照顾者的照顾意愿就越低，产生施虐的可能性就越高。[1]

3. 社会性别差异

社会性别差异是由于社会文化等深层次原因带来的男、女在社会及家庭角色中的不同。伴随着老人年龄的增长，社会性差异在虐老问题上起着举足轻重的作用。个体通过角色形成自我概念，获取相应的社会地位和社会回报，社会通过角色赋予个人相应的权利、义务、责任和社会期望。[2] 传统的"重男轻女"的性别文化让女性从小就以次于男性社会地位的角色进行社会活动，导致对于女性的教育等各类的必要家庭投入少之又少，而这在闽南语系地区更是有过之而无不及。由于受家庭有限经济资源的约束，以及家庭资源投放向男性的倾斜，造成女性老人受教育水平明显低于同龄男性老人。在台湾"高中（职）以下者以子女或孙子女奉养比例最高，专科以上者则以自己退休金、抚恤金或保险给付占比最高，说明经济水平与教育水平成正比"[3]。台湾女性老人以子女或孙子女奉养为主要经济来源所占比例明显高于男性，这与虐老问题的性别差异呈正相关。另外，传统的"慈母、孝女、贤妻"等女性家庭伦理角色，导致女性老人在受虐时往往选择不反抗、不敢反抗、忍气吞声等形式，不能够及时制止伤害，从而使老年女性受虐情况比男性受虐情况更为严重。

4. 养老机构管理不善

机构养老本是老人养老模式的一大创新，可以有效地缓解家庭养老的负担，为老人提供一个相对舒适的养老方式。然而，在老人选择机构养老的同时，机构成了老人受虐的集中区域。在长期照护机构居住的老人中至少有两成

---

[1] 数据来源：https://www.mohw.gov.tw/cp-190-231-1.html，最后访问时间：2018年1月23日。

[2] 王德文，谢良地：《社区老人口养老照护现状与发展对策》，厦门大学出版社2013年版，第54页。

[3] 吴隆文，王德文：《社会性别视域下台湾虐老与防治现状》，载《凤凰论丛》2016年9月第三辑，第5页。

以上的老人遭受过不同类型的虐待。❶ 养老机构中虐老问题的产生原因主要在于管理不善，一是对照护者的监督不够，致使某些照护者虐待老人的行为难以被及时发现。二是照护者的培训、支持不够，对老人的照护工作存在工作量大、时间长、要求多、任务重等特点，照护者在长期的工作中面临种种压力和负担，如果不能及时排解，则会转化为对老人的暴力行为。三是对老人的关怀不够，有些老人个性顽固或与人相处困难，养老机构未能对这些老人给予特殊照顾，致使其成为受虐的高危人群。

二、台湾防治虐待老人的主要法律

虐待老人防治工作，在台湾也可以称为老人保护服务，因此有关"虐待老人"的称谓，在台湾也相当于"老人保护"。当前，台湾并没有专门的防治虐待老人的法律，主要适用"家庭暴力防治法""老人福利法"来保护老人的人身和财产安全。

（一）"家庭暴力防治法"

1. 立法背景

为促进家庭和谐、防治家庭暴力以及保护被害人权益，台湾"家庭暴力防治法"于1999年6月24日全面施行。台湾家庭暴力防治工作，以该法施行为分界点，在"家庭暴力防治法"颁布前，政府部门的家庭暴力防治工作，重点在于婚姻暴力中受害妇女的身体及心理上受到的伤害，未触及关于情绪上、口语上之虐待或性暴力等。此阶段对被害人所提供之服务与支持体系，未有完整之规划。而警察与司法体系对家庭暴力案件之处理态度，深受"清官难断家务事"观念的引导，大多不会以公权力积极介入。"家庭暴力防治法"的全面实施，为家庭暴力受害者打开了法律保护的大门，法入家门，将家庭暴力行为定义为犯罪行为，改变了家暴受虐者长期以来只有忍耐的状况，对家庭虐待事件的防治与救援写下了历史上的新篇章。

2. 立法特点

"家庭暴力防治法"具有以下特点：

---

❶ 吴隆文，王德文：《社会性别视域下台湾虐老与防治现状》，载《凤凰论丛》2016年9月第三辑，第8页。

（1）成立专责机关或单位。依据该法第 4 条"中央"设置家庭暴力防治委员会。依据第 8 条，地方政府设立家庭暴力防治中心负责保护受虐老人权益的具体措施。

（2）引进保护令机制。受虐老人可以通过警察机关向法院申请民事保护令，保护自身权益。民事保护令分为通常保护令、暂时保护令，紧急保护令。

（3）丰富"家庭暴力"的内涵。不仅包括对老人实施的身体或精神上的骚扰、控制、胁迫等行为，还包括对老人实施的经济虐待、疏忽、遗弃等行为。

（4）以警察为第一线处理者。虐待老人行为依"家庭暴力防治法"为违法行为，并非所谓的"家务事"。警察可以依职权主动介入虐老案件，作为第一处理人负责案件的调查、转介及其他工作。

（5）对加害人实施处遇计划。法院对虐待老人案件可以核发保护令，并应对加害人的行为及心理状况进行考察，然后对加害人实施包括戒瘾治疗、精神治疗、心理辅导或其他治疗、辅导等处遇计划。

自"家庭暴力防治法"施行以来，因"家庭暴力防治法"的规定具有时效性，警察人员为处理虐待老人案件第一线，具有很强的可操作性，普及程度比较广，因而在虐待老人防治工作上，"家庭暴力防治法"实际上已取代了"老人福利法"的相应功能，具体表现在目前台湾老人保护工作主要由家庭暴力防治中心来负责。

3. 有关老人保护的内容

1）将虐待老人纳入"家庭暴力防治法"的调整范畴

"家庭暴力防治法"第 2 条第 1 项："家庭暴力指家庭成员间实施身体、精神或经济上之骚扰、控制、胁迫或其他不法侵害之行为。"家庭成员实施身体、精神或经济上不法侵害之行为，即为虐待行为。依受害者身份的受虐频率之高低，依序可分为妇女虐待、儿童虐待、虐待老人。❶ 故家庭暴力之定义范畴，应包含虐待老人在内。同条第 4 项规定："骚扰指任何打扰、警告、嘲弄或辱骂他人之言语、动作或制造使人心生畏怖情境之行为。"属于同条第 1 项之其他骚扰行为均为法律所禁止。就骚扰而言，可以认定为虐待行为或家暴行

---

❶ 数据来源：https://www.mohw.gov.tw/cp-190-231-1.html，最后访问日期：2018 年 1 月 23 日。

为的"边缘行为"。依该项规定，老人被骚扰时，亦可以请求"家庭暴力防治法"予以保护。

2）将防治虐待老人工作统一到家庭暴力防治中心

"家庭暴力防治法"第8条规定，地方政府应设立家庭暴力防治中心，并结合警政、教育、卫生、社政、户政、司法等相关单位，办理下列措施，以保护被害人之权益并防止家庭暴力事件之发生：第一，24小时电话专线，即"113"专线。第二，提供或转介被害人经济扶助、法律服务、住宅辅导。第三，提供被害人短、中、长期庇护安置。第四，提供或转介被害人、家庭成员身心治疗、咨询、社会与心理评估及处置。第五，转介加害人处遇及追踪辅导。第六，追踪及管理转介服务案件。

3）以民事保护令保护遭受虐待的老人

"家庭暴力防治法"的核心目的是借法律规范之效果，使家庭暴力行为犯罪化，以防治家庭暴力和虐待行为的发生。虐待老人行为相对于一般暴力行为有其特殊性，将家庭暴力行为犯罪化，所采用之策略主要有三个重点：一是民事保护令制度；二是命令加害人接受处遇；三是运用刑事制裁以威慑加害人。保护令大多由受虐老人申请，警察机关在老人无法申请时，可以代为申请。民事保护令制度因有下列特点，具有很强的时效性和强制性，其使用率大幅增加：第一，民事保护令是刑事制裁外可供选择的另一种法律保障措施。第二，保护令的关切焦点在于避免老人遭受更多的伤害。第三，为被害人提供即时的法律帮助，具有很强的有时效性。第四，保护救援内容广泛，包括身体、精神、经济虐待之防治以及维系亲情伦理和家庭关系。第五，对证据的要求没有刑事案件严格，有利于被害人使用，特别是受虐者为高龄老人的情况下，保护令的申请简便易行。相较于程序烦琐、举证难度大、见效慢的刑事诉讼程序，民事保护令已成为老人的主要救援方式。同时，"家庭暴力防治法"第14条第3项规定，法院可以命令加害人迁出老人的住所，必要时可以禁止加害人对老人的住所进行使用、收益和处分。这条关于加害人禁止就不动产进行处分的规定，目的是保护老人免受来自加害人的经济虐待。因此，总体而言，民事保护令制度包含许多对老人的保护措施，实施以来，取得了很好的效果。

4）实施加害人处遇计划以防范加害人再次施暴

由于虐待老人的行为具有重复发生的特点，且受虐老人无法对加害人进行控制，法院核发保护令可根据加害人的心理及行为，命令加害人完成戒瘾治疗、精神治疗、心理辅导或其他治疗、辅导等处遇计划。该法第30、31条规定,对于触犯家庭暴力罪或违反保护令罪而受缓刑之宣告者或假释交付保护管束者,法院亦可命加害人遵守处遇计划的裁定,其主要目的是对加害人进行治疗与辅导,防止其再次对老人施暴。同时也可以命令加害人禁止实施虐待行为、迁出受虐老人的住所、禁止对受虐老人进行骚扰、通话等,以防范加害人事后的报复行为。此种防范报复的制度设计具有前瞻性,为老人免受虐待、安度晚年提供了法律保障。

5)以警察为受虐老人的保护主力

"家庭暴力防治法"的施行,改变了警察机关处理家庭暴力事件的角色功能,扩大了警察处理家庭暴力事件之权利与义务,促使警察依法积极介入虐待老人案件的处理,进而在虐待老人防治工作中扮演多功能的角色,包括受理案件处理者、通报者、其他服务转介者、信息告知者、协助申请保护令者、保护令执行者、倡导教育者及逮捕拘留加害人者等。"内政部警政署"根据法律授权订定了《警察机关执行保护令及处理家庭暴力案件办法》(后更名为《行政机关执行保护令及处理家庭暴力案件办法》,并颁行《警察机关防治家庭暴力工作手册》,手册中明白宣示"家庭暴力为违法行为,非家务事,各级警察应本主动、积极、关心之态度,依法处理家庭暴力案件,保护被害人权益"。实务运用显示,警察在家庭暴力案件的处理中被赋予重要的角色,被害人求援的第一个单位通常是警察,警察局也是家庭暴力防治网络中唯一提供24小时紧急救援与服务的部门,且其服务具有就近性与便利性,对保护受虐老人起着重要的作用。

4. "家庭暴力防治法"的立法不足

虽然"家庭暴力防治法"在保护老人免受虐待方面发挥着重要作用,但仍有不足之处。

1)无法保护居住在养老机构的老人

"家庭暴力防治法"第2条明文表示其目的是为防治家庭成员间实施身体、精神或经济上之骚扰、控制、胁迫或其他不法侵害之行为。也就是说,"家庭暴力防治法"的适用范围仅为家庭内之虐待行为,而不及其他一般虐待行为。因此,老人长期照护机构、疗养机构、赡养机构、老人服务机构乃至医疗机构、慢性精神病院、护理之家等机构内居住或疗养之老人,如在机构内遭受虐待则无法适用该法寻求保护。

2)"家庭暴力"的界定有局限性

"家庭暴力防治法"第2条第1项明确规定了家庭暴力的定义,然而家庭暴力的定义可能每个人的认知或见解都不尽相同。有学者综合近十年来国内外学者对家庭暴力的定义与见解，概括为以下六个要素：第一，发生在家庭成员间：包括配偶彼此间、父母对子女、子女对父母与兄弟姊妹间等。第二，暴力行为：以明显肢体动作或武器攻击家中其他成员，亦即出现身体或言语的攻击行为，以及恶意的疏忽行为。第三，加害者：一般情况下，施暴者是成年人（尤其是男性）。第四，受害者：通常为子女或老人。第五，造成身心伤害：加害者对家庭成员造成身体或心理上的伤害，数年难以恢复。第六，为社会关注主题：家庭暴力虽是隐藏多年的现象，但目前已是社会科学研究的主题。[1] 若以上述见解来定义家庭暴力，则家庭内虐待老人的有些行为，似乎无法全部适用"家庭暴力防治法"予以保护，所以"家庭暴力防治法"在防治虐待老人问题上仍有很大的不足。

（二）台湾"老人福利法"

1. 立法背景

自20世纪70年代开始，随着台湾医疗卫生水平的进步，人们平均寿命延长，老人口迅速增加。在社会发展过程中，家庭形态越来越小，以致家庭对老人的奉养发生困难，须依赖政府和社会的支持。在此背景下，根据台湾地区"宪制性规定"第155条，参考先进国家老人权益保护立法经验，制定了"老人福利法"，并于1980年1月26日起实施。该法共21条，要点如下：（1）立法目的为"安定老人生活，维护老人健康，增进老人福利，弘扬敬老尊长之美德"。（2）老人的范围为70岁以上者。（3）倡导子女照顾老人，国家负担协助照顾的责任。（4）老人福利机构分为扶养机构、疗养机构、休养机构以及服务机构。（5）实行民间福利机构许可制度。（6）为无依老人提供住宅。（7）对老人医疗和休闲优待。为落实"老人福利法"，同年制定了"老人福利法实施细则"。该法之制定，是台湾老人福利工作法制化的开端，也是老人福利之根本法。"老人福利法"是台湾第一部针对虐待老人问题的法律，在"家庭暴力防治法"颁布实施之前，是台湾防治虐待老人的主要法律。

由于台湾老人福利事业发展迅速，老人需求也随之发生了深刻变化，加之

---

[1] 黄志忠：《老人主要照顾者施虐倾向及其危险因子之研究：以中部地区居家服务老人为例》，载《中华心理卫生学刊》2014年第1期，第95~139页。

全人照顾、在地老化、多元连续服务、福利社会化、推迟失能、社会参与等理念的持续影响，使得"老人福利法"出现了与社会脱节的情况。为满足保护老人的需要，2007年"老人福利法"被修订，随后于2009年和2015年再次修订。至此，"老人福利法"形成了包含55个条款，涵盖总则、经济安全、服务措施、福利机构、保护措施、罚则、附则等内容的有机框架体系。

2. 主要内容

1）立法目的

立法目的条款在一部法律中具有极其重要的意义，它是立法者意图的集中体现，而其他条款则是立法目的的具体展开。台湾1980年"老人福利法"立法目的是"弘扬敬老美德，安定老人生活，维护老人健康，增进老人福利"；2015年修订为"维护老人尊严与健康，推迟老人失能，安定老人生活，保障老人权益，增进老人福利"。从最新的立法目的可以看出，台湾越来越重视维护老人的尊严和健康，保障老人的权益。"老人福利法"规定了一系列针对虐待老人的法律措施，体现了法律的巨大进步，也显示了政府对虐待老人问题的高度重视。

2）防治虐待老人的相关内容

修订之后的"老人福利法"，增订了老人保护专章及虐待老人之罚则，以防治虐待老人、加强老人保护。

"老人福利法"涵盖了政府职责、对老人的扶养与保护、对照顾者的支持、对施虐者的处置、相关人员的职责、法律责任等内容，如各级政府的主管事项（第4条、第5条），子女对老人的法定扶养义务（第30条），老人短期保护和安置（第41条），老人陷入生活困境之后的安置（第42条），对家庭照顾者的支持性措施（第31条），对虐待老人的监护人或辅助人的变更措施（第13条），老人保护之通报责任（第43条），对机构和扶养人虐待老人的处罚措施（第48条、51条）等，这些内容与"防治家庭暴力法"一起，共同构建了防治虐待老人的法律体系。

（1）子女对老人的法定扶养义务

"老人福利法"第30条规定："有法定扶养义务之人应善尽扶养老人之责，主管机关得自行或结合民间提供相关信息及协助"。"所谓有法定扶养义务的人，包括直系血亲相互间；夫妻之一方，与他方之父母同居者，其相互间；兄弟姊妹相互间；家长家属相互间。"换言之，就老人而言，该条所指有法定扶养义务之人，以老人的子女之可能性为最高，这也是与老人关系最密切的人群，其对老人的扶养照顾程度直接决定了老人的生活幸福指数，也决定了老人是否可免遭虐待。同时"老人福利法"第51条还规定了有法定扶养义务的扶养人对老人实施虐待行为的处罚，如果子女对老人实施遗弃、妨害自由、伤害、身心虐待、留置无生活自理能力之老人独处于易发生危险或伤害的环境等行为，那么扶养人可能被处以新台币三万元以上十五万元以下的罚款，并且法院还会公告其姓名；情节严重的，还可能受到刑事处罚。为了防止扶养人再次对老人实施虐待行为，"老人福利法"还规定了实施虐待行为的扶养人还应该接受主管机关4小时以上20小时以下的家庭教育及辅导。

（2）监护宣告、辅助宣告

台湾"民法"第14条关于"监护宣告"规定："对于因精神障碍或其他心智缺陷，致不能为意思表示或受意思表示，或不能辨识其意思表示之效果者，法院得因本人、配偶、四亲等内之亲属、最近一年有同居事实之其他亲属、检察官、主管机关或社会福利机构之声请，为监护之宣告。"第15条之一对"辅助宣告"规定："对于因精神障碍或其他心智缺陷，致其为意思表示或受意思表示，或辨识其意思表示效果之能力，显有不足者，法院得因本人、配偶、四亲等内之亲属、最近一年有同居事实之其他亲属、检察官、主管机关或社会福利机构之声请，为辅助之宣告。"

随着年龄的增长，老人难免会因身体或精神上的疾病，导致其成为无民事行为能力人或者限制行为能力人。为了保障老人能够得到适当的照顾以及保障老人的经济安全，当老人有受监护或辅助宣告之必要时，主管机关应当协助老人向法院申请监护宣告或者辅助宣告。当受监护或辅助宣告原因消灭时，当地主管机关应当向法院申请撤销监护宣告或辅助宣告。

（3）对家庭照顾者的支持性措施

随着年龄的增长，老人的身心会发生很多变化，如生理机能退化，容易出现孤独、消沉、焦虑、无助、愤怒等负面情绪，很少有机会或不便参与社会活动等。老人对照顾者的依赖度增加，而照顾者又因工作、家庭等其他事务压力过大而对老人的依赖感到难以承受。在对老人的照顾过程中，照顾者会存在对老人实施虐待的可能。为此，"老人福利法"规定了对家庭照顾者支持性措施，该法第31条规定，家庭照顾者支持性措施包括：第一，临时或短期间歇照顾服务；第二，照顾者训练及研习；第三，照顾者个人咨商及支持团体；第四，信息提供及协助照顾者获得服务；第五，其他有助于提升家庭照顾者能力及其生活质量之服务。

（4）责任通报制度

"老人福利法"第43条规定：医事人员、社会工作人员、村（里）长与村（里）干事、警察人员、司法人员及其他执行老人福利业务之相关人员，于执行职务时知悉老人有疑似第41条第一项或第42条之情况者，应通报当地直辖市、县（市）主管机关。这就是"责任通报制度"。为了明确老人保护通报的处理流程和方式，便利地方政府和相关工作人员执行老人保护业务，台湾卫生福利部于2015年制定了《老人保护通报及处理办法》。该办法是对"老人福利法"43条的细化，共9条，规定了警察机关以及当地政府如何发现虐待老人案件以及之后的处理方式。

（5）福利机构虐待老人的防治措施

由于"家庭暴力防治法"主要是防治家庭内部发生的虐待老人案件，然而并非所有的虐待老人案件都发生在家庭中，有一部分是发生在福利机构中。为了防止福利机构对老人实施虐待，"老人福利法"第48条规定，老人福利机构如果有下列行为，可以处新台币六万元以上三十万元以下罚款，再限期令其改善：第一，虐待、妨害老人身心健康或发现老人受虐事实未向直辖市、县（市）主管机关通报；第二，提供不安全的设施设备或供给不卫生的餐饮，经主管机关查明属实者；第三，经主管机关评鉴为丙等或丁等或有其他重大情事，足以影响老人身心健康等情形。

3. 在防治虐待老人方面的立法不足

1）没有设置专职负责老人保护的执行单位

地方政府执行老人保护业务的单位，目前分歧比较大，大致可归纳为三类：一是依保护工作属性分工，家庭内暴力由家暴防治中心处理，其余保护个案由老人福利业务科负责；二是社会福利服务中心为保护第一线，所有保护工作都由第一线社工接案；三是由同一单位负责，一些地方全归家暴防治中心处理，也有些地方全归老人福利业务科处理。这些分工状况，涉及县市社会局处的权力结构及内部业务分工协调的问题。由于从中央到地方没有统一的机关专门负责老人保护工作，各县市的工作模式各不相同，导致老人保护工作推进困难重重。❶

---

❶ 吴玉琴，吕宝静：《老人保护社会工作人力之探讨》，载《小区发展季刊》，2011年5月，第208页。

2）专业团队之间的合作不够

虐待老人是相当复杂且涉及多项专业工作的议题，因此跨专业领域的合作是必需的，从事虐待老人保护工作涉及卫政（医生、护士、心理师、精神咨询师）、社政（各县市政府老人保护专责社工、长青福利科社工、社会救助科社工、身心障碍福利科社工）、警政（警察及家庭暴力防治官）、民政（邻里长）、法政（家事法庭法官，家事协调法官）等。这些部门的合作机制尚未完全建立起来，工作中的不协调现象广泛存在。

三、台湾防治虐待老人的法律实施

（一）处理虐待老人案件应当遵循的原则

目前台湾各个机关处理虐待老人案件的原则，可以总结为以下六点。❶

1. 维护老人的人身安全为首要

防治虐待老人首先应保护老人的人身安全。根据马斯洛的需求层次理论，安全为人的第一需要，所以任何工作机关在进行老人保护工作时，都应以老人生命安全为优先考虑。尽量征求老人的同意，并在不违背其意愿及不损及其尊严的情况下，采取维护其人身安全的措施。如在老人的生命处于极度危险状态时，工作人员应首先将老人送医救治，然后再开展其他保护措施。

2. 以老人最佳利益为决定依据

处理虐待老人案件的过程，对工作人员来说无疑是经历种种"作决定"的过程，这些决定包括：是否要让老人离开家庭，进行安置？是否要代替无行为能力的老人提出告诉？什么是现阶段最适宜的处遇计划？工作人员在作出决定之前，必须多方搜集资料，并请相关人员提供专业意见。在此基础上，以老人的需求与最佳利益为原则，作出最有利于老人的决定。

3. 尊重老人的自主决定权

家庭暴力防治中心的工作人员应当协助老人在错综复杂的案情中，厘清问题及个人需求，以培养并发展其自主决定的能力。一方面，工作人员不可能对

---

❶ 杨培珊：《老人保护案件评估辅助工具应用发展及教育推广计划企画书》，2014 年卫生福利管理部门委托计划，https://dep.mohw.gov.tw/DOPS/cp-1147-7939-105.html，最后访问时间：2018 年 1 月 23 日。

老人的情况完全了解,因此其所做的决定未必符合老人的最佳利益;另一方面,工作人员不可能一直对老人进行保护,其对老人的保护只能是阶段性的,老人最终还是要回归社会和家庭,独自面对和解决问题。因此,工作人员应当尊重老人的自主决定权,并培养老人自己作出决定的能力。

4. 尊重老人及其家庭的尊严与权益

政府有权介入家庭以维护老人的权益,但在处理案件的过程中,工作人员对受虐者、施虐者及其他相关人员都应给予必要的尊重。政府工作人员介入家庭,目的不在于否定家庭的功能,而在于以客观、专业的态度与技巧,协助受虐老人摆脱困境;对施虐者给予支持与帮助,而不是敌视、指责施虐者,以改善老人的家庭环境、强化家庭功能,为老人营造和谐的家庭关系创造条件。

5. "家"是老人适宜的养老场所

"老人福利法"第16条规定老人照顾服务应当遵循"在地老化"的原则,以不损害老人的生命健康为前提,尽量维持老人的家庭完整性,让老人在其熟悉的家庭与小区中稳定生活,并依个别情况进行适当调整,以作出对老人最佳的服务方案。

6. 弱势族群老人的权益保障

对于独居、身心障碍、中低收入、遭受紧急危难及乡村地区之弱势老人群体,依其地区、家庭、身心状况之特殊性,提供个性化服务,以符合其福利需求,保障其应有权益。这些弱势群体因为自身或者客观环境等因素,往往需要更多的帮助,故应根据具体情形,提供针对性的服务,以使其权益得到切实保障。

(二)"家庭暴力防治法"的实施措施

根据台湾内政部的统计,虐待老人案件通报的主要来源为警察、医院与"113"家庭暴力防治专线。截至2015年底,以警察通报居多(46%),警察、医院与"113"家庭暴力防治电话专线三者合计约占总通报数的73%。[1] 因此本书主要介绍家庭暴力防治中心、警察、医院接到通报之后的处理模式。

---

[1] 数据来源:https://www.mohw.gov.tw/cp-190-231-1.html,最后访问时间:2018年1月23日。

1. 家庭暴力防治中心

1) "家庭暴力防治法"对于家庭暴力防治中心的职责规定

"家庭暴力防治法"第8条规定：直辖市、县（市）主管机关应整合所属警政、教育、卫生、社政、民政、户政、劳工、新闻等机关、单位业务及人力，设立家庭暴力防治中心，并协调司法、移民相关机关，办理下列与老人受虐相关事项：

（1）提供24小时电话专线服务。

（2）提供被害人24小时紧急救援、协助诊疗、验伤、采证及紧急安置。

（3）提供或转介被害人经济扶助、法律服务、住宅辅导。

（4）提供被害人短、中、长期庇护安置。

（5）提供或转介被害人身心治疗、咨询、社会与心理评估及处置。

（6）转介加害人处遇及追踪辅导。

（7）追踪及管理转介服务案件。

2) 家庭暴力防治中心处理虐待老人案件的工作模式

（1）对虐待老人案件进行评估

家庭暴力防治中心的社工在接到各单位或个人关于老人遭受虐待的通报之后，应当对案件进行评估，评估的因素主要包括：

A. 受虐老人是否有生命危险；

B. 受虐老人的精神状态；

C. 受虐老人的意愿及需要；

D. 其他特别因素。

（2）符合立案指标之后的处理

A. 协助受虐老人填写"家庭暴力案件调查记录表"；

B. 协助受虐老人拍摄照片、保存老人受虐的证据；

C. 协助受虐老人寻找家属。

（3）对受虐老人的保护与安置

如果社工评估案件后认为老人的境遇十分危险，可以根据职权或者老人申请，及时提供紧急安置辅导服务，紧急安置辅导服务包括个案管理、生活照顾、心理辅导、法律咨询以及申请经济补助等。

社工在评估过程中如发现老人身体受伤需要入院治疗，应转介老人住进当地医疗院所，留院观察、评估。社工转介受虐老人时，应当遵守以下程序：

A. 协助被害人填写申请书，由安置机构依申请书向当地家庭暴力防治中心申请各项补助费用。

B. 社工应以转介单、个案摘要等书面形式，说明案件目前处理情形、原工作计划及后续双方分工建议等内容。

（4）安置机构对受虐老人的评估

安置机构应该在两周之内向家庭暴力防治中心提出安置服务期限，家庭暴力防治中心应该及时就老人迁出或延长安置期限作出决定。

安置机构对受虐老人进行评估的因素包括：

A. 被害人的意愿；

B. 被害人有无稳定的经济来源；

C. 被害人有无安全居住处所；

D. 被害人的身心状况；

E. 其他因素。

（5）结案

经过评估之后，如果社工认为不需要对老人进行保护或者安置的，应及时回复给通报人；对于转介到安置机构的老人，应当及时评估、及时结案。满足下列条件之一，可做结案处理：

A. 受虐老人拒绝接受追踪辅导。

B. 受虐老人失去联络达三个月以上。

C. 受虐老人生活稳定，暂无安全顾虑且无须辅导协助。

D. 受虐老人转介至其他机构且无须原机构继续提供协助。

2. 警察机关

1）"家庭暴力防治法"对于警察机关的职责规定

"家庭暴力防治法"第48条规定：警察人员处理家庭暴力案件，必要时应采取下列方法保护被害人及防止家庭暴力之发生：

（1）于法院核发紧急保护令前，在被害人住居所守护或采取其他保护被害人或其家庭成员之必要安全措施。

（2）保护被害人至庇护所或医疗机构。

（3）告知被害人其得行使之权利、救济途径及服务措施。

（4）查访并告诫相对人。

（5）访查被害人及其家庭成员，并提供必要之安全措施。

"家庭暴力防治法"第49条规定：医事人员、社会工作人员、教育人员及保育人员为防治家庭暴力行为或保护家庭暴力被害人之权益，有受到身体或精神上不法侵害之虞者，得请求警察机关提供必要之协助。

"家庭暴力防治法"第 50 条规定：警察人员在执行职务时知有疑似家庭暴力，应立即通报当地主管机关，至迟不得逾 24 小时。

2）警察机关处理虐待老人案件的工作模式

（1）受虐老人本人报案，受理警察应当采取以下措施：

A. 迅即询问受害情状、地点。

B. 转报辖区派出所、妇幼警察队派员前往处理。

C. 提醒受害者保持冷静，勿以言语刺激加害者。

（2）受虐老人的家人或邻居报案，受理警察应当采取以下措施：

A. 立即询问老人受虐情况、地点。

B. 通报辖区派出所、妇幼警察队派员前往处理。

C. 请通报人代为提醒受害者保持冷静，勿以言语刺激加害者。

D. 如报案人不方便介入，应留下其联系方式，并嘱咐其密切注意后续状况，以便日后提供目击或其他证据。

（3）警察机关在接到民众报案后，应当填写"家庭暴力/老人保护事件通报表"。

（4）如果虐待事件仍在继续，警察机关应当立即派员前往处理。警察人员到达现场后，应当采取以下措施：

A. 控制现场、维持秩序，拍照，请当事人到派出所接受调查。

B. 紧急救护，提供被害人权益救济，必要时保护被害人至庇护或医疗等处所。

C. 被害人如有治疗、辅导、安置等需要，立即通知家庭暴力防治中心协助处理。如为夜晚，可将受虐老人护送至妇幼警察队接受保护，次日由该队协助转介社会局安置。

D. 缜密搜集证据，制作"处理家庭暴力案件调查记录表""处理家庭暴力案件现场报告表"，并填写警察工作记录簿。

E. 受理案件后 48 小时内将"受理家庭暴力事件通报表"传真到家庭暴力防治中心。

（5）协助老人申请一般性暂时保护令或通常保护令，代为填写申请状，同时支付申请保护令费用。

（6）警察机关在帮助受虐老人申请保护令之后，应当根据职权和受虐老人的意愿决定是否提出告诉：

A. 受虐老人如欲提出刑事告诉，应当制作笔录，告知当事人到公立医院验伤，并进行侦查搜证，传讯加害者到案说明情况，将案件移送地方法院。

B. 受虐老人如不提出告诉，即予结案，并在警察工作记录簿上注明情况以备日后查阅；告知受虐老人追诉期为六个月，并告知老人前往公立医院验伤，保全证据，以备日后使用。

3. 医疗机构

1) "家庭暴力防治法"关于医疗机构工作职责的规定

"家庭暴力防治法"第4条第2项规定：卫生主管机关负责：家庭暴力被害人验伤、采证、身心治疗、咨询及加害人处遇等相关事宜。

"家庭暴力防治法"第50条规定，医事人员在执行职务时知有疑似家庭暴力，应立即通报当地主管机关，至迟不得逾24小时。

"家庭暴力防治法"第52条规定：医疗机构对于家庭暴力之被害人，不得无故拒绝诊疗及开立验伤诊断书。

2) 医疗机构处理老人案件的工作模式

(1) 发现受虐老人时及时通报

医疗机构在执行职务时遇到疑似虐待老人案件时，应当在24小时以内通报当地家庭暴力防治中心。医疗机构通报的方式以网络通报为主，通报方式为通过"关怀e起来"系统直接发送通报表。如果医疗机构工作人员遇到紧急情况，无法通过网络通报，可以直接拨打"113"家庭暴力防治专线进行通报。

(2) 对受虐老人进行辨认

医疗人员需要对在医疗现场的老人进行辨认，以确认其是否受到虐待。辨认的结果一般分为以下四种情形：

A. 表明为受虐老人而直接要求验伤：a. 有明显身体外伤；b. 无明显身体外伤；c. 精神创伤之验伤诊疗。

B. 原本仅只是寻求医疗，但经探问后表明是：a. 虐待受害者；b. 外伤患者；c. 急性精神症状者；d. 自杀者。

C. 寻求医疗，但坚决否认遭到虐待。

D. 有生命危险而被送至急诊。

(3) 验伤及取证

为避免对老人造成身体或精神的二次伤害，医疗人员在检查前，应向疑似受害者及其法定代理人解释检查过程，待其了解验伤采证过程后，请疑似受害者或其法定代理人签署验伤取证同意书。

同意书签妥后，依被害人同意之项目进行验伤及采证，其他非必要人员不应在场。检查者应先与被害人建立信任关系，减少被害人的疑虑后再进行检查。

（4）后续治疗

如果受虐老人被确认需要后续治疗，医疗机构应提供整合式的医疗服务，提供充分的医疗照护，并搜集更为完整的家暴评估资料。主要做法分为以下五点：

A. 对第一次就医的老人主要以外伤之验伤诊疗为主，对于危险程度予以评估并对老人进行卫生教育。

B. 对第二次就医的老人追踪其外伤之复原状况，评估其身心健康状况，并初步评估其婚姻家庭结构。

C. 对第三次就医的老人进行心理创伤之治疗，评估婚姻及家庭状况及功能，协助受虐者整合内在及外在可利用之资源。

D. 对第四次就医的老人进行追踪诊治，并形成对其婚姻家庭情况的初步认识。

E. 对第五次及之后持续诊疗的老人，采取螺旋式前进策略，对其家庭关系进行系统性介入，直至其创伤复原。

4. 法院

"家庭暴力防治法"用一整章的形式规定了民事保护令，其中很多条款可用于保护受虐的老人。

1）法院颁发保护令的程序

（1）有资格的申请人：A. 受虐老人；B. 检察官；C. 警察机关；D. 主管机关；E. 身心障碍者三亲等以内之血亲或姻亲；

（2）证明文件：A. 伤害证明（如验伤单、受伤之照片等）；B. 户籍本（以证明与加害人间具备家庭成员关系）C. 配合所声请保护令之内容而提出相关之证据资料（如远离事由等）；D. 若非本人亲自申请，应附委任状 E. 填写保护令声请诉状。

（3）申请时间及方式：保护令的声请，原则上应当以书面形式在上班时间申请。但被害人有受家庭暴力之急迫情形，检察官、警察机关、直辖市、县（市）主管机关可以以言辞、电信传真或其他科技设备传送方式声请核发紧急保护令，并得于夜间或休息日为之。

(4) 民事保护令的种类：A. 暂时保护令；B. 通常保护令：a. 禁止伤害令；b. 禁止骚扰令；c. 命加害人迁出住居所及禁止处分不动产令；d. 命加害人远离一定住居所令；e. 定汽、机车或其他生活、职业或教育上必需品之使用权并交付；f. 对子女定暂时状态之权利义务之行使负担令及命交付子女；g. 定相对人对未成年子女会面交往之方式，必要时并得禁止会面交往；h. 命相对人给付被害人住居所之租金及子女之扶养费用；i. 命相对人交付被害人或特定家庭成员之医疗、辅导、庇护所或财物损失等费用；j. 命相对人完成处遇计划，即戒瘾治疗、精神治疗、心理辅导等；k. 命相对人负担相当之律师费用；l. 命其他保护被害人及特定家庭成员之必要命令。

(5) 法院审查及核发保护令：

A. 法院对于保护令之申请事件，在指定审理期日前，应先依据书状审查其是否合法；如果认为有不合法的情形，并且可以补正，应当在规定期间内命其补正。

B. 法院受理暂时保护令或紧急保护令的申请，如申请人能释明有正当、合理的理由足够认定已发生虐待老人事件，而被害人有继续受相对人虐待、威吓、伤害或其他身体上、精神上不法侵害的危险，或如果不立即核发保护令将导致无法恢复的损害，可以不通知相对人或不经过审理程序，直接书面核发暂时保护令或紧急保护令。

C. 法院核发保护令时，应斟酌加害人之性格、行为之特质、家庭暴力情节之轻重、被害人受侵害之程度及其他一切情形，选择核发一款或数款内容最妥适之保护令。

(6) 保护令的送达：

保护令应于核发后24小时送达当事人、被害人、发生地警察机关及家庭暴力防治中心。法院于4小时内核发之紧急保护令，应以电信传真或其他科技设备传送至发生地警察机关。

2) 加害人处遇计划

(1) 法院裁定加害人需要完成加害人处遇。

加害人处遇为民事保护令中通常保护令中第10种保护令，审理方式依照通常保护令的审理方式。当法院裁定加害人需要完成处遇计划时，需要把裁定书及相关资料移交给家庭暴力防治中心。

(2) 家庭暴力防治中心对加害人进行评估是否需要进行加害人处遇。

A. 家庭暴力防治中心接收到法院的裁定后，应检查下列资料，并指定评估小组成员二人以上，实施加害人处遇评估，若加害人有疑似精神状态表现异常、酗酒或滥用药物等状况，评估人员应当有一人为精神科专科医师。以面谈、电话访谈或书面资料评估等方式作出书面意见；资料不全的情况下，可以请法院或相关机关提供。

B. 评估方式：

家庭暴力防治中心应遴选受过家庭暴力防治相关专业训练且具实务经验之下列人员，组成相对人评估小组，办理相对人有无接受处遇计划必要及其建议之评估：

a. 精神科医生；

b. 心理咨询师、临床心理师；

c. 社会工作师；

d. 其他具有家庭暴力加害人处遇实务工作经验至少三年的人员。

评估人员应当依照相对人的身心状况及参考相关危险评估量表，观察加害人有无精神状态表现异常、酗酒、滥用药物、人格异常或行为偏差等因素，考察这些因素与家庭暴力有无因果关系，并根据家庭暴力行为之严重度及再犯危险性等，评估相对人应否接受处遇计划，并作出处遇计划建议书。

（3）加害人处遇计划的执行。

A. 家庭暴力防治中心接到法院命相对人接受加害人处遇计划的裁定后，应立即安排适当的处遇计划执行机关及开始处遇计划的执行，并通知加害人与其代理人、处遇计划执行机关、被害人与其代理人及执行保护管束的地方法院检察署。

B. 加害人接获处遇计划通知后，应依指定日期至处遇计划执行机关报到，并依法院裁定内容，完成处遇计划。加害人未依前项期日报到者，处遇计划执行机关应在一周内通知加害人至少一次，加害人仍未报到，应填报"家庭暴力加害人到达/未到达执行机构通报书"，立即通报家庭暴力防治中心。家庭暴力防治中心必要时可以请求警察机关的协助。

C. 加害人处遇计划的执行机关一般为经过卫生主管机关评估合格并设有精神门诊科的医院或者专门的精神科医院、卫生主管机关确定的药瘾戒治医疗机构、或者相关的机构或团体。

D. 加害人处遇计划包含的内容：

a. 认知教育辅导；

b. 亲职教育辅导；

c. 心理辅导；

d. 精神神治疗；

e. 戒瘾治疗；

f. 其他辅导、治疗。

（4）加害人处遇计划的终结。

A. 处遇计划执行机关应于加害人完成处遇计划十日内，填报"家庭暴力加害人完成处遇计划报告书"，通报家庭暴力防治中心。

B. 家庭暴力防治中心应就处遇计划执行机关（构）所提交的"家庭暴力加害人完成处遇计划报告书"的执行成果进行综合评估，并定期辅导访查。

5. 总结

"家庭暴力防治法"通过整合警察、医疗机构、社工、法院等资源，建立了以家庭暴力防治中心为核心的老人保护体系，给予受虐老人紧急救治、验伤取证、安置及心理治疗等方面的保护。"家庭暴力防治法"不仅通过惩罚施虐者保护老人，而且更加注重对受虐老人的发现、保护及后续处理，从而构建了较为完善的受虐老人保护体系。

（三）"老人福利法"的实施措施

1. 各级政府的职责

1）最高行政管理机构的主要职责

（1）制定全国性的老人保护政策，法规、方案；

（2）对地方政府老人保护工作进行监督；

（3）为老人保护工作提供专项经费支持；

（4）设立福利机构保护受虐老人。

2）地方政府的主要职责

（1）制定地方性的老人保护政策、方案、规划及执行；

（2）执行中央政府制定的关于老人保护的政策；

（3）老人保护专业人员的训练；

（4）老人因为来自家庭内部的虐待，导致生命、健康处于危险状态时，地方政府应当主动为老人提供短期保护及安置；

（5）老人因为无人扶养，导致处于危险状态时，地方政府应该及时为老人提供短期保护及安置。

（6）地方政府应当整合当地资源建立老人保护体系，并定期召开老人保护联席会议。

（7）村长（里长）应当定期与当地政府联系，主动汇报当地老人的生活状况；村长（里长）在执行关于老人福利的工作中，或者日常生活中发现有老人受虐的情形时，应当及时通报给当地政府。

2. 对照顾者的支援

根据"老人福利法"第31条的规定，对家庭照顾者的支持包括临时或短期间歇照顾服务、照顾者训练及研习、照顾者个人咨询及支持团体、信息提供及协助照顾者获得服务、其他有助于提升家庭照顾者能力及其生活质量之服务五个方面。具体到各县市，内容更加具体和丰富，可概括为如下内容：

（1）对照顾者支援应当遵循的原则：

A. 家庭照顾者支持可依不同类型及领域提供心理及情绪支持、成长团体、咨询服务与照顾技能训练及相关研习等；

B. 照顾者支持与训练及研习应视家庭照顾者实际需要，采演讲、座谈、到宅示范指导、活动、个案辅导、团体、读书会及其他多元、弹性方式为之；

C. 本服务措施应结合需求评估之结果，于需求评估或确认时通知家庭照顾者该类相关资源或信息，必要时于活动开办前依需求评估或确认结果，主动通知家庭照顾者参加；

D. 倘办理活动后发现家庭照顾者之压力较大，且家庭支持系统薄弱者，应转介相关专业团体或机构提供后续服务，或结合家庭关怀访视及服务，到宅关怀支持身心障碍者家庭，提供心理支持及信息，并结合民间社会福利资源协助解决问题；

E. 办理照顾者支持与训练及研习时，可同时安排身心障碍者接受临时及短期照顾服务，或同时办理适合身心障碍者之活动课程等。反之，可于办理身心障碍者之活动时，同时办理家庭照顾者之课程或依其意愿一并参与；

F. 针对中途致障者的家庭照顾者，或经需求评估认有急迫必要者，应优先办理相关支持或训练及研习服务；

G. 考虑较年长之家庭照顾者可能无法或较无意愿参加连续性课程，可鼓励先参加或先办理单次性课程或较轻松之活动，建立关系与提供正向经验后，再循序渐进；

H. 可结合适当之活动（父亲节、母亲节、国际身障日金翼奖等）表扬家庭照顾者；

I. 可培养家庭照顾者有机会从事身心障碍照顾之工作或经验分享；

J. 办理相关照顾者支持与训练及研习时应考虑近便性，必要时可个别到宅指导或结合复康巴士等交通服务，以增进参与意愿；

K. 应考虑以多元、弹性方式为之，并且注意服务之持续性、周延性、多元性，考虑不同议题不同障别的需求，并且适度办理满意度调查及建立申诉渠道，对于被服务者反映事项应积极研究，办理回复及记录。

（2）对家庭照顾者的支持：

A. 成长团体；

B. 家庭照顾着支持性团体及咨询性服务或转介服务；

C. 身心解压课程；

D. 县内亲子（或手足）出游或互动性课程、参观活动等；

E. 自我照顾课题；

F. 电影欣赏与讨论、音乐赏析（治疗）；

G. 失落与悲伤辅导；

H. 情绪支持、咨询服务与正向思考；

I. 其他。

（3）家庭照顾者训练及研习：

A. 照顾（护）技能（巧）训练（如健康管理、饮食配置与营养、医疗用药、翻身、移位、身体清理、身体复健或功能维持、医疗器材及辅具运用、简易伤口护理、居家环境安全指导等）（以卧床等肢体障碍者为主）；

B. 亲职讲座（如子女教养、生活规划、机构安置赡养、沟通技巧等）（智力障碍、听力障碍、自闭症等）；

C. 疾病认识及照顾、预防、照顾者自我保护（防止暴力）议题（如失智症、精神障碍者、癫痫、艾滋病、罕见疾病等）、意外或突发事故与处理原则；

D. 相关身心障碍福利（法令）或社会（区）资源介绍与运用；

E. 法律及权益（例如监护宣告、信托制度、涉讼协助等）；

F. 安宁照护；

G. 受照顾者过世后自我调适、失落与悲伤辅导；

H. 常见药物使用安全与身心健康维护（保健）；

I. 认识身心障碍特质及常见问题与需求；

J. 其他。

3. 责任通报制度

基于"老人福利法"第43条，台湾卫生福利管理部门于2015年制定了

《老人保护通报及处理办法》，主要内容分为以下几点。

（1）通报的主体：医事人员、社会工作人员、村长或里长，警察人员、司法人员及其他执行老人福利业务的相关人员，在执行老人福利业务时知悉有疑似老人受虐的情形时，应当通报当地政府。

（2）通报方式：上述公职人员在发现有疑似老人受虐的情形时，应当填写家庭暴力事件通报表和老人保护事件通报表（见附件），并通过互联网、电信传真或其他科技设备传送给当地家庭暴力防治中心和社会处。紧急情况下，也可以先通过电话方式通报，只要24小时以内将家庭暴力事件通报表和老人保护事件通报表传送给家庭暴力防治中心和社会处即可。

（3）当地主管机关［区（乡）公所］接到通报之后的处理

①受理通报，立即处理或者前往访问调查，了解受虐老人的身份，主要案情，评估受虐老人的需求；

②对有需要"紧急处遇"的老人应当进行紧急安置和医疗救助；若受虐老人若为外地老人，应当遵循"在地老化"的精神，接到通报的主管机关（区（乡）公所）可以请求老人户籍所在地的主管机关（区（乡）公所）的协助，同时确定后续老人保护个案追踪辅导处置机关。

③对于不需要"紧急处遇"的受虐老人，应当实施"一般处遇"计划，主要内容包括：

A. 警察机关应当协助区公所或者乡公所对受虐老人进行身份确认，对受虐老人的家庭进行访查；

B. 卫生医疗机构负责确认受虐老人的身体健康状况，进行医疗救助，积极帮助受虐老人连接老人照顾中心等资源；

C. 社会处应当协助区（乡）公所链接资源，为受虐老人申请相关福利服务。

D. 民政机关以及户政单位，应当查清受虐老人及直系血亲或其他亲属的户籍资料；

E. 区（乡）公所负责的事项包括：

a. 为受虐老人提供咨询服务，心理辅导；

b. 提供法律服务；

c. 协助老人寻找家属；

d. 对于低收入的受虐老人，进行"低收入安置"；

e. 为受虐老人连接民间资源，对于可以转介到其他民间团体的受虐老人，可以转介；

　　f. 根据老人申请或依职权给予适当保护。

　　④结案

　　区（乡）公所对于老人保护案件的结案标准是根据受虐老人是否得到妥善照顾为标准，如果受虐老人得到了妥善照顾，就此结案。如果受虐老人没有得到妥善救助，区（乡）公所就会对受虐老人再次进行评估，整合资源，直到老人得到妥善照顾为止。

　　4. 总结

　　老人保护是一项庞大而复杂的工程，"老人福利法"旨在通过建立一个从中央到地方的纵向保护体系和在以地方政府为中心，警察机关、医疗机构、户政机关、民政机关等机关相互配合而构建的横向老人保护体系。"老人福利法"及"老人保护通报及处理办法"详细规定了老人保护案件的处理流程。可以说，在法律制定上，受虐老人已经有了较为完善的救济机制，如何将这些法律规定落实，则是台湾老人保护工作面对的严峻挑战。

（四）典型案例

1. 徐奶奶遭受家庭经济虐待、疏忽案[1]

受虐者：台湾云林县 85 岁徐奶奶

施虐者：外孙、外孙女

虐待事实及发现经过：

　　徐奶奶常年与外孙、外孙女居住在一起，她的老伴儿和领养的女儿、女婿都已经过世。现在外孙和外孙女负责照顾她，徐奶奶把所有的老人津贴都交由外孙和外孙女保管。谁知外孙和外孙女在拿到徐奶奶的存折以后，对徐奶奶不管不问，不给徐奶奶一分钱。县政府社会处的工作人员调查发现徐奶奶的养老津贴在第一时间都会被外孙女取走，户头只剩一块钱。在徐奶奶被社会处的工作人员安置后，云林县政府发放的重阳节敬老津贴 1000 元，外孙女也立刻取走，几小时后调查人员发现外孙女已经花完只剩 185 元。

　　同时，徐奶奶的外孙和外孙女不仅对徐奶奶实施经济上的虐待，还对徐奶奶实施身体上的虐待，徐奶奶的外孙女和孙子每天都只给徐奶奶很少的食物，

---

[1] 资料来源："8 旬老人遭不肖孙虐待瘦得皮包骨被绑床上喝发霉水"，http://tw.people.com.cn/n/2014/0928/c14657-25751444.html，最后访问日期：2018 年 1 月 23 日。

渴了就只能长满青苔的宝特瓶接自来水喝。社会处的工作人员发现徐奶奶时，徐奶奶的体重只剩30公斤，因为长期营养不良，导致徐奶奶连轮椅都没办法坐。

徐奶奶家的邻居发现虐待情况后通报给云林县社会处。附近邻居虽然平常也知晓老人遭受虐待的事实，但是出于"不多管闲事"的心态，很久没有通报。直到一位邻居实在看不下去了才给社会处的工作人员打电话进行求助。

应对措施：

接到通报之后，云林县社会处的工作人员立即前往徐奶奶家中进行紧急安置，将徐奶奶送往云林县疗养所进行照顾。徐奶奶到达疗养所后，获得了简单的身体检查，以及生活照顾。由于徐奶奶长期遭受虐待，所以在疗养所内，徐奶奶很能吃。

社会处的工作人员在对徐奶奶进行安置以后，随后前往徐奶奶家中对徐奶奶的外孙女和孙子调查是否存在经济虐待和身体虐待的事实。社会处的工作人员随后将本案移送给云林县警察局，调查两个外孙是否疏于照顾，再决定是否帮徐奶奶追讨被每月领走的7000元老农津贴。

总结：

本案中，徐奶奶受到的虐待形式是经济虐待和疏忽，由于这两种虐待形式具有很强的隐蔽性，在较短的时间内很难发现。本案的发现，是由于徐奶奶长期遭受虐待，导致体重下降到只有30公斤，她的邻居看不下去才通报有关机关进行处理，使徐奶奶及时得到了救助。因此，虐待老人案件的发现仍然在实务操作中遇到的很大问题。虽然"老人福利法"规定了公职人员在从事老人福利相关业务时具有通报的责任，但是仍然有很大的局限性。为了更好地保护受虐老人，在老人受虐的初期就应该及时介入，不能等到出现了严重后果才采取措施。

2. 康先生遭受疏忽案❶

受虐者：新北市淡水区康先生

施虐者：女儿

---

❶ 叶雪鹏：《无故弃养父母，罚款公告姓名》，载《证券暨期货月刊》第三十三卷第三期（2014年），第1页。

虐待事实及发现经过：

康先生居住在新北市淡水区某小区一栋公寓里，与其相伴的是一头不大会吵人的小白狗。康先生的老伴已经去世，只有一个女儿现在居住在美国，已经多年没有回家探望康先生了。康先生在日常生活中也很少与人交流，过着独来独往的生活。直到有一天晚上，老人突发"中风"晕倒在室内无人救助。

住在康先生对面的金先生第二天早上外出准备活动时，发现康先生的鞋柜上依然有昨天晚上未吃的便当，平日里康先生都会在晚上吃一份由便当店送来的便当。于是邻居金先生觉得情况不太好，便去敲康先生的门铃，门内只有小狗的叫唤声，金先生判断康先生在家中，只是由于某种原因无人应答。随后，金先生找到了小区所在地的里长和派出所。

应对措施：

警察和里长等人到齐后请锁匠打开门锁入内查看，之后发现康老先生躺在浴室地上神智虽然清楚，但身体动弹不得。随后警察通知消防局派救护车由警员陪同将老人送医。

为了保护康先生的财务不受侵犯，警察和里长将老人家中的财务整理封存后，由里长带回办公处保管；对于老人的小狗，则由邻居金先生代为照看；最后众人将门锁好后，贴上由在场人签名的封条将房屋暂为封闭，防止小偷入侵。

医院对康先生进行了紧急医治，发现他所患的疾病是心血管阻塞性的"中风"，但是情形并不严重。医院评估了老人的身体状况没有生命危险，经过一段时间就可以出院。只是老人右边半侧身体不听使唤，日常生活需要他人照顾，并要长时间的复健，才能恢复自理生活；在确定康先生在台湾没有其他亲人扶养的情况下；医院随后通报了新北市政府社会局，由社会局指派社工介入处理。

新北市社会处的介入康先生的个案后，直接与康先生讨论未来的处境何去何从。康先生明了自身的处境以后，向社工人员表明：自己目前的财力，这次医疗费用还有能力支付，也同意不再回到无人照顾生活的家，愿意由主管机关安排他住进老人赡养机构赡养。只是忧心未来漫无止境的赡养费用的着落。

社工人员告知康先生，还未来到的状况，就不必过于担心，应该放开心胸，面对现实。随后社工与康先生的女儿取得联系，经过社工耐心细致的沟通工作，女儿答应每个月汇给老人200美元作为赡养费用。未来老人出了医院，社工人员会安排他住进一定程度的养老院,让他安度晚年。

总结:

对于本案,许多人会存在疑问,将老人置于无人照看的境地也算虐待老人吗?根据"老人福利法"第4条的规定:老人因直系血亲或亲属或依契约对其有扶养义务之人有疏忽、虐待、遗弃等情事,致有生命、身体、健康或自由之危难,直辖市、县(市)主管机关得依老人申请或职权予以适当短期保护及安置。且根据前述部分关于虐待的分类中已经明确疏忽亦属于虐待老人。

康先生与女儿之间,具有"民法"上的"直系血亲"的亲属关系,当然具有扶养康先生的义务。康先生的女儿深受康先生的抚育厚恩,不仅让她出国留学,而且在美国也有体面的工作和不菲的收入。康先生如今处于如此危难的境地,他的女儿不管不问,首先就违背了中华民族关于尊老的传统美德;其次这种虐待老人的行为也被"老人福利法"所禁止。

本案中,康先生最终得到了很好的救助,结果也令人满意,这不仅有赖于邻里之间的互助,警察机关和里长在接到通报以后采取了及时的救助措施,医院对康先生进行了很好的救助,并且对康先生进行了后续的转介服务,社工人员采取专业的服务措施,充分尊重康先生的自主选择权,帮助他分析问题,解决问题,最后康先生得到了很好的安置。此案充分反映了"老人福利法"和"家庭暴力防治法"在防治虐待老人方面取得了很好的成效。

第四章 中国台湾地区防治虐待老人法律及其实施

附1：

台湾家庭暴力事件通报表

通报人	通报单位	□医院□诊所及卫生所□卫政□警政□社政□教育□司法□113防治中心□移民业务机关 □民政□老人福利机构□其他				
	通报人员	□医事人员□警察人员□社工人员□教育人员□保育人员□司法人员□移民业务人员□村（里）干事 □村（里）长□照顾服务员□老人福利机构人员□其他			
	单位名称		受理单位是否需回复通报单位：□是 □否		
	姓名	职称		电话	
	受理时间	年 月 日 时 分		通报时间	年 月 日 时 分
受保护/被害人	姓名	性别	□男 □女	出生日期	年 月 日	身份证统一编号（或护照号码）
	婚姻状态	□未婚□已婚□离婚□丧偶		有同住之未成年（孙）子女	□有，____人，关系：____ □无
	现属籍别	□本地籍非原住民〔□原籍非本地籍，原籍为□大陆籍□港澳地区籍□外国籍（□泰国□印度尼西亚□菲律宾□越南□柬埔寨□蒙古国□其他）〕 □本地籍原住民（□布农□排湾□赛夏□阿美□鲁凯□泰雅□卑南□达悟（雅美）□邹□邵□噶玛兰□太鲁阁□撒奇莱雅□赛德克□拉阿鲁哇□卡那卡那富□其他） □大陆籍□港澳地区籍□外国籍（□泰国□印度尼西亚□菲律宾□越南□柬埔寨□蒙古国□其他）□无国籍□数据不明				
	教育程度：□小学□初中□高中（职）□专科□大学□研究所以上□不识字□自修□不详				
	□领有身心障碍手册（□肢障□视障□听障□声（语）障□智障□精神障碍□多重障碍□失智症□其他） □领有身心障碍证明（请注明身心障碍证明的障碍类别及ICD诊断） □疑似身心障碍者（□肢障□视障□听障□声（语）障□智障□精神障碍□多重障碍□失智症□其他） □非身心障碍者				
	职业：□学生□服务业□专门职业□农林渔牧□工矿业□商业□公□教□军□警□家庭管理□退休□无工作□其他□不详				
	户籍地址： 县（市）乡（镇、市、区）村（里）邻 路（街、道）段 巷 弄 号之 楼				
	联络地址： 县（市）乡（镇、市、区）村（里）邻 路（街、道）段 巷 弄 号之 楼				
	电话：【宅】【公】 【手机】				
	方便联络时间： 方便联系方式：				
	安全联络人姓名： 电话：【宅】【公】 【手机】与受保护（被害）人关系：				

— 151 —

续表

通报人	通报单位	□医院□诊所及卫生所□卫政□警政□社政□教育□司法□113□防治中心□移民业务机关 □民政□老人福利机构□其他				
^	通报人员	□医事人员□警察人员□社工人员□教育人员□保育人员□司法人员□移民业务人员□村（里）干事 □村（里）长□照顾服务员□老人福利机构人员□其他				
^	单位名称		受理单位是否需回复通报单位：□是　□否			
^	姓名		职称		电话	
^	受理时间	年　月　日　时　分			通报时间	年　月　日　时　分
相对人	姓名		性别	□男□女	出生日期　年　月　日	身份证统一编号（或护照号码）
^	现属籍别	□本地籍非原住民［□原籍非本地籍，原籍为：□大陆籍□港澳地区籍□外国籍（□泰国□印度尼西亚□菲律宾□越南□柬埔寨□蒙古国□其他）］ □本地籍原住民（□布农□排湾□赛夏□阿美□鲁凯□泰雅□卑南□达悟（雅美）□邹□邵□噶玛兰□太鲁阁□撒奇莱雅□赛德克□拉阿鲁哇□卡那卡那富□其他） □大陆籍□港澳地区籍□外国籍（□泰国□印度尼西亚□菲律宾□越南□柬埔寨□蒙古国□其他） □无国籍□数据不明				
^	教育程度：□小学□初中□高中（职）□专科□大学□研究所以上□不识字□自修□不详						
^	□领有身心障碍手册（□肢障□视障□听障□声（语）障□智障□精神障碍□多重障碍□失智症□其他 □领有身心障碍证明（请注明身心障碍证明的障碍类别及ICD诊断） □疑似身心障碍者（□肢障□视障□听障□声（语）障□智障□精神障碍□多重障碍□失智症□其他 □非身心障碍者						
^	职业：□学生□服务业□专门职业□农林渔牧□工矿业□商业□公□教□军□警□家庭管理□退休□无工作□其他□不详						
^	有无下列情事？□无□有（□酗酒□施用毒品□自杀意念□自杀行为（倘有自杀意念或行为请并传自杀高风险个案转介单）□公共危险行为（倘相对人有开瓦斯、预备汽油桶、纵火等行为，请立即报警）□其他）□不确定						
^	户籍地址：　县（市）乡（镇、市、区）村（里）邻　路（街、道）段　巷　弄　号之　楼						
^	联络地址：　县（市）乡（镇、市、区）村（里）邻　路（街、道）段　巷　弄　号之　楼						
^	电话：【宅】　【公】　【手机】						
^	其他可联络之亲友：　电话：【宅】　【公】　【手机】						
案件类型	□家庭暴力事件［含亲密关系暴力，直系血（姻）亲卑亲属虐待尊亲属，及其他家庭成员间暴力］，请续填【表1】 □老人保护事件（含疏忽、遗弃、依契约对其有扶养义务之人施虐或无人扶养，致其有生命、身体、健康或自由之危难者），请续填【表2】						

第四章 中国台湾地区防治虐待老人法律及其实施

附2：

台湾老人保护事件通报表

具体事实

老人姓名：
一、发生时间：　　年　月　日　时
二、发生地点：□家中□老人福利机构□公共场所□其他：（请说明）
三、案情陈述：
1. 案发经过：

2. 案件类型：□遭直系血亲卑亲属疏忽、遗弃，致有生命、身体、健康或自由之危难
□依契约对其有扶养照顾义务之人疏忽、虐待、遗弃致有生命、身体、健康或自由之危难
相对人为：□机构人员（机构名称＿＿＿＿，地址：＿＿＿＿）□照顾服务员□看护工□其他＿＿＿＿
□因无人扶养，致有生命、身体之危难或生活陷于困境
□其他：＿＿＿＿＿＿＿＿＿＿＿＿＿＿＿＿＿＿（请叙明）
3. 老人受暴型态（可复选）：□疏忽□身体虐待□精神虐待□遗弃□财务侵占/榨取□无人扶养□其他：＿＿＿＿
4. 老人受伤程度：□未受伤□无明显伤势□有明显伤势：＿＿＿＿＿（叙明部位）□重伤需住院治疗：＿＿＿＿（叙明原因）□死亡
5. 老人是否有自杀意念：□否□是（请并传自杀高风险个案转介单）
6. 老人是否有自杀行为：□否□是（请并传自杀高风险个案转介单）
7. 本事件是否涉及公共危险案件：□否□是（倘涉及开瓦斯、预备汽油桶、纵火等行为，请立即报警）
8. 其他补充内容（如曾求助对象或单位、相关评估意见等）：

协助事项及相关意见

一、老人后续是否愿意社工介入协助？□愿意　□不愿意，理由：
二、已协助事项：□紧急送医　□协助报案□保护安置□与被害人讨论安全计划□提供相关福利资源
□自杀通报□其他（请说明:)
三、老人后续需要协助事项：□无□就医诊疗□协助报案□保护安置　□经济扶助□法律扶助
□协寻家属
□声请监护宣告或辅助宣告　□心理治疗与辅导　□就业协助　□家属协调　□其他（请说明）：
四、需立即联系社工案件：有下列情形之一者，除传真本通报表或以网络（网址：http://ecare.mohw.gov.tw/）通报外，建议立即以电话联系当地社工员评估处理。
□经评估老人处于高危险情境者。
□老人有受暴事实，经认无其他安全支持网络可协助，需紧急安置或拟定其他安全计划。
□其他（请叙明）：＿＿＿＿＿＿＿

填表说明	一、依"老人福利法"第43条规定，各相关人员在执行职务时知疑有老人保护情事，应立即通报当地主管机关。 二、通报单位应主动确认受理单位是否收到通报，通报单位须自存乙份。 三、通报时应注意维护被害人之秘密及隐私，不得泄露或公开。

— 153 —

附 3：

"家庭暴力防治法"（全文）

第一章 通 则

第 1 条（立法宗旨）
为防治家庭暴力行为及保护被害人权益，特制定本法。

第 2 条（用词定义）
本法用词定义如下：

一、家庭暴力：指家庭成员间实施身体、精神或经济上之骚扰、控制、胁迫或其他不法侵害之行为。

二、家庭暴力罪：指家庭成员间故意实施家庭暴力行为而成立其他法律所规定之犯罪。

三、目睹家庭暴力：指看见或直接听闻家庭暴力。

四、骚扰：指任何打扰、警告、嘲弄或辱骂他人之言语、动作或制造使人心生畏怖情境之行为。

五、跟踪：指任何以人员、车辆、工具、设备、电子通讯或其他方法持续性监视、跟追或掌控他人行踪及活动之行为。

六、加害人处遇计划：指对于加害人实施之认知教育辅导、亲职教育辅导、心理辅导、精神治疗、戒瘾治疗或其他辅导、治疗。

第 3 条（家庭成员定义）
本法所定家庭成员，包括下列各员及其未成年子女：

一、配偶或前配偶。

二、现有或曾有同居关系、家长家属或家属间关系者。

三、现为或曾为直系血亲或直系姻亲。

四、现为或曾为四亲等以内之旁系血亲或旁系姻亲。

第 4 条（主管机关）
本法所称主管机关：在"中央"为卫生福利部；在直辖市为直辖市政府；在县（市）为县（市）政府。

本法所定事项，主管机关及目的事业主管机关应就其权责范围，针对家庭暴力防治之需要，尊重多元文化差异，主动规划所需保护、预防及倡导措施，对涉及相关机关之防治业务，并应全力配合之，其权责事项如下：

一、主管机关：家庭暴力防治政策之规划、推动、监督、订定跨机关（构）合作规范及定期公布家庭暴力相关统计等事宜。

二、卫生主管机关：家庭暴力被害人验伤、采证、身心治疗、咨商及加害人处遇等相关事宜。

三、教育主管机关：各级学校家庭暴力防治教育、目睹家庭暴力老人及少年之辅导措施、家庭暴力被害人及其子女就学权益之维护等相关事宜。

四、劳工主管机关：家庭暴力被害人职业训练及就业服务等相关事宜。

五、警政主管机关：家庭暴力被害人及其未成年子女人身安全之维护及紧急处理、家庭暴力犯罪侦查与刑事案件数据统计等相关事宜。

六、法务主管机关：家庭暴力犯罪之侦查、矫正及再犯预防等刑事司法相关事宜。

七、移民主管机关：设籍前之外籍、大陆或港澳配偶因家庭暴力造成逾期停留、居留及协助其在台居留或定居权益维护等相关事宜。

八、文化主管机关：出版品违反本法规定之处理等相关事宜。

九、通讯传播主管机关：广播、电视及其他通讯传播媒体违反本法规定之处理等相关事宜。

十、户政主管机关：家庭暴力被害人与其未成年子女身分资料及户籍等相关事宜。

十一、其他家庭暴力防治措施，由相关目的事业主管机关依职权办理。

第5条（"中央"主管机关办理事项）

"中央"主管机关应办理下列事项：

一、研拟家庭暴力防治法规及政策。

二、协调、督导有关机关家庭暴力防治事项之执行。

三、提高家庭暴力防治有关机构之服务效能。

四、督导及推展家庭暴力防治教育。

五、协调被害人保护计划及加害人处遇计划。

六、协助公立、私立机构建立家庭暴力处理程序。

七、统筹建立、管理家庭暴力电子数据库，供法官、检察官、警察、医师、护理人员、心理师、社会工作人员及其他政府机关使用，并对被害人之身分予以保密。

八、协助地方政府推动家庭暴力防治业务，并提供辅导及补助。

九、每四年对家庭暴力问题、防治现况成效与需求进行调查分析，并定期公布家庭暴力致死人数、各项补助及医疗救护支出等相关之统计分析资料。各相关单位应配合调查，提供统计及分析资料。

十、其他家庭暴力防治有关事项。

"中央"主管机关办理前项事项，应遴聘（派）学者专家、民间团体及相关机关代表提供咨询，其中学者专家、民间团体代表之人数，不得少于总数二分之一；且任一性别人数不得少于总数三分之一。

第一项第七款规定电子数据库之建立、管理及使用办法，由中央主管机关定之。

第 6 条（家庭暴力及性侵害防治基金之设置）

"中央"主管机关为加强推动家庭暴力及性侵害相关工作，应设置基金；其收支保管及运用办法，由行政院定之。

前项基金来源如下：

一、政府预算拨充。

二、缓起诉处分金。

三、认罪协商金。

四、本基金之孳息收入。

五、受赠收入。

六、依本法所处之罚款。

七、其他相关收入。

第 7 条（家庭暴力防治委员会之设置）

直辖市、县（市）主管机关为协调、研究、审议、咨询、督导、考核及推动家庭暴力防治工作，应设家庭暴力防治委员会；其组织及会议事项，由直辖市、县（市）主管机关定之。

第 8 条（家庭暴力防治中心办理事项）

直辖市、县（市）主管机关应整合所属警政、教育、卫生、社政、民政、户政、劳工、新闻等机关、单位业务及人力，设立家庭暴力防治中心，并协调司法、移民相关机关，办理下列事项：

一、提供二十四小时电话专线服务。

二、提供被害人二十四小时紧急救援、协助诊疗、验伤、采证及紧急安置。

三、提供或转介被害人经济扶助、法律服务、就学服务、住宅辅导，并以阶段性、支持性及多元性提供职业训练与就业服务。

四、提供被害人及其未成年子女短、中、长期庇护安置。

五、提供或转介被害人、经评估有需要之目睹家庭暴力老人及少年或家庭成员身心治疗、咨商、社会与心理评估及处置。

六、转介加害人处遇及追踪辅导。

七、追踪及管理转介服务案件。

八、推广家庭暴力防治教育、训练及倡导。

九、办理危险评估，并召开跨机构网络会议。

十、其他家庭暴力防治有关之事项。

前项中心得与性侵害防治中心合并设立，并应配置社会工作、警察、卫生及其他相关专业人员；其组织，由直辖市、县（市）主管机关定之。

第二章　民事保护令

第一节　声请及审理

第 9 条（保护令）

民事保护令（以下简称保护令）分为通常保护令、暂时保护令及紧急保护令。

第 10 条（保护令之声请）

被害人得向法院声请通常保护令、暂时保护令；被害人为未成年人、身心障碍者或因故难以委任代理人者，其法定代理人、三亲等以内之血亲或姻亲，得为其向法院声请之。

检察官、警察机关或直辖市、县（市）主管机关得向法院声请保护令。

保护令之声请、撤销、变更、延长及抗告，均免征裁判费，并准用民事诉讼法第七十七条之二十三第四项规定。

第 11 条（保护令声请之管辖）

保护令之声请，由被害人之住居所地、相对人之住居所地或家庭暴力发生地之地方法院管辖。

前项地方法院，于设有少年及家事法院地区，指少年及家事法院。

第 12 条（保护令之声请）

保护令之声请，应以书面为之。但被害人有受家庭暴力之急迫危险者，检察官、警察机关或直辖市、县（市）主管机关，得以言词、电信传真或其他科技设备传送之方式声请紧急保护令，并得于夜间或休息日为之。

前项声请得不记载声请人或被害人之住居所，仅记载其送达处所。

法院为定管辖权，得调查被害人之住居所。经声请人或被害人要求保密被害人之住居所，法院应以秘密方式讯问，将该笔录及相关数据密封，并禁止阅览。

第13条（保护令事件之审理）

声请保护令之程序或要件有欠缺者，法院应以裁定驳回之。但其情形可以补正者，应定期间先命补正。

法院得依职权调查证据，必要时得隔别讯问。

前项隔别讯问，必要时得依声请或依职权在法庭外为之，或采有声音及影像相互传送之科技设备或其他适当隔离措施。

被害人得于审理时，声请其亲属或个案辅导之社工人员、心理师陪同被害人在场，并得陈述意见。

保护令事件之审理不公开。

法院于审理终结前，得听取直辖市、县（市）主管机关或社会福利机构之意见。

保护令事件不得进行调解或和解。

法院受理保护令之声请后，应即行审理程序，不得以当事人间有其他案件侦查或诉讼系属为由，推迟核发保护令。

第14条（通常保护令之核发）

法院于审理终结后，认有家庭暴力之事实且有必要者，应依声请或依职权核发包括下列一款或数款之通常保护令：

一、禁止相对人对于被害人、目睹家庭暴力老人及少年或其特定家庭成员实施家庭暴力。

二、禁止相对人对于被害人、目睹家庭暴力老人及少年或其特定家庭成员为骚扰、接触、跟踪、通话、通信或其他非必要之联络行为。

三、命相对人迁出被害人、目睹家庭暴力老人及少年或其特定家庭成员之住居所；必要时，并得禁止相对人就该不动产为使用、收益或处分行为。

四、命相对人远离下列场所特定距离：被害人、目睹家庭暴力老人及少年或其特定家庭成员之住居所、学校、工作场所或其他经常出入之特定场所。

五、定汽车、机车及其他个人生活上、职业上或教育上必需品之使用权；必要时，并得命交付之。

六、定暂时对未成年子女权利义务之行使或负担，由当事人之一方或双方共同任之、行使或负担之内容及方法；必要时，并得命交付子女。

七、定相对人对未成年子女会面交往之时间、地点及方式；必要时，并得禁止会面交往。

八、命相对人给付被害人住居所之租金或被害人及其未成年子女之扶养费。

九、命相对人交付被害人或特定家庭成员之医疗、辅导、庇护所或财物损害等费用。

十、命相对人完成加害人处遇计划。

十一、命相对人负担相当之律师费用。

十二、禁止相对人查阅被害人及受其暂时监护之未成年子女户籍、学籍、所得来源相关信息。

十三、命其他保护被害人、目睹家庭暴力老人及少年或其特定家庭成员之必要命令。

法院为前项第六款、第七款裁定前，应考虑未成年子女之最佳利益，必要时并得征询未成年子女或社会工作人员之意见。

第一项第十款之加害人处遇计划，法院得径命相对人接受认知教育辅导、亲职教育辅导及其他辅导，并得命相对人接受有无必要施以其他处遇计划之鉴定；直辖市、县（市）主管机关得于法院裁定前，对处遇计划之实施方式提出建议。

第一项第十款之裁定应载明处遇计划完成期限。

第 15 条（通常保护令之效力）

通常保护令之有效期间为二年以下，自核发时起生效。

通常保护令失效前，法院得依当事人或被害人之声请撤销、变更或延长之。延长保护令之声请，每次延长期间为二年以下。

检察官、警察机关或直辖市、县（市）主管机关得为前项延长保护令之声请。

通常保护令所定之命令，于期间届满前经法院另为裁判确定者，该命令失其效力。

第 16 条（暂时保护令或紧急保护令之核发）

法院核发暂时保护令或紧急保护令，得不经审理程序。

法院为保护被害人，得于通常保护令审理终结前，依声请或依职权核发暂时保护令。

法院核发暂时保护令或紧急保护令时，得依声请或依职权核发第十四条第一项第一款至第六款、第十二款及第十三款之命令。

法院于受理紧急保护令之声请后，依声请人到庭或电话陈述家庭暴力之事实，足认被害人有受家庭暴力之急迫危险者，应于四小时内以书面核发紧急保护令，并得以电信传真或其他科技设备传送紧急保护令予警察机关。

声请人于声请通常保护令前声请暂时保护令或紧急保护令，其经法院准许核发者，视为已有通常保护令之声请。

暂时保护令、紧急保护令自核发时起生效，于声请人撤回通常保护令之声请、法院审理终结核发通常保护令或驳回声请时失其效力。

暂时保护令、紧急保护令失效前，法院得依当事人或被害人之声请或依职权撤销或变更之。

第 17 条（命远离被害人保护令之效力）

法院对相对人核发第十四条第一项第三款及第四款之保护令，不因被害人、目睹家庭暴力老人及少年或其特定家庭成员同意相对人不迁出或不远离而失其效力。

第 18 条（保护令送达当事人之时限）

保护令除紧急保护令外，应于核发后二十四小时内发送当事人、被害人、警察机关及直辖市、县（市）主管机关。

直辖市、县（市）主管机关应登录法院所核发之保护令，并供司法及其他执行保护令之机关查阅。

第 19 条（提供安全出庭之环境与措施）

法院应提供被害人或证人安全出庭之环境与措施。

直辖市、县（市）主管机关应于所在地地方法院自行或委托民间团体设置家庭暴力事件服务处所，法院应提供场所、必要之软硬件设备及其他相关协助。但离岛法院有碍难情形者，不在此限。

前项地方法院，于设有少年及家事法院地区，指少年及家事法院。

第 20 条（保护令之程序及裁定）

保护令之程序，除本章别有规定外，适用家事事件法有关规定。

关于保护令之裁定，除有特别规定者外，得为抗告；抗告中不停止执行。

第二节 执 行

第 21 条（保护令之执行）

保护令核发后，当事人及相关机关应确实遵守，并依下列规定办理：

一、不动产之禁止使用、收益或处分行为及金钱给付之保护令，得为强制执行名义，由被害人依强制执行法声请法院强制执行，并暂免征收执行费。

二、于直辖市、县（市）主管机关所设处所为未成年子女会面交往，及由直辖市、县（市）主管机关或其所属人员监督未成年子女会面交往之保护令，由相对人向直辖市、县（市）主管机关申请执行。

三、完成加害人处遇计划之保护令，由直辖市、县（市）主管机关执行之。

四、禁止查阅相关信息之保护令，由被害人向相关机关申请执行。

五、其他保护令之执行，由警察机关为之。

前项第二款及第三款之执行，必要时得请求警察机关协助之。

第 22 条（保护被害人或相对人之住居所）

警察机关应依保护令，保护被害人至被害人或相对人之住居所，确保其安全占有住居所、汽车、机车或其他个人生活上、职业上或教育上必需品。

前项汽车、机车或其他个人生活上、职业上或教育上必需品，相对人应依保护令交付而未交付者，警察机关得依被害人之请求，进入住宅、建筑物或其他目标物所在处所解除相对人之占有或扣留取交被害人。

第 23 条（必需品相对人应交付有关凭证）

前条所定必需品，相对人应一并交付有关证照、书据、印章或其他凭证而未交付者，警察机关得将之取交被害人。

前项凭证取交无着时，其属被害人所有者，被害人得向相关主管机关申请变更、注销或补行发给；其属相对人所有而为行政机关制发者，被害人得请求原核发机关发给保护令有效期间之代用凭证。

第 24 条（强制执行）

义务人不依保护令交付未成年子女时，权利人得声请警察机关限期命义务人交付，届期未交付者，命交付未成年子女之保护令得为强制执行名义，由权利人声请法院强制执行，并暂免征收执行费。

第 25 条（执行机关或权利人得声请变更保护令）

义务人不依保护令之内容办理未成年子女之会面交往时，执行机关或权利人得依前条规定办理,并得向法院声请变更保护令。

第 26 条（未成年子女户籍迁徙登记之申请）

当事人之一方依第十四条第一项第六款规定取得暂时对未成年子女权利义务之行使或负担者,得持保护令径向户政机关申请未成年子女户籍迁徙登记。

第 27 条（声明异议）

当事人或利害关系人对于执行保护令之方法、应遵行之程序或其他侵害利益之情事,得于执行程序终结前,向执行机关声明异议。

前项声明异议,执行机关认其有理由者,应即停止执行并撤销或更正已为之执行行为;认其无理由者,应于十日内加具意见,送原核发保护令之法院裁定之。

对于前项法院之裁定,不得抗告。

第 28 条（外国法院保护令声请之执行或驳回）

外国法院关于家庭暴力之保护令,经声请"中华民国"法院裁定承认后,得执行之。

当事人声请法院承认之外国法院关于家庭暴力之保护令,有民事诉讼法第四百零二条第一项第一款至第三款所列情形之一者,法院应驳回其声请。

外国法院关于家庭暴力之保护令,其核发地国对于中华民国法院之保护令不予承认者,法院得驳回其声请。

第三章　刑事程序

第 29 条（家庭暴力罪现行犯或嫌疑重大者应径行逮捕或拘提）

警察人员发现家庭暴力罪之现行犯时,应径行逮捕之,并依刑事诉讼法第九十二条规定处理。

检察官、司法警察官或司法警察侦查犯罪认被告或犯罪嫌疑人犯家庭暴力罪或违反保护令罪嫌疑重大,且有继续侵害家庭成员生命、身体或自由之危险,而情况急迫者,得径行拘提之。

前项拘提,由检察官亲自执行时,得不用拘票;由司法警察官或司法警察执行时,以其急迫情形不及报请检察官者为限,于执行后,应即报请检察官签发拘票。如检察官不签发拘票时,应即将被拘提人释放。

第 30 条（径行拘提或签发拘票时应注意事项）

检察官、司法警察官或司法警察依前条第二项、第三项规定径行拘提或签发拘票时，应审酌一切情状，尤应注意下列事项：

一、被告或犯罪嫌疑人之暴力行为已造成被害人身体或精神上伤害或骚扰，不立即隔离者，被害人或其家庭成员生命、身体或自由有遭受侵害之危险。

二、被告或犯罪嫌疑人有长期连续实施家庭暴力或有违反保护令之行为、酗酒、施用毒品或滥用药物之习惯。

三、被告或犯罪嫌疑人有利用凶器或其他危险物品恐吓或施暴行于被害人之纪录，被害人有再度遭受侵害之虞者。

四、被害人为老人、少年、老人、身心障碍或具有其他无法保护自身安全之情形。

第 30 条之 1（犯违反保护令者有反复实行犯罪之虞，必要时得羁押之）

被告经法官讯问后，认为犯违反保护令者、家庭成员间故意实施家庭暴力行为而成立之罪，其嫌疑重大，有事实足认有反复实行前开犯罪之虞，而有羁押之必要者，得羁押之。

第 31 条（无羁押必要之被告得附条件命其遵守）

家庭暴力罪或违反保护令罪之被告经检察官或法院讯问后，认无羁押之必要，而命具保、责付、限制住居或释放者，对被害人、目睹家庭暴力老人及少年或其特定家庭成员得附下列一款或数款条件命被告遵守：

一、禁止实施家庭暴力。

二、禁止为骚扰、接触、跟踪、通话、通信或其他非必要之联络行为。

三、迁出住居所。

四、命相对人远离其住居所、学校、工作场所或其他经常出入之特定场所特定距离。

五、其他保护安全之事项。

前项所附条件有效期间自具保、责付、限制住居或释放时起生效，至刑事诉讼终结时为止，最长不得逾一年。

检察官或法院得依当事人之声请或依职权撤销或变更依第一项规定所附之条件。

第 32 条（被告违反条件，检查官或法院得为之行为）

被告违反检察官或法院依前条第一项规定所附之条件者，检察官或法院得撤销原处分，另为适当之处分；如有缴纳保证金者，并得没入其保证金。

被告违反检察官或法院依前条第一项第一款所定应遵守之条件，犯罪嫌疑重大，且有事实足认被告有反复实施家庭暴力行为之虞，而有羁押之必要者，侦查中检察官得声请法院羁押之；审判中法院得命羁押之。

第 33 条（得命停止羁押之被告遵守条件）

第三十一条及前条第一项规定，于羁押中之被告，经法院裁定停止羁押者，准用之。

停止羁押之被告违反法院依前项规定所附之条件者，法院于认有羁押必要时，得命再执行羁押。

第 34 条（附条件处分或裁定应以书面为之）

检察官或法院为第三十一条第一项及前条第一项之附条件处分或裁定时，应以书面为之，并送达于被告、被害人及被害人住居所所在地之警察机关。

第 34 条之 1（法院或检察官应实时通报被害人所在地之警察机关及家庭暴力防治中心之情形）

法院或检察署有下列情形之一，应实时通知被害人所在地之警察机关及家庭暴力防治中心：

一、家庭暴力罪或违反保护令罪之被告解送法院或检察署经检察官或法官讯问后，认无羁押之必要，而命具保、责付、限制住居或释放者。

二、羁押中之被告，经法院撤销或停止羁押者。

警察机关及家庭暴力防治中心于接获通知后，应立即通知被害人或其家庭成员。

前二项通知应于被告释放前通知，且得以言词、电信传真或其他科技设备传送之方式通知。但被害人或其家庭成员所在不明或通知显有困难者，不在此限。

第 35 条（警员发现被告违反条件应即报告）

警察人员发现被告违反检察官或法院依第三十一条第一项、第三十三条第一项规定所附之条件者，应即报告检察官或法院。第二十九条规定，于本条情形，准用之。

第 36 条（讯问或诘问采取适当隔离措施）

对被害人之讯问或诘问，得依声请或依职权在法庭外为之，或采取适当隔离措施。

警察机关于询问被害人时，得采取适当之保护及隔离措施。

第 36 条之 1（被害人于侦察讯问时，得自行指定其陪同人员，该陪同人并得陈述意见）

被害人于侦查中受讯问时，得自行指定其亲属、医师、心理师、辅导人员或社工人员陪同在场，该陪同人并得陈述意见。

被害人前项之请求，检察官除认其在场有妨碍侦查之虞者，不得拒绝之。陪同人之席位应设于被害人旁。

第36条之2（被害人受讯问前，检察官应告知得自行选任符合资格之人陪同在场）

被害人受讯问前，检察官应告知被害人得自行选任符合第三十六条之一资格之人陪同在场。

第37条（起诉书、裁定书或判决书等应送达于被害人）

对于家庭暴力罪或违反保护令罪案件所为之起诉书、声请简易判决处刑书、不起诉处分书、缓起诉处分书、撤销缓起诉处分书、裁定书或判决书，应送达于被害人。

第38条（缓刑期内付保护管束者应遵守之事项）

犯家庭暴力罪或违反保护令罪而受缓刑之宣告者，在缓刑期内应付保护管束。

法院为前项缓刑宣告时，除显无必要者外，应命被告于付缓刑保护管束期间内，遵守下列一款或数款事项：

一、禁止实施家庭暴力。

二、禁止对被害人、目睹家庭暴力老人及少年或其特定家庭成员为骚扰、接触、跟踪、通话、通信或其他非必要之联络行为。

三、迁出被害人、目睹家庭暴力老人及少年或其特定家庭成员之住居所。

四、命相对人远离下列场所特定距离：被害人、目睹家庭暴力老人及少年或其特定家庭成员之住居所、学校、工作场所或其他经常出入之特定场所。

五、完成加害人处遇计划。

六、其他保护被害人、目睹家庭暴力老人及少年或其特定家庭成员安全之事项。

法院依前项第五款规定，命被告完成加害人处遇计划前，得准用第十四条第三项规定。

法院为第一项之缓刑宣告时，应即通知被害人及其住居所所在地之警察机关。

受保护管束人违反第二项保护管束事项情节重大者，撤销其缓刑之宣告。

第39条（假释付保护管束者应遵守事项）

前条规定，于受刑人经假释出狱付保护管束者，准用之。

第40条［直辖市、县（市）主管机关或警察机关执行］

检察官或法院依第三十一条第一项、第三十三条第一项、第三十八条第二项或前条规定所附之条件，得通知直辖市、县（市）主管机关或警察机关执行之。

第41条（受刑人之处遇计划）

法务部应订定并执行家庭暴力罪或违反保护令罪受刑人之处遇计划。

前项计划之订定及执行之相关人员，应接受家庭暴力防治教育及训练。

第42条（受刑人出狱日期或脱逃应通知被害人）

矫正机关应将家庭暴力罪或违反保护令罪受刑人预定出狱之日期通知被害人、其住居所所在地之警察机关及家庭暴力防治中心。但被害人之所在不明者，不在此限。

受刑人如有脱逃之事实，矫正机关应立即为前项之通知。

第四章　父母子女

第43条（推定加害人不适负担子女之权利义务）

法院依法为未成年子女酌定或改定权利义务之行使或负担之人时，对已发生家庭暴力者，推定由加害人行使或负担权利义务不利于该子女。

第44条（为子女之最佳利益改定裁判）

法院依法为未成年子女酌定或改定权利义务之行使或负担之人或会面交往之裁判后，发生家庭暴力者，法院得依被害人、未成年子女、直辖市、县（市）主管机关、社会福利机构或其他利害关系人之请求，为子女之最佳利益改定之。

第45条（加害人会面其子女时得为之命令）

法院依法准许家庭暴力加害人会面交往其未成年子女时，应审酌子女及被害人之安全，并得为下列一款或数款命令：

一、于特定安全场所交付子女。

二、由第三人或机关、团体监督会面交往，并得定会面交往时应遵守之事项。

三、完成加害人处遇计划或其他特定辅导为会面交往条件。

四、负担监督会面交往费用。

五、禁止过夜会面交往。

六、准时、安全交还子女，并缴纳保证金。

七、其他保护子女、被害人或其他家庭成员安全之条件。

法院如认有违背前项命令之情形，或准许会面交往无法确保被害人或其子女之安全者，得依声请或依职权禁止之。如违背前项第六款命令，并得没入保证金。

法院于必要时，得命有关机关或有关人员保密被害人或子女住居所。

第 46 条（会面交往处所或委托其他机关、团体办理）

直辖市、县（市）主管机关应设未成年子女会面交往处所或委托其他机关（构）、团体办理。

前项处所，应有受过家庭暴力安全及防制训练之人员；其设置、监督会面交往与交付子女之执行及收费规定，由直辖市、县（市）主管机关定之。

第 47 条（得进行和解或调解之情形）

法院于诉讼或调解程序中如认为有家庭暴力之情事时，不得进行和解或调解。但有下列情形之一者，不在此限：

一、行和解或调解之人曾受家庭暴力防治之训练并以确保被害人安全之方式进行和解或调解。

二、准许被害人选定辅助人参与和解或调解。

三、其他行和解或调解之人认为能使被害人免受加害人胁迫之程序。

第五章 预防及处遇

第 48 条（警员处理家庭暴力案件可采取之方法）

警察人员处理家庭暴力案件，必要时应采取下列方法保护被害人及防止家庭暴力之发生：

一、于法院核发紧急保护令前，在被害人住居所守护或采取其他保护被害人或其家庭成员之必要安全措施。

二、保护被害人及其子女至庇护所或医疗机构。

三、告知被害人其得行使之权利、救济途径及服务措施。

四、查访并告诫相对人。

五、访查被害人及其家庭成员，并提供必要之安全措施。

警察人员处理家庭暴力案件，应制作书面记录；其格式，由中央警政主管机关定之。

第49条（请求警察机关提供必要之协助）

医事人员、社会工作人员、教育人员及保育人员为防治家庭暴力行为或保护家庭暴力被害人之权益，有受到身体或精神上不法侵害之虞者，得请求警察机关提供必要之协助。

第50条（执行人员知有疑似家庭暴力情事者应予通报）

医事人员、社会工作人员、教育人员、保育人员、警察人员、移民业务人员及其他执行家庭暴力防治人员，在执行职务时知有疑似家庭暴力，应立即通报当地主管机关，至迟不得逾二十四小时。

前项通报之方式及内容，由中央主管机关定之；通报人之身份资料，应予保密。

主管机关接获通报后，应即行处理，并评估有无老人及少年目睹家庭暴力之情事；必要时得自行或委请其他机关（构）、团体进行访视、调查。

主管机关或受其委请之机关（构）或团体进行访视、调查时，得请求警察机关、医疗（事）机构、学校、公寓大厦管理委员会或其他相关机关（构）协助，被请求者应予配合。

第50条之1（被害人及其未成年子女身份信息之保护）

宣传品、出版品、广播、电视、因特网或其他媒体，不得报导或记载被害人及其未成年子女之姓名，或其他足以识别被害人及其未成年子女身份之信息。但经有行为能力之被害人同意、犯罪侦查机关或司法机关依法认为有必要者，不在此限。

第51条（拨打专线得追查其电话号码及地址之情形）

直辖市、县（市）主管机关对于拨打依第八条第一项第一款设置之二十四小时电话专线者，于有下列情形之一时，得追查其电话号码及地址：

一、为免除当事人之生命、身体、自由或财产上之急迫危险。

二、为防止他人权益遭受重大危害而有必要。

三、无正当理由拨打专线电话，致妨害公务执行。

四、其他为增进公共利益或防止危害发生。

第52条（不得无故拒绝诊疗及开立验伤诊断书）

医疗机构对于家庭暴力之被害人，不得无故拒绝诊疗及开立验伤诊断书。

第53条（拟订及推广家庭暴力防治倡导计划）

卫生主管机关应拟订及推广有关家庭暴力防治之卫生教育倡导计划。

第 54 条（加害人处遇计划规范内容）

中央卫生主管机关应订定家庭暴力加害人处遇计划规范；其内容包括下列各款：

一、处遇计划之评估标准。

二、司法机关、家庭暴力被害人保护计划之执行机关（构）、加害人处遇计划之执行机关（构）间之连系及评估制度。

三、执行机关（构）之资格。

中央卫生主管机关应会同相关机关负责家庭暴力加害人处遇计划之推动、发展、协调、督导及其他相关事宜。

第 55 条（执行加害人处遇计划之机关得为事项）

加害人处遇计划之执行机关（构）得为下列事项：

一、将加害人接受处遇情事告知司法机关、被害人及其辩护人。

二、调阅加害人在其他机构之处遇数据。

三、将加害人之资料告知司法机关、监狱监务委员会、家庭暴力防治中心及其他有关机构。

加害人有不接受处遇计划、接受时数不足或不遵守处遇计划内容及恐吓、施暴等行为时，加害人处遇计划之执行机关（构）应告知直辖市、县（市）主管机关；必要时并得通知直辖市、县（市）主管机关协调处理。

第 56 条（制作救济服务之书面数据）

直辖市、县（市）主管机关应制作家庭暴力被害人权益、救济及服务之书面数据，供被害人取阅，并提供医疗机构及警察机关使用。

医事人员执行业务时，知悉其病人为家庭暴力被害人时，应将前项资料交付病人。

第一项数据，不得记明庇护所之地址。

第 57 条（家庭暴力防治数据之提供）

直辖市、县（市）主管机关应提供医疗机构、公、私立国民小学及户政机关家庭暴力防治之相关资料，俾医疗机构、公、私立国民小学及户政机关将该相关数据提供新生儿之父母、办理小学新生注册之父母、办理结婚登记之新婚夫妻及办理出生登记之人。

前项数据内容应包括家庭暴力对于子女及家庭之影响及家庭暴力之防治服务。

第 58 条（核发家庭暴力被害人之补助）

直辖市、县（市）主管机关得核发家庭暴力被害人下列补助：

一、紧急生活扶助费用。

二、非属全民健康保险给付范围之医疗费用及身心治疗、咨商与辅导费用。

三、诉讼费用及律师费用。

四、安置费用、房屋租金费用。

五、子女教育、生活费用及老人托育费用。

六、其他必要费用。

第一项第一款、第二款规定，于目睹家庭暴力老人及少年，准用之。

第一项补助对象、条件及金额等事项规定，由直辖市、县（市）主管机关定之。

家庭暴力被害人年满二十岁者，得申请创业贷款；其申请资格、程序、利息补助金额、名额及期限等，由中央目的事业主管机关定之。

为办理第一项及第四项补助业务所需之必要资料，主管机关得洽请相关机关（构）、团体、法人或个人提供之，受请求者不得拒绝。

主管机关依前项规定所取得之资料，应尽善良管理人之注意义务，确实办理信息安全稽核作业；其保有、处理及利用，并应遵循个人资料保护法之规定。

第58条之1（有就业愿而就业能力不足之家庭暴力被害人，劳工主管机关应提供预备性或支持性就业服务）

对于具就业意愿而就业能力不足之家庭暴力被害人，劳工主管机关应提供预备性就业或支持性就业服务。

前项预备性就业或支持性就业服务相关办法，由劳工主管机关定之。

第59条（办理防治家庭暴力之在职教育）

社会行政主管机关应办理社会工作人员、居家式托育服务提供商、托育人员、保育人员及其他相关社会行政人员防治家庭暴力在职教育。

警政主管机关应办理警察人员防治家庭暴力在职教育。

司法院及法务部应办理相关司法人员防治家庭暴力在职教育。

卫生主管机关应办理或督促相关医疗团体办理医护人员防治家庭暴力在职教育。

教育主管机关应办理学校、幼儿园之辅导人员、行政人员、教师、教保服务人员及学生防治家庭暴力在职教育及学校教育。

移民主管机关应办理移民业务人员防治家庭暴力在职教育。

第 60 条（家庭暴力防治课程）

高级中等以下学校每学年应有四小时以上之家庭暴力防治课程。但得于总时数不变下，弹性安排于各学年实施。

第六章　罚　则

第 61 条（违反保护令罪之处罚）

违反法院依第十四条第一项、第十六条第三项所为之下列裁定者，为本法所称违反保护令罪，处三年以下有期徒刑、拘役或科或并科新台币十万元以下罚金：

一、禁止实施家庭暴力。

二、禁止骚扰、接触、跟踪、通话、通信或其他非必要之联络行为。

三、迁出住居所。

四、远离住居所、工作场所、学校或其他特定场所。

五、完成加害人处遇计划。

第 61 条之 1（违反被害人及其未成年子女身份信息保护之处罚）

广播、电视事业违反第五十条之一规定者，由目的事业主管机关处新台币三万元以上十五万元以下罚款，并命其限期改正；届期未改正者，得按次处罚。

前项以外之宣传品、出版品、因特网或其他媒体之负责人违反第五十条之一规定者，由目的事业主管机关处新台币三万元以上十五万元以下罚款，并得没入第五十条之一规定之物品、命其限期移除内容、下架或其他必要之处置；届期不履行者，得按次处罚至履行为止。但被害人死亡，经目的事业主管机关权衡社会公益，认有报导之必要者，不罚。

宣传品、出版品、因特网或其他媒体无负责人或负责人对行为人之行为不具监督关系者，第二项所定之罚款，处罚行为人。

第 62 条（处罚）

违反第五十条第一项规定者，由直辖市、县（市）主管机关处新台币六千元以上三万元以下罚款。但医事人员为避免被害人身体紧急危难而违反者，不罚。

违反第五十二条规定者，由直辖市、县（市）主管机关处新台币六千元以上三万元以下罚款。

第63条（处罚）

违反第五十一条第三款规定，经劝阻不听者，直辖市、县（市）主管机关得处新台币三千元以上一万五千元以下罚款。

第63条之1（被害人年满16岁，遭现有或曾有亲密关系之未同居伴侣施以身体或精神上不法侵害情事之处罚）

被害人年满十六岁，遭受现有或曾有亲密关系之未同居伴侣施以身体或精神上不法侵害之情事者，准用第九条至第十三条、第十四条第一项第一款、第二款、第四款、第九款至第十三款、第三项、第四项、第十五条至第二十条、第二十一条第一项第一款、第三款至第五款、第二项、第二十七条、第二十八条、第四十八条、第五十条之一、第五十二条、第五十四条、第五十五条及第六十一条之规定。

前项所称亲密关系伴侣，指双方以情感或性行为为基础，发展亲密之社会互动关系。

本条自公布后一年施行。

第七章 附 则

第64条（执行办法之订定）
行政机关执行保护令及处理家庭暴力案件办法，由中央主管机关定之。

第65条（施行细则）
本法施行细则，由中央主管机关定之。

第66条（施行日）
本法自公布之日施行。

附4：

"行政机关执行保护令及处理家庭暴力案件办法"（全文）

第1条
本办法依家庭暴力防治法（以下简称本法）第六十四条规定订定之。

第2条
行政机关应指定专人承办家庭暴力防治业务。

第 3 条

直辖市、县（市）主管机关处理家庭暴力案件之管辖，依下列原则办理：

一、通报案件：为受理之直辖市、县（市）主管机关。但同一案件，有二个以上直辖市、县（市）主管机关受理通报者，为被害人住居所地之直辖市、县（市）主管机关。

二、紧急处理案件：为被害人所在地之直辖市、县（市）主管机关；必要时，得协调其他直辖市、县（市）主管机关协助处理。

三、被害人后续追踪处遇案件：为被害人住居所地之直辖市、县（市）主管机关；必要时，得协调其他直辖市、县（市）主管机关协助处理。

警察机关处理家庭暴力案件之管辖，以发生地警察机关为主，被害人住居所地或相对人住居所地之警察机关协助处理。

第 4 条

行政机关受理家庭暴力案件，应即派员处理。非管辖案件，受理后应即通报管辖机关处理。

第 5 条

行政机关处理家庭暴力案件，应相互协助，各机关接获其他机关请求协助时，应实时处理。

第 6 条

处理家庭暴力案件人员，应以适当方法优先保护被害人及其家庭成员之安全；发现有伤病时，应紧急协助就医。

第 7 条

处理家庭暴力案件人员，应告知被害人其得行使之权利、救济途径及服务措施。

第 8 条

警察机关或直辖市、县（市）主管机关得为被害人声请保护令及延长保护令，除有本法第十二条第一项但书之情况外，应以书面为之。

声请保护令及延长保护令时，应检具家庭暴力事件通报表、处理家庭暴力案件现场报告表、访视会谈纪录表、验伤诊断书，或亲密关系暴力危险评估表及其他相关文件、数据。

前项书表、文件或资料，经被害人要求保密部分，各机关及其人员应予保密，并于声请保护令之书面叙明。

第 9 条

直辖市、县（市）主管机关依本法第十四条第三项规定，于法院裁定前，对加害人处遇计划实施方式提出之建议，应包括相对人接受处遇计划之必要性、处遇计划实施内容、方式及次数。

前项建议之提出日期，直辖市、县（市）主管机关应于法院审理前告知，或审理当时陈明。

第 10 条

警察机关于法院核发本法第十六条第四项之紧急保护令前，为保护被害人及防止家庭暴力之发生，必要时应派员于被害人住居所守护或采取下列方法保护被害人及其家庭成员之安全：

一、协助转介紧急安置。

二、紧急救援。

三、安全护送。

四、查访并告诫相对人。

五、其他必要且妥适之安全措施。

第 11 条

行政机关接获保护令执行之申请时，其非该保护令之执行机关者，应告知申请人本法第二十一条第一项之执行机关。

第 12 条

行政机关执行保护令，对保护令所列禁止行为及遵守事项，应命当事人确实遵行。

第 13 条

行政机关执行保护令，对于被害人或子女住居所，应依法院之命令、被害人或申请人之要求，于相关文书及执行过程予以保密。

第 14 条

本法第二十一条第一项第四款之执行，应由被害人持凭保护令及身份证明文件，向下列机关、学校申请：

一、户政事务所：申请禁止相对人阅览或交付被害人及受其暂时监护之未成年子女户籍资料。

二、学籍所在学校：申请禁止相对人查阅被害人及受其暂时监护未成年子女学籍相关信息。

三、国税局：申请禁止相对人查阅被害人及受其暂时监护未成年子女所得来源相关信息。

被害人为未成年人、身心障碍者或因故难以委任代理人者，得由保护令之声请人为前项之申请。

保护令之有效期间有变更者，应由被害人、申请人或相对人持保护令或相关证明文件，向第一项各款所列之机关、学校申请变更或注销。

第 15 条

警察机关依保护令命相对人迁出被害人、目睹家庭暴力儿童及少年或其特定家庭成员之住居所时，应确认相对人完成迁出之行为，确保被害人、目睹家庭暴力儿童及少年或其特定家庭成员安全占有住居所。

第 16 条

警察机关依本法第二十二条第二项经被害人之请求，进入住宅、建筑物或其他目标物所在处所解除相对人之占有或扣留取交被害人时，必要时得会同村（里）长为之。相对人拒不交付者，得强制取交被害人。但不得逾越必要之程度。

交付物品应制作列表并记录执行过程。

第 17 条

警察机关依保护令执行交付未成年子女时，得审酌权利人及义务人之意见，决定交付时间、地点及方式。

前项执行遇有困难无法完成交付者，警察机关应依权利人之声请，限期命义务人交付。届期未交付者，应发给权利人限期履行而未果之证明文件，并告知得以保护令为强制执行名义，向法院声请强制执行。

第 18 条

义务人不依保护令之内容办理未成年子女之会面交往时，直辖市、县（市）主管机关或警察机关应依前条第二项规定办理，并告知权利人得向法院声请变更保护令。

第 19 条

行政机关遇当事人或利害关系人对于执行保护令之方法、应遵行之程序或其他侵害利益之情事声明异议时，如认其有理由者，应即停止执行并撤销或更正已为之执行行为；认其无理由者，应于十日内加具意见，送原核发保护令之法院裁定之；未经原核发法院撤销、变更或停止执行之裁定前，仍应继续执行。

第 20 条

警察机关及直辖市、县（市）政府家庭暴力防治中心依本法第三十四条之一第二项为通知时，应注意下列事项：

一、警察机关通知被害人或其家庭成员后，应将通知情形回传法院或检察署，并副知家庭暴力防治中心。必要时，应依第十条规定采取相关安全措施。

二、直辖市、县（市）政府家庭暴力防治中心通知被害人或其家庭成员后，应以适当方法优先保护被害人及其家庭成员之安全。

第 21 条

直辖市、县（市）主管机关或警察机关受检察官或法院依本法第四十条规定通知执行本法第三十一条第一项、第三十三条第一项、第三十八条第二项或第三十九条所附之条件时，准用本办法有关执行保护令之规定。

第 22 条

本办法自发布日施行。

附5：

"老人福利法"（节选）

第 4 条（"中央"主管机关掌理事项）

下列事项，由"中央"主管机关掌理：

一、老人福利政策、法规与方案之规划、厘定及倡导事项。

二、对直辖市、县（市）政府执行老人福利之监督及协调事项。

三、"中央"老人福利经费之分配及补助事项。

四、老人福利服务之发展、奖助及评鉴之规划事项。

五、老人福利专业人员训练之规划事项。

六、国际老人福利业务之联系、交流及合作事项。

七、老人保护业务之规划事项。

八、"中央或全国"性老人福利机构之设立、监督及辅导事项。

九、其他"全国"性老人福利之策划及督导事项。

第 5 条（直辖市、县（市）主管机关掌理事项）

下列事项，由直辖市、县（市）主管机关掌理：

一、直辖市、县（市）老人福利政策、自治法规与方案之规划、厘定、倡导及执行事项。

二、"中央"老人福利政策、法规及方案之执行事项。

三、直辖市、县（市）老人福利经费之分配及补助事项。

四、老人福利专业人员训练之执行事项。

五、老人保护业务之执行事项。

六、直辖市、县（市）老人福利机构之辅导设立、监督检查及评鉴奖励事项。

七、其他直辖市、县（市）老人福利之策划及督导事项。

第 13 条（监护或辅助之宣告）

老人有受监护或辅助宣告之必要时，直辖市、县（市）主管机关得协助其向法院声请。受监护或辅助宣告原因消灭时，直辖市、县（市）主管机关得协助进行撤销宣告之声请。

有改定监护人或辅助人之必要时，直辖市、县（市）主管机关应协助老人为相关之声请。前二项监护或辅助宣告确定前，主管机关为保护老人之身体及财产，得声请法院为必要之处分，并提供其他与保障财产安全相关服务。

第 30 条（扶养义务）

有法定扶养义务之人应善尽扶养老人之责，主管机关得自行或结合民间提供相关信息及协助。

第 31 条（家庭照顾者支持性措施）

为协助失能老人之家庭照顾者，直辖市、县（市）主管机关应自行或结合民间资源提供下列服务：

一、临时或短期喘息照顾服务。

二、照顾者训练及研习。

三、照顾者个人咨商及支持团体。

四、信息提供及协助照顾者获得服务。

五、其他有助于提升家庭照顾者能力及其生活质量之服务。

第 41 条（老人短期保护与安置）

老人因直系血亲卑亲属或依契约对其有扶养义务之人有疏忽、虐待、遗弃等情事，致有生命、身体、健康或自由之危难，直辖市、县（市）主管机关得依老人申请或职权予以适当短期保护及安置。老人如欲对之提出告诉或请求损害赔偿时，主管机关应协助之。

前项保护及安置，直辖市、县（市）主管机关得依职权或依老人申请免除之。

第一项老人保护及安置所需之费用，由直辖市、县（市）主管机关先行支付者，直辖市、县（市）主管机关得检具费用单据复印件及计算书，通知老人之直系血亲卑亲属或依契约有扶养义务者于三十日内偿还；逾期未偿还者，得移送法院强制执行。

第 42 条（生活陷困境之安置）

老人因无人扶养，致有生命、身体之危难或生活陷于困境者，直辖市、县（市）主管机关应依老人之申请或依职权，予以适当安置。

前项主管机关执行时应结合当地村（里）长与村（里）干事定期主动连络、掌握当地老人生活状况。

第 43 条（老人保护之通报责任）

医事人员、社会工作人员、村（里）长与村（里）干事、警察人员、司法人员及其他执行老人福利业务之相关人员，于执行职务时知悉老人有疑似第四十一条第一项或第四十二条之情况者，应通报当地直辖市、县（市）主管机关。

前项通报人之身分资料应予保密。

直辖市、县（市）主管机关接获通报后，应立即处理，必要时得进行访视调查。进行访视调查时，得请求警察、医疗或其他相关机关（构）协助，被请求之机关（构）应予配合。

第 44 条（老人保护体系之建立）

为发挥老人保护功能，应以直辖市、县（市）为单位，并结合警政、卫生、社政、民政及民间力量，建立老人保护体系，并定期召开老人保护联系会报。

第 48 条（处罚）

老人福利机构有下列情形之一者，处新台币六万元以上三十万元以下罚款，再限期令其改善：

一、虐待、妨害老人身心健康或发现老人受虐事实未向直辖市、县（市）主管机关通报。

二、提供不安全之设施设备或供给不卫生之餐饮，经主管机关查明属实者。

三、经主管机关评鉴为丙等或丁等或有其他重大情事，足以影响老人身心健康者。

第 51 条（处罚）

依法令或契约有扶养照顾义务而对老人有下列行为之一者，处新台币三万元以上十五万元以下罚款，并公告其姓名；涉及刑责者，应移送司法机关侦办：

一、遗弃。

二、妨害自由。

三、伤害。

四、身心虐待。

五、留置无生活自理能力之老人独处于易发生危险或伤害之环境。

六、留置老人于机构后弃之不理，经机构通知限期处理，无正当理由仍不处理者。

第52条（处罚）

老人之扶养人或其他实际照顾老人之人违反前条情节严重者，主管机关应对其施以四小时以上二十小时以下之家庭教育及辅导。依前项规定接受家庭教育及辅导，如有正当理由无法如期参加者，得申请延期。

不接受第一项家庭教育及辅导或拒不完成其时数者，处新台币一千二百元以上六千元以下罚款；经再通知仍不接受者，得按次处罚至其参加为止。

附6：

老人保护通报及处理办法（全文）

第一条 本办法依老人福利法（以下简称本法）第四十三条第四项规定订定之。

第二条 医事人员、社会工作人员、村（里）长与村（里）干事、警察人员、司法人员及其他执行老人福利业务之相关人员，于执行职务时知悉老人有疑似下列情形之一者，应填具通报表，以因特网、电信传真或其他科技设备传送等方式，通报直辖市、县（市）主管机关；情况紧急时，得先以言辞、电话通讯方式通报，并于二十四小时内填具通报表，以上开方式传送直辖市、县（市）主管机关：

一、老人因直系血亲卑亲属或依契约对其有扶养义务之人有疏忽、虐待、遗弃等情事，致有生命、身体、健康或自由之危难。

二、老人因无人扶养，致有生命、身体之危难或生活陷于困境。前项通报内容，应包括通报事由、老人基本数据及其他相关信息。

第三条 本法第四十三条所定通报及处理之主政机关如下：

一、受理通报、立即处理或访视调查：老人发生前条第一项各款危难或困境之所在地直辖市、县（市）主管机关；必要时，得协调其他直辖市、县（市）主管机关协助。

二、后续追踪辅导及处置：老人住所或居所所在地之直辖市、县（市）主管机关；老人有安置必要者，为其户籍所在地之直辖市、县（市）主管机关。必要时，得协调其他直辖市、县（市）主管机关协助。

前项处理所需费用由老人户籍所在地之直辖市、县（市）主管机关支应。

第四条　第二条第一项通报人员所属机关（构）对该项各款情形之老人，于直辖市、县（市）主管机关或受其委任、委托之机关（构）或团体处理前，应提供老人适当照顾；其有接受医疗之必要者，应立即送医。

第五条　直辖市、县（市）主管机关于知悉或接获通报后，应立即为下列处理：

一、确认老人之安全状态。

二、老人有就医需求者，协助其就医。

三、协寻老人之家属。

四、依老人之申请或依职权予以适当保护安置。

五、提供其他必要之保护措施。

直辖市、县（市）主管机关为前项第四款之处理时，并应通知老人家属、监护人、辅助人或实际照顾老人之人（以下简称照护人）。但无照护人、通知显有困难或显不符老人利益时，不在此限。

第六条　直辖市、县（市）主管机关或受其委任、委托之机关（构）或团体进行访视、调查或处置时，照护人、医事人员及其他有关人员应予配合，并提供相关资料；必要时，得请求警政、医疗、户政、财政或其他相关机关（构）协助，被请求之机关（构）应予配合。

第七条　老人户籍所在地之直辖市、县（市）主管机关应对安置期间届满之老人追踪辅导，并实施个案管理，提供相关处置服务。

第八条　直辖市、县（市）主管机关依第三条第一项、第五条及前条规定应办理之事项，必要时，得委任所属机关或委托其他机关（构）或团体为之。

第九条　本办法自发布之日施行。

第五章　中国香港地区防治虐待老人法律及其实施

一、香港虐待老人情况概述

(一) 虐待老人问题现状

香港已步入老龄社会。截至 2016 年底，65 岁及以上人口占总人口的 12.4%。预计到 2021 年，老人口将达到 140 万人，占香港总人口的 17.2%。到 2031 年，将高达 24.3%。统计推算到 2036 年，每 3.8 名香港人当中，将有一个是 65 岁以上的老人，较现时每 8.3 人当中有一名老人的比例为高。❶ 随着老人口的增加，虐待老人问题将更加突出。

老人保护类型				侵吞财产	无人抚养	其他	老人保护通报案件数
身心虐待							
合计	身体虐待	精神虐待	性虐待				
1641	762	877	2	57	910	477	3896

图 5-1　老人保护类型 ❷

---

❶ 马晓雨：《香港与内地老人福利之比较与借鉴》，载《法制与社会》2009 年第 8 期，第 23 页。
❷ 数据来源：香港卫生福利部统计处. https://www.mohw.gov.tw/mp-1.html，最后访问日期：2017 年 12 月 23 日。

老人遭受虐待，施虐者大多是身边最亲密的家人以及养老机构的工作人员。虐待形式多种多样，主要包括身体虐待、精神虐待、性虐待、侵吞财产、无人扶养等。

图5-1中的数据显示，2016年上半年，老人请求保护人次中，身心虐待总计1641件，其中，无人抚养的情况最多，为910件；精神虐待为877件，身体虐待为762件，侵吞财产为57件，性虐待为2件。无人扶养在理论界通常被界定为疏忽照顾，侵吞财产又被称为经济剥削或经济虐待。因虐待老人具有隐蔽性、不易被发现的特点，因此上述数字其实只是冰山一角，在多发的家庭暴力事件中，真正向政府求助的老人是少数。

1. 老人受虐数字逐年上升

由图5-2可以明显看出：65岁以上老人遭受暴力总人数逐年上升，由2013年的6402人到2016年的8344人，2017年前两个月的数字总和已接近5000人。可见由于老龄人口日趋庞大，受到虐待的老人数也越来越多。

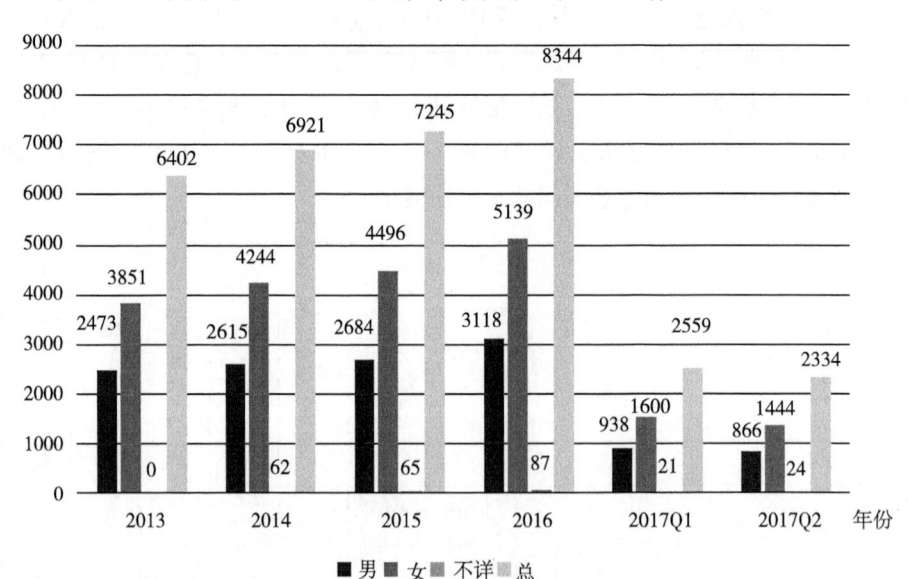

图5-2 65岁以上老年人受虐待数据及分性别数据[1]

耆康会怀熙葵涌老人中心主任黎秀和表示："虐老个案中，施虐者大多

---

[1] 根据香港社会福利署数字制作。https://www.swd.gov.hk/tc/index/，最后访问日期：2017年12月31日。

第五章　中国香港地区防治虐待老人法律及其实施

是近亲，以子女为多。很多时候老人认为家丑不可外传，希望保留家庭的完整，所以选择沉默忍受；直到需要申请社会服务才联络我们，始被揭发。"❶受虐待的老人甚至会保护施虐者，不忍破坏与施虐者的关系。

因绝大多数虐老案件发生在家里，未被发现与通报的案件数多到难以想象。受虐待老人往往失智失能，即使受虐受苦，也无法主动投诉。而且有些案件即使投诉，如果被照顾者没有其他可依赖的人员，受虐老人将更加孤苦无依。❷

2. 女性受虐人数高于男性

表 5 – 1❸

虐待性质	虐待性质及受虐老人性别数据					
	男性		女性		总数	
	填报个案数目	%	填报个案数目	%	填报个案数目	%
身体虐待	88	67.70	101	59.40	189	63
精神虐待	16	12.30	27	15.90	43	14.30
疏忽照顾	0	0	1	0.60	1	0.30
侵吞财产	25	19.20	27	15.90	52	17.30
遗弃长者	0	0	0	0	0	0
性虐待	0	0	3	1.80	3	1
其他	0	0	0	0	0	0
多种虐待	1	0.80	11	6.50	12	4
总数	130	100.00	170	100	300	100

从图 5 – 2 和表 5 – 1 可以看出：女性相比男性遭受更多的虐待。这与女性老人本身处于弱势地位有关。与男性相比，女性天生更加弱小，加之传统的"重男轻女"的性别文化，使女性从小就以次于男性的角色进行社会活动，导致家庭对女性教育的投入少之又少，这在东亚包括香港地区更是有过之而无不及。由于受家庭有限经济资源的约束，以及家庭资源向男性的倾斜，造成女性

---

❶ 世界卫生组织："六分之一长者受虐指骂冷待都系虐老"，https: //news. mingpao. com/pns/dailynews/web_tc/article/20170821/s00005/1503252271775，最后访问日期：2017 年 12 月 23 日。

❷ "老年虐待典型图像：失智失能的受虐待老人家与心力交瘁的子女"，https: //www. thenewslens. com/article/41600，最后访问日期：2017 年 12 月 24 日。

❸ 资料来源：香港社会福利署，https: //www. swd. gov. hk/sc/index_site_pubsvc/page_family/sub_listofserv/id_serabuseelder/，最后访问日期：2017 年 12 月 24 日。

老人受虐待人数明显高于男性老人。

3. 近亲属、家政工、朋友是主要的施虐者

表 5-2[1]

与受虐者的关系	施虐者数目（次）	百分比（%）
子	36	12.0
女	8	2.7
女婿	4	1.3
媳妇	7	2.3
配偶	161	53.7
孙、外孙	8	2.7
亲戚	9	3.0
朋友、邻居	22	7.3
没有亲戚关系但同住	2	0.7
家庭佣工	27	9.0
提供服务给长者的机构员工	5	1.7
其他	11	3.7
总数	300	100

在受虐者与施虐者的关系数据中，可以明显地看出配偶的施虐比重最大，占53.7%，其次为儿子，占12%。值得注意的是家庭佣工也是造成虐待老人的主要群体，占比为9%，朋友和邻居占比为7.3%。

配偶是生活中的亲密伴侣，也是承担扶养、监护责任的第一人选。因配偶作为扶养人、监护人的基数较大，因此发生虐待的比例较高。儿子占比较高的原因也是如此。家政工虽不是扶养人和监护人，但因其处于直接照顾者的地位和角色，也成为虐待老人的主要群体。

（二）虐待老人的表现形式

香港福利署公布的资料显示，虐待老人主要分为六类，分别是：身体虐

---

[1] 资料来源：香港社会福利署，https://www.swd.gov.hk/sc/index/site_pubsvc/page_family/sub_listofserv/id_serabuseelder/，最后访问日期：2017年12月24日。

待、精神虐待、疏忽照顾、侵吞财产、遗弃及性虐待。❶

1. 身体虐待

身体虐待指照顾者对老人身体上的伤害，或者使老人的身体遭受痛苦。这种伤害是他人有意造成的，或者是由于没有采取预防措施造成的。身体虐待有多种表现形式，包括殴打、捆绑、限制行动自由、强迫劳动等。

身体虐待不以严重的伤害后果为判断标准，从微小的擦伤和瘀伤，到骨折及头部损伤等，均属于虐待。身体虐待不仅会造成身体上的创伤，同时还会造成严重、长期的心理后果，包括抑郁和焦虑。老人由于身体较为脆弱，遭受虐待后需要很长的恢复期，有时即便是较小的伤害也会导致严重的后果，甚至死亡。

1）身体表征

（1）瘀伤。

A. 面部出现瘀伤，似乎并非由意外受伤造成；

B. 瘀伤成簇或显现物件的形状，例如杖印、皮带印、衣架印、手掌印及脚印等；

C. 身体上出现多处瘀伤，各呈不同颜色，显示不同时段受伤，或在不同的痊愈阶段；

D. 重复出现瘀伤；

E. 身体多处部位（如身躯、手、脚等）出现无法解释的瘀黑，似乎并非由意外受伤造成。

（2）骨折。

A. 与骨折或关节错位症状相符的四肢肿大或疼痛；

B. 多处骨折，并处于不同的痊愈阶段；

C. 临床检验时发现难以解释的骨折。

（3）肌肉撕裂。

A. 无法解释的撕裂；

B. 不同时期的多处伤疤；

（4）内脏受伤。

A. 无法解释的脏腑破裂；

---

❶ 资料来源：香港社会福利署，https：//www.swd.gov.hk/en/index/site_pubsvc/page_family/sub_listofserv/id_serabuseelder/，最后访问日期：2017年12月24日。

B. 无法解释的脑部抑制性血肿。

（5）烧伤/烫伤。

A. 由雪茄/香烟/香烛等造成的烧伤，似乎并非意外造成；

B. 老人需要别人喂食，有烫热食物造成的口部及食道烫伤。

2）老人行为表征

（1）不愿意接受医疗检查；

（2）被询问有关受伤过程时，不愿意透露有关资料；

（3）重覆强调伤势是自己不小心造成或说话前后矛盾；

（4）受伤后延迟接受所需的医疗服务；

（5）不寻常地向不同的医生寻求医疗服务；

（6）企图自杀。

3）施虐者行为表征

（1）不寻常地带老人向不同的医生寻求医疗服务；

（2）被询问有关老人受伤过程时，不愿意透露有关资料；

（3）当老人被问及有关受伤的问题时，蓄意或抢先代替老人回答；

（4）老人受伤后，避免或延迟让其接受所需的医疗服务；

（5）受虐老人的住处有不寻常的约束物品、刑具，显示老人有可能曾遭受不必要的束缚及伤害。

4）环境表征

疑似受虐老人的住处有不寻常的约束物品或刑具，显示老人可能曾遭受不必要的约束及伤害。

2. 精神虐待

精神虐待指通过语言、态度、行为等方式对老人造成心理伤害的行为。包括侮辱、责骂、隔离、恐吓、侵入隐私、不必要的访问和限制行动自由等。例如，子女经常骂老人是废物，不准老人使用家中电话、客厅及厨房，在老人洗澡时经常把热水器关掉，不准老人在晚上八点前回家，在老人不注意时用力关门，故意制造噪声等，这些行为都会使老人感到精神压力和身体不适，对老人的生命健康造成极大危害。

1）老人行为表征

（1）非常被动；

（2）企图自杀；

（3）有抑郁倾向；

（4）常表现得惊慌失措；

（5）害怕照顾者；

（6）避免与人接触；

（7）情绪波动；

（8）歇斯底里。

2）施虐者行为表征

（1）经常把老人锁于其住处内；

（2）经常不容许老人返回其住处；

（3）对老人极度唠叨、排斥、冷淡；

（4）经常唾骂、诋毁、怪责或侮辱老人；

（5）不顾及老人私隐（例如强迫老人与他人共浴）；

（6）不容许老人参与家庭或社交活动。

3）环境表征

（1）老人住处被隔离，被剥夺使用与外界接触或联系的物品（如电话、收音机等）；

（2）照顾者与老人的关系明显生疏或长期恶劣。

3. 疏忽照顾

疏忽照顾是指负有扶养义务的人不为老人提供基本的生活需求，如食物、衣物、住所、医疗、护理等，危害老人的健康和生命安全。包括老人忽视自己或放弃自己；扶养人或养老机构不为老人提供必要的药物或辅助器具；子女长期不理睬或不探视老人，不向老人提供基本生活费用等。例如：一个患有老年痴呆症的老人，其子女不定期带他到医院复诊，不按医生的指示给他服药，令其病情不断恶化；又如一个老人中风后行动不便，日常起居、饮食及个人卫生都需要依赖别人照顾，她的女儿为了避免她经常尿床而不给她足够的水和食物，导致她营养不良，健康状况日益减退。

如果正式的服务提供者（如养老院、综合家庭护理服务团队、医院等）不履行照顾责任，并对老人造成伤害，也可以被认为是疏忽照顾。

1）老人身体表征

（1）体重暴跌、极低；

（2）脱水；

（3）营养不良；

（4）长期长出褥疮；

（5）经常生病。

2）老人行为/状况表征

（1）经常肮脏；

（2）经常或长时间在无人陪伴下到处游荡；

（3）明显地饮食无规律而无人理会；

（4）明显缺乏食欲而无人理会。

3）施虐者行为表征

（1）不给予老人所需的生活物品；

（2）不给予老人所需的药物、医疗照顾；

（3）不给予老人所需的辅助器具（例如眼镜、手杖、假牙等）；

（4）长期不探望缺乏自我照顾能力的老人，完全不与其联络。

4）环境表征

（1）老人住处没有其所需的安全措施或装置（例如扶手）；

（2）作息处没有基本设施（如电灯、饮用水、睡床等）；

（3）住处被堆满杂物，阻塞通道。

4. 侵吞财产

侵吞财产是指剥夺老人的财产或不以老人的利益行事。例如照顾者与老人开设联名银行账户，让老人把钱存到该账户中，然后照顾者把老人的钱取走；又如老人因智力衰退无法管理自己的财产，照顾者以此为由控制老人的退休金，每月只给老人很少的钱或根本不给老人钱，将老人的钱财据为己有。这种骗取老人钱财、不诚实使用或偷取老人财产的行为，即属于侵吞财产。此外，未经老人授权兑现支票，老人不能自由使用自己的资产，假冒老人签名，不当行使委托权，迫使老人更改遗嘱或签署老人不清楚的文件，跟老人同住却不分担必要的费用等，均属于侵吞财产。

1）老人行为表征

（1）透露失去了原本拥有的财物/金钱/资产/楼宇等；

（2）在老人经济充足的情况下，却缺乏日常生活基本物资（例如食物、衣物等），并且不能支付基本日常生活开支（例如水电费）；

（3）老人突然把银行账户、楼宇屋契等转名；

（4）老人无故开设联名银行账户。

2）施虐者行为表征

（1）要求或强迫与老人开设联名账户；

(2) 掌管老人的印章或身份证明文件；

(3) 掌管老人的银行账单，不让老人知悉自己的账户记录；

(4) 突然承诺照顾老人的生养死葬，但要求或安排把老人所有的财产转到自己名下；

(5) 要求或强迫老人把证实个人身份的资料如身份证、护照、图章等交给施虐者保管；

(6) 盗窃老人的金钱、综合社会保障援助金或退休金支票；

(7) 在退休金支票或法律文件上假冒老人的签名；

(8) 不适当使用授权书、持久授权书或信托人的权责，例如强迫老人签署该等文件以控制其财产。

3) 环境表现特征

(1) 老人的银行账户有不正常的交易记录；

(2) 老人的私人贵重财物无故失去；

(3) 老人从未收到银行账单；

(4) 老人长期受到孤立，不能与任何亲戚朋友联络。

5. 遗弃

遗弃是在没有正当理由的情况下离弃老人的行为，它会危及或损害老人的身体或心理健康。主要表现为家庭成员把老人带到一个不熟悉的地方后故意将其抛弃，让他/她不能独自回家。如一个患有轻度痴呆症的老人与儿子及儿媳同住，但相处得并不愉快。某日，儿媳哄骗他一起参加旅行团到内地旅游，但到达后偷走他所有的金钱及身份证明文件，并将他遗弃于当地。此外，有些亲属在老人住院治疗时给医院一个错误的住址，使老人无法出院回家。例如一个患有老年痴呆症的老人因病住院，儿媳送其入院时谎报家庭地址和电话，令她无法出院。遗弃的对象往往是智力受损的老人，以老年痴呆症患者居多。这个群体的老人缺乏辨识能力和自我保护能力，往往难以说清家庭地址及亲属的联系方式，因此在某些恶劣的家庭关系中，成为照顾者摆脱负担的一种方式。

1) 老人行为表征

(1) 长期单独逗留在街上、公园、商场等；

(2) 长期肮脏。

2) 施虐者行为表征

(1) 故意把老人遗弃于医院或安老院舍；

(2) 故意把老人遗弃于公众地方（例如公园、商场等）。

3）环境表征

老人入住医院或安老院后没人探访或安排离院。

6. 性虐待

性虐待指对老人的性侵犯行为（包括对老人的性骚扰、猥亵和强奸等）。例如一老年妇女与其孙子相依为命，后孙子失业并常借酒消愁，酒后经常对该妇女有非礼行为；又如一老年妇女每天早上到住所附近的公园晨练，某日当其独自坐在公园休息时，突然有一陌生男子走到她面前向她展示生殖器，令她感到十分难堪及恐慌，自此不敢再到公园晨练。性虐待的受害者以老年妇女居多，她们年老体弱，基本没有反抗能力，因此容易成为施虐者选择的对象。

1）老人身体表征

（1）胸部、生殖器官瘀伤；

（2）无法解释的性病；

（3）无法解释的尿道炎；

（4）无法解释的外生殖器部位、阴道、肛门等流血。

2）老人行为表征

（1）性态度、性行为有极大转变；

（2）过度手淫；

（3）见到施虐者表现得非常恐慌。

3）环境表征

内衣被撕裂、有污迹或染有血迹。

（三）老人受虐待的原因分析

1. 认识上的误区

1）社会对虐待老人的认识误区

虐待老人一直较少被社会关注，主要是因为大众甚至老人本人对于虐待老人问题认识不足，因此虐待老人往往被称为"隐性罪行"（hidden crime）。大众通常认为虐待老人可能是社会对老人的暴力行为，通常发生于僻静的街巷，而施虐者多数会是陌生人。其实大多数施虐者都是老人熟悉的人，甚至是老人的配偶，而且虐待老人常常发生在家中，而不是公共场所。如果大众对虐待老人问题有更多的认识，便会发现虐待老人问题在社会上很普遍。

2）照顾者对虐待老人的认识误区

一些照顾者认为自己的行为并没有大的过错，不应该被认定为虐待，只有在老人身上找到明显伤痕才能被界定为虐待老人。而事实上虐待老人的形式有很多种，除身体虐待外，其他导致老人福祉及安全受到伤害的行为，均可被界定为虐待行为。香港基督教服务处于2002年2月进行过一次调查，设计了《对"虐待老人"看法的问卷调查表》，对护士组、志愿者组、中青年组、老年组共201名受访者进行现场调查，调查结果显示超过30%的受访者不肯定或不认为疏忽照顾、自我疏忽和经济剥削属于虐待老人。❶

虐待老人并非只会发生在生活水平或收入较低家庭，资产较多的老人亦有可能被家人或照顾者"侵吞财产"，而且虐待老人并不只限于家庭内，在养老机构生活的老人亦有受虐待的可能。

3）老人本人对虐待老人的认识误区

大部分老人对虐待老人的内涵并不了解，加上施虐者往往是家人，老人通常会抱着"家丑不可外传"的心态而拒绝承认虐待事实。另外，老人对虐待类型不够了解，对于子女疏忽照顾、转移财产等行为，老人通常不认为是虐待。由于文化背景、自尊心、害怕报复、渴望隐私的心理影响，许多受虐老人选择不报案，或因为痴呆、精神障碍、抑郁等无能力表达而未被发现。❷

2. 不良的家庭关系

如果老人与家庭成员关系不佳，相互之间充满敌意，那么冲突和争端则不可避免。如果随着时间的推移，积累的家庭问题得不到解决，家庭成员无法适应老人的变化（如老人更多地依赖别人的照顾），那么老人受虐待的可能性会增加。

个人层面的风险包括受害者身心健康不佳，以及虐待者存有精神障碍和酒精及物质滥用情况。还有其他方面的个人因素，可能会增加老人成为受害者的风险。

社会变革对家庭的影响，表现为家庭结构形式的变化，传统父母本位的"三代家庭"被当今夫妻本位的核心家庭所取代。在夫妻本位的家庭中，当子

---

❶ "不同人群对虐待老人问题的看法"，http：//www.wangxiao.cn/lunwen/89831594702.html。最后访问日期：2018年1月5日。

❷ Claudia Cooper, Sc M, Psycb MRC. Indicators of elder abuse: a crossnational comparison of psychiatric morbidity and other determinants in the Ad-Hoc Study [J]. Am J Geriatr Psychiatry, 2006, (14): 489 – 490

女处于家庭经济生活的核心时,老人就表现为对子女的依附。现今社会竞争的加剧,导致家庭的经济压力增大,老人被迫进入儿女的社会竞争中,被迫感到社会剧烈变革带来的竞争焦虑和压力,出于或被迫为子女着想、为子女减轻负担的想法,父母常常成为子女的经济支助。这种新的父母子女关系被社会学者称为"代际分工"或"代际剥削",❶ 主要指子女只考虑向父母索取,而很少考虑对父母"反哺"的义务和责任。当父母丧失自理能力,需要子女照顾时,子女往往难以承受这种压力,对父母的忽视和厌倦随之产生,虐待成为必然结果。

3. 老人对照护者的依赖

老人和子女共同生活在是虐待发生的一项风险因素。在某些情况下,当老人越来越依赖照护者时,长期不够和睦的家庭关系可能会由于紧张而变得更加糟糕。

那些依靠他人照顾或支持的老人经常发现自己很难作出有效的决定,并执行自己的意愿。在遭受残酷和不公平待遇的情况下,由于身体或精神上的能力变弱,老人很难提出自己的主张,因此容易成为虐待的受害者。此外,对于一些护理者来说,照顾虚弱或精神上无能力的老人给他们带来了巨大的压力。加之其他因素介入,比如被照顾者的不配合(需要别人持续喂养的老人不吃东西),没有足够支持的照护者很容易变得焦虑不堪,虐待老人的可能性会增加。很少有朋友的老人、与外界接触有限的老人更加依赖照护者,在受到虐待的情况下,难以寻求外部援助。照护者与老人的社会隔离,加上社会支持的缺乏,是导致照护者虐待老人的一项重大危险因素。

4. 落后的社会文化

社会文化存在着对老人的歧视或负面的刻板印象,是老人受虐的风险因素之一。很多人认为老人不能再为家庭和社会作贡献,没有生存价值,特别是对于生病的老人,更将其视为负担和累赘。在这种心理主导下,虐待老人的行为定会发生。

此外,受传统父权结构的影响,女性的地位一般比较低,她们通常是婚姻暴力的受害者。当女性进入老年阶段,除了可能受到配偶暴力之外,长期对女性的贬抑或暴力可能发生代际转移,增强了老年女性受儿女暴力的可能性。

---

❶ 参见杨华、欧阳静:《阶层分化、代际剥削与农村老人自杀——对近年中西部农村老人自杀现象的分析》,载《管理世界》2013年第5期,第51页。

5. 子女经济收入低微

子女的经济收入低微是形成虐待老人的一个重要原因。香港是一个移民较多地区，第一代移民的年轻人通常都面临经济压力。他们大部分仍在创业阶段，经济收入不高，有些甚至低微。其低微的工资除了每月还房贷外，还要负担全家老小的生活费用，因此经济压力比较大。有些子女控制老人的养老金，甚至把老人的积蓄据为己有。这个群体对老人的经济虐待是较为常见的现象。

二、香港防治虐待老人的主要法律

香港没有专门针对虐待老人的法律，目前以《家庭及同居关系暴力条例》和《处理虐老个案程序指引》为处理虐老案件的主要法律依据。

（一）《家庭及同居关系暴力条例》

1. 立法背景

香港《家庭暴力条例》于1986年制定，在香港沿用了二十多年未作过任何修改。后基于社会变化，原有的《家庭暴力条例》不足以保障受害人，家庭问题日益严重，妇女团体一直批评政府的家暴政策倾向重视维护家庭完整多于保障妇女的人身安全，未能及时采取行动，防止悲剧发生。另外法例及政策亦未对受害人提供切实的保障，一线社工和警察由于缺乏处理家庭暴力的知识，也无法有效运用相关条例保障受害人，结果令受害人在求助过程中遇到重重困难。而且随着家庭模式多元化，老人与年轻人之间距离越来越远，虐待老人的家庭暴力案件逐渐上升，原来的《家庭暴力条例》已经不能满足现时的需求。在2004年发生了多宗家庭暴力惨案后，政府表示愿意检讨《家庭暴力条例》，立法会最终于2008年6月通过了修正案，并于2008年8月1日正式实施。2010年香港《家庭暴力条例》正式更名为《家庭及同居关系暴力条例》。[1]

2. 主要内容

1）立法目的

香港《家庭及同居关系暴力条例》开篇明示了立法目的，即"旨在对人

---

[1] 罗杰：《香港〈家庭及同居关系暴力条例〉述评》，载《安庆师范学院学报（社会科学版）》2011年第1期，第2页。

提供使其免受家庭及同居关系中的暴力侵害的保护"。该条例以民事强制令的形式，向因身处某些特定关系而容易成为家庭暴力受害者的人士（即已婚人士，以及长期维持类似配偶关系的同居者）提供额外保护。

2）适用范围

《家庭及同居关系暴力条例》拓宽了涵盖范围，由原来只针对配偶和异性同居者之间的骚扰行为，延伸至包括前配偶、前异性同居者，以及直系及延伸家庭关系的成员。老人作为家庭成员，在家庭或者同居关系中受到暴力虐待时可以该条例寻求保护。此外，修订后的条例赋权法院可在发出《禁制骚扰令》中，规定施虐者参与"反暴力计划"，协助施虐者改变其暴力态度和行为。

3）关于"强制令"

根据《家庭及同居关系暴力条例》，区域法院或原讼法庭可因任何合资格人士提出的申请，颁发强制令：禁止施虐者进入老人的婚姻、同居居所，或禁止进入有关居所的指明部分，或某物业（不论持有人属谁）的指明部分。

法庭如确信施虐者曾导致或相当可能会导致受保护的老人身体受伤害，可在颁发强制令时附上一份逮捕授权书。警务人员如合理疑似有关人士使用暴力、进入或留在该强制令指明的地方而违反强制令，便可凭逮捕授权书拘捕该人士。施虐者没有遵从强制令订定的条文，即属违反强制令，将被带往发出强制令的原讼法庭或区域法院，就违反强制令接受审讯。

（二）《处理虐待老人个案程序指引》

社会福利署于 2003 年 12 月颁布《处理虐待老人个案程序指引》，于 2006 年 8 月进行了修订，列出了处理与虐待老人个案相关的法例，这是香港处理虐待老人的主要法律依据。

1. 制定背景

每个人都享有生存、自由和人身安全的权利。任何人，包括老人，都不应受到侮辱、残忍或不人道的对待。为保障老人权利，社会各界都应关注虐待老人情况，各有关专业人士亦应共同合作，肩负保护老人免遭虐待的责任。

香港社会福利署于 2001 年成立了一个跨专业的"虐老问题工作小组"（工作小组），由助理署长（家庭及儿童福利署）担任主席，成员包括安老事务委员会、卫生福利及食物局、社会福利署、卫生署、香港警务处、法定代表律师、医院管理局、香港社会服务联会及专上学院的代表，以共同探讨香港虐老的情况及就有关处理虐老问题的策略和方法提供建议。

在工作小组的支持下，香港基督教服务处于 2002 年 2 月开始推行"虐老防治计划"（计划），计划的其中一项工作，是草拟《处理虐老个案程序指引》（以下简称《指引》），以供有机会接触虐老个案的政府部门及非政府机构（包括社会服务单位、警方、医护人员、房屋署等）的工作人员参考及使用。

在《指引》草拟过程中，香港基督教服务处通过不同方式，收集各界（包括来自不同政府部门和非政府机构的工作人员）处理虐老个案的意见，并于 2003 年 1 月至 6 月，于荃湾、葵青和深水埗区的有关部门以先导计划的形式测试《指引》草拟稿的可行性。香港基督教服务处参考了先导计划的经验，修订了草拟本的部分内容。最后，社会福利署根据工作小组的意见对《指引》作进一步修订，于 2004 年 3 月开始推行。

该《指引》是不同专业人士共同努力的成果，各界希望通过执行该《指引》，各部门和机构的工作人员能够进一步加强合作与沟通，为受虐老人提供更有效和适当的服务及照顾。

2. 主要内容

《处理虐老个案程序指引》分为四大部分，包括基本资料、工作指引、处理老人个案程序指引、支持服务。

第一部分（第一、二章）：基本资料。该部分详细介绍一些基础性的概念和原则，目的在于帮助相关工作人员正确使用该《指引》，在执法过程中能够更加准确地判断案件性质和应当采取的措施，以防止出现大的差错。第一章详细介绍了处理虐待老人问题的目的、信念和原则，强调以老人的福祉为开展执法活动的根本目的。第二章对有关虐老的基本认识、虐老的定义、虐老的形式、引致虐老的危机因素、老人受虐的表征、与虐老有关的法例进行了详细的介绍。

第二部分（第三章）：工作指引。首先明确了良好的工作准则，介绍了相关人员在接到虐待老人案件时的注意事项，包括处理疑似虐老事件、老人存在沟通困难、老人拒绝专业人士介入、老人出现精神紊乱、老人身心出现危机等情况下，工作人员介入时应注意的事项，还有多专业部门如何合作处理虐老个案，对各个部门的交接转介流程进行了明确指引。

第三部分（第四至十一章）：处理虐待老人个案的程序。这是该条例的重点部分，首先介绍了社会服务单位处理虐老个案的程序：收到转介举报的处理，在收到转介举报时应注意的事项，搜集疑似受虐老人的个人资料，确定负责处理疑似虐老个案的单位，最后安排负责的社工。其次，在各项介入疑似虐老事件的工作中，整体要注意的事项，了解疑似虐老事件，为社工提供有关简介及培训活动，评估疑似受虐老人的实时危机等。再次，跟进服务中，介绍了多专业个案会议、福利计划、填报"虐待老人个案中央资料系统"，处理不同虐老类别的注意事项（身体虐待、精神虐待、疏忽照顾、侵吞财产、遗弃、性虐待）。最后，详细介绍了医院管理局、卫生署、香港警务处、房屋署等多专业个案会议的工作内容。

第四部分（第十二章）：支持和服务。老人及照顾者支持服务，首先对现有的老人及照顾者支持服务进行了介绍，其次对推动受虐老人及照顾者使用支持服务提出了建议。《处理虐老个案程序指引》只适用于受虐老人与施虐者互相认识的个案，或施虐者对受虐老人有照顾责任的个案，即主要针对照顾者对老人施虐的情形，居家养老和机构养老的老人均可适用。

三、香港防治虐待老人的法律实施

（一）实践方针

1. 尊重老人的意愿

尊重老人接受或拒绝各种干预、服务的决定。在法律允许的范围内，每个人都有权对自己的事务作出处分。在处理虐待老人问题上首先要尊重受虐老人的隐私。每个人都有一个不想被他人知道的私密，也可以是一个不想被他人侵占、只属于自己的领域，因此，当虐待情形轻微时，要尊重老人的决定，不要进入老人禁止进入的领域。其次要尊重老人的生活方式。每个人的生活方式都不一样，如果受虐待的老人被确认或被疑似为精神上无行为能力的人，应采取适当的干预或治疗，以保护他/她的安全和福利，此种情况下可以不征得老人的同意。在香港，处理精神上无行为能力人的主要法例是《香港法例》第136章《精神健康条例》。据该条例所界定，"精神上无行为能力"可以指精神紊乱或弱智。与完全民事行为能力人相比，无行为能力人对自己所遭受的行为无法或者无能力去干预、判断、自我保护，所以需要相关部门主动采取措施进行干预和保护。

2. 保护老人的安全

首先对虐待老人有一个基本的了解，并对虐待的危险因素和指标有充分的认识，对处理过程和指导方针有足够的掌握。当发生虐待案件时，首先，要保证受虐老人的安全，转移到安全之地，与危险源相隔离。其次，受虐待的老人只需要在实际可行的情况下与案件管理人进行沟通，这样可以减少受虐老人在叙述不愉快经历时的压力。

（二）处理疑似虐待老人案件时的工作要点

1. 首次接待者的任务

首次接待者接到老人报告虐老事件时，首先应该听取受虐老人对虐待事件的描述，让其冷静下来，明确告知其应该采取的行动（例如转诊），并让老人表达对行动的看法。如果受虐待的老人要求保密，有关部门应尊重其选择，在与相关单位讨论案件时不透露老人的个人资料。如果报告事件的人不是老人本人，也可以要求保密。在保障老人的安全及福利的情况下，有关部门、单位应将遵守保密规则，将案件提交给适当的服务单位进行跟进。

在发现疑似虐老事件后，有关部门应尽可能为老人提供必要的服务。为了尽量减少老人重复叙述虐待事件所面临的痛苦和压力，首次接待者不需要对细节进行询问，只要有足够的信息表明老人受到虐待，就应将案件转介给相关人员跟进。

2. 保留证据

为应对将来可能发生的法律诉讼，相关人员应保留关于虐待事件的日期和内容的正确记录，以供法庭作为证据使用。如果事件涉及犯罪，则应尽力说服老人向警方报案，并将案件提交有关部门。如果该事件可能危及老人的人身安全，或涉及明显且严重的人身伤害，工作人员应立即向警方报案。

3. 妥善安置受虐老人

受虐待老人往往需要社会力量提供各种服务，这通常由老人信赖及熟悉的社会群体来完成。从地理和心理学的角度来看，如果受虐待的老人由住所附近的机构提供帮助和支持，那么受虐待的老人就更容易接受服务，所以相关部门应就近安置老人。如果受虐待的老人不接受转诊服务，即使老人的人身安全没有受到威胁，有关工作人员仍应根据老人的需要继续跟进。

4. 受虐老人不能清楚表达意思时

受虐老人可能因乡音、中风或其他疾病导致说话不清楚，工作人员可以请与老人关系密切的人提供帮助，包括老人的亲属、邻居或朋友，帮助老人作出表达。工作人员应该向这些人说明保密原则。工作人员应尽量避免找被疑似的施虐者协助老人。工作人员可以尝试请老人以书面或肢体语言表达自己的想法，也可以猜测其含义，并与老人进行确认。如果老人听力有问题，工作人员可以尝试使用文字、图片或肢体语言进行交流。工作人员说话要语调温和，语速适当，尽可能多重复几次，并与受虐老人确认其理解的意思是否准确。

5. 受虐老人拒绝专业指导时

受虐老人可能因为下列原因而拒绝接受调查及跟进：老人在经济上或情感上依赖于施虐者；老人对专业干预有误解，认为专业干预意味着与家庭分离，并认为专业干预手段是对嫌疑人提起诉讼等。对于一般案件，工作人员不要急于向老人询问虐待事件的具体情况，更可取的做法是通过反复的采访或家访来了解老人的生活状况，努力建立一种信任关系，给老人一种安全感。工作人员应该体会到老人的忧虑，并对老人的复杂情感表现出理解，鼓励老人倾诉自己的焦虑，澄清问题，消除忧虑。工作人员还应向老人说明，调查和跟进并不一定意味着要老人要从原来的住所搬迁或起诉涉案人员，有许多方法可以用来解决问题。如果老人需要一些立即、具体的服务，如家庭帮助服务或综合家庭护理服务，那么工作人员首先应该为他们推荐相关服务，这会加强老人对工作人员的信任，有助于老人接受专业人员对事件的处理。如有需要，工作人员应留下联络电话、社会服务资料及紧急支援热线电话。

6. 受虐老人出现精神紊乱时

受虐老人由于不同的原因可能会出现各种类型的精神紊乱状况，例如不能集中精力、自言自语、忘记曾经说的话、说话内容混乱、对一般问题无法回答及情绪反复等。工作人员可通过一些简单的问题来评估老人的精神状况，如"你叫什么名字？""你在哪里？""今年是什么年份？"等。

遇到老人存在精神紊乱状况时，工作人员可联系老人的家人或入住的养老机构，了解与老人沟通的有效方法，并了解老人的病史。工作人员应尽量避免向疑似施虐者询问。

工作人员可询问老人及其照顾者，老人是否接受精神治疗，如果老人正在接受治疗，应鼓励老人及其照顾者将老人的近况告知医生，以便医生作出针对性治疗。

如果工作人员发觉老人精神状况异常，需要接受医疗或精神评估，应向老人、家人、照顾者介绍申请评估的程序，并确定是否需要转介服务。

如果老人需要申请紧急监护令，工作人员应作出转介及安排。

7. 受虐老人出现严重身体和心理问题时

当受虐老人出现下列状况时，工作人员必须立即采取措施进行干预和治疗：

（1）老人独自待在家里，没有语言和行动能力，不能与工作人员进行有效沟通；

（2）老人处于昏迷状态，或老人虽然有意识但个人卫生方面出现严重问题（如身体/衣服散发恶臭）、长时间没有饮食、穿不适合天气的衣服（如在极冷的天气穿很薄的衣服）、身上有伤口；

（3）老人正遭受着严重的情绪困扰，表现出极度的恐惧、抑郁、大声喊叫、大笑、不停地哭泣等；

（4）老人有自杀倾向或举动。

遇到上述情况，工作人员应尽快与上级主管联系，确定是否有必要将受虐老人送到医院进行检查和治疗，或立即得到警方的紧急协助。

（三）相关机构和人员工作机制

虐待老人案件本质上是复杂的，老人的家庭成员或其他相关人员可能会在不同的阶段引起不同专业人员的注意。为了给老人提供最适当的服务，有效地解决他们的问题，很重要的工作是保持专业人员之间的良好沟通与协作。

1. 社会工作者（社工）

社工在社区、医院、养老院等机构广泛存在。当发现虐待老人的情形时，社工可以与警察取得联系，并且持续跟进。法院也有社工，当家暴受害者去法院咨询时，社工会告诉受害者该如何行动。社工对家庭暴力的处理具有非常重要的作用，类似于中枢系统，在防治虐待老人方面发挥着重要作用。

为了减少在案件处理过程中受虐老人的压力以及叙述不愉快经历的创伤，应该采用案件管理人方法，以便老人在任何情况下只需要与案件管理人进行交流。在大多数情况下，处理案件的社工会扮演案件管理人的角色，协调各学科的工作、协助进行调查、针对案件的性质进行分类、制订一项福利计划，为老人、家庭成员提供或安排必要的服务，服务内容包括住宿、社区护理、支援服务、紧急财政支援、辅导等。一旦案件被定性为虐老案件，社工应填报"虐待老人中心信息系统"需要的数据。为老人、他们的家人（包括施虐者）及有关人士提供辅导,并为老人提供必要的法律服务。

1) 社工在社区服务中的工作重点

若老人适合在家居住,而又需要社区的支援服务,社工需将老人转介到社区,并确保老人得到社区的照顾。一般的社区支援服务包括:家务助理服务、综合家居照顾服务、改善家居及社区照顾服务等。

社工需与老人保持联络,以了解老人的后续情况。

为鼓励及协助老人建立社群关系、建立积极的人生观,社工可按老人的需要和兴趣,将老人转介至老人地区中心、老人邻舍中心或老人活动中心。

2) 社工在身体虐待个案中的工作重点

遇到身体虐待的案件,老人的安全和医疗需要是首先要考虑的问题。若虐待事件刚发生,负责社工应评估是否要实时为老人安排医疗检查及治疗。

(1) 负责社工在可能的情况下,应取得老人的同意,初步检查老人的身体,用文字和图画记录老人受伤的情况,以协助医生或警方进行调查。

(2) 即使见到老人身上有瘀伤,负责社工也不应太早断定确实发生了虐老事件,因为老人的生理变化、健康状况或意外事故,亦会产生类似的征状。社工应进一步搜集数据,包括与老人、家人或照顾者面谈,并建议老人接受医疗检查。

(3) 负责社工需评估老人身处的环境是否安全,有无再次被伤害的危险;如老人需离开当时的居所,社工应为老人安排住宿服务。

负责社工在进行调查时,须留意自身的安全,特别在接触疑似施虐者时,应采取适当的态度和措施,避免冲突和暴力事件发生。

负责社工亦应提醒受虐老人、家人及其他相关人士,如事件涉及刑事犯罪,他们可随时报警,寻求警方协助。

3) 社工在精神虐待个案中的工作重点

(1) 遭受精神虐待的老人,未必有明显及容易被发现的迹象,负责社工需通过与老人的多次接触,观察老人的情绪和行为,加上家人或照顾者提供的协助,才能较准确地评估老人的情况。

(2) 通常情况下,老人即使遇到不恰当的对待,也愿意维持现状,不愿透露事件。其中一个原因是老人不肯定事件披露后情况是否会得到改善。社工需用较长的时间,鼓励老人面对问题,并提供可能改善情况的方法。

(3) 负责社工应与疑似施虐者接触,了解其与老人的关系、日常照顾老人的模式与困难等,并需作多方调解,从而协助双方解决问题,同时亦要留意老人是否适合在现时的居所继续居住。

（4）若老人在精神上为无行为能力，而负责社工经介入后仍未能改善老人受虐问题，便需仔细评估老人的情况及所受的影响，决定是否要为老人申请监护令或院舍服务。

（5）曾遭受精神虐待的老人，容易产生情绪或心理困扰，如抑郁、退缩甚至有自杀倾向，负责社工应持续观察，评估是否需要转介老人接受临床心理或老人精神科治疗。

4）社工在疏忽照顾个案中的工作重点

（1）被疏忽照顾的老人，得不到日常生活的基本需要，通常会更需要社工的帮助。负责社工除与老人倾谈外，还要细心观察老人的生活环境、饮食起居、个人卫生及健康状况，才可较准确地判断疏忽照顾是否存在。

（2）若老人在精神上无行为能力，负责社工除了观察外，还要尝试接触其他人士，包括非与老人同住的家人、邻居、院友等，以更多了解老人的情况。

（3）若老人出现的病症和身体损伤是由于疏忽照顾引起的，医护人员的专业意见和判断便尤为重要。负责社工应与医务人员合作，一起评估老人的情况和解决措施。

（4）若老人在精神上无行为能力，而负责社工介入后仍未能改善老人疏忽照顾的问题，需仔细评估老人的情况及所受的影响，决定是否要为老人申请监护令或作出住宿安排。

5）社工在侵吞财产个案中的工作重点

（1）为避免老人继续受到无法挽回的损失，实时行动以停止金钱上的损失是必须的，负责社工可建议老人或代老人向社会保障办事处报告，要求取消或更换监护人或受托人。

（2）负责社工可建议老人与银行联络，说明目的，以提高银行职员的警觉或暂时冻结提款。若老人行动不便，社工可致电银行派职员到访，或协助安排交通，让老人到银行处理有关事项。社工可建议老人咨询法律人士，然后作出处理计划。另可评估事件的严重性，建议或代老人报警或采取法律行动。

（3）老人在精神上无行为能力，负责社工应评估是否需要为老人申请紧急监护令。

6）社工在遗弃个案中的工作重点

（1）遗弃老人的情况通常发生在医院和住宿服务单位。老人入住后，老人的家人或照顾者便消失不见或对联络不予回应。

（2）负责社工应尽量尝试与老人的家人或照顾者接触，了解其困难并予以协助。若接触不果，负责社工须评估老人的情况，包括经济、健康、自我照顾能力、本身的居住环境及支持网络等，以决定是否需要为老人转介有关服务。

（3）若老人在精神上无行为能力，负责社工应评估是否需要为老人申请监护令。

7）社工在性虐待个案中的工作重点

（1）曾遭受性侵犯的老人，通常都难于将事件向他人透露，负责社工须用较多的时间与老人建立信任关系，增加老人的安全感和对社工的信心。

（2）负责社工应向老人申明他/她有权过免受侵犯的生活，并随时就过往的遭遇作出相应的行动，如避免事件再次发生、报警及接受辅导等。

（3）当老人开始透露性侵犯事件时，负责社工应将老人所述及其反应进行记录，特别是事件的发生时间、老人可否辨认出侵犯者等。若事件是刚刚或近期发生，保存证据尤为重要，负责社工应与老人详细探讨是否寻求警方的介入；亦须评估老人的医疗需要，转介老人接受医疗检查及治疗。

（4）如老人选择报警，负责社工应为老人做好心理准备，如何面对一连串的调查及司法程序，包括录取证供、辨认疑犯、法庭聆讯等。

（5）当老人开始披露性侵犯事件时，通常会产生强烈的情绪反应，负责社工应给予支持，尽量让老人表达其感受。老人可能对于侵犯者有很复杂的情绪反应，甚至维护侵犯者，负责社工亦应多加接纳，并表示明白其面对的困扰。若有需要，应转介老人接受心理辅导。

（6）为避免侵犯事件再次发生，负责社工应作出风险评估，例如老人是否仍适合住在目前的居所、侵犯者是否仍能接触老人等。如有需要，应为老人安排紧急住宿服务，以确保老人的安全。

2. 警察

警察负有保护老人的人身及财产安全的责任。在调查虐待老人案件时，警察应评估老人的伴侣或者子女，以及其他共同居住人的状况。虐待一般来说是一个循环往复的过程，所以警察的干预应该是长期的、循环往复的，这对警察的素质提出了更高的要求。

1）接报

警务人员可接收实名举报或匿名举报。警察需向报案人说明可能需要进一步的资料，要求举报者提供联络方式，记录可鉴别受虐老人的资料，包括：

（1）老人的姓名、出生日期、年龄及性别；

（2）老人的香港身份证号码、其他身份证明文件号码（如有）；

（3）虐老事件的性质、事发日期、地点；

（4）老人是否有特别的需要，如患病、行动不便或沟通困难等；

（5）老人的所在地点；

（6）老人亲属的资料及联络方法。

若接报警务人员并非值日官/总区指挥及控制中心人员，则应即时通知值日官/总区指挥及控制中心，以便指派警务人员到现场进行调查。在可能的情况下，值日官/总区指挥及控制中心应尽量安排一名与老人同一性别的警务人员到案发现场调查，若案件可能涉及女性老人遭受性侵犯，则必须有女性警务人员到场。

2）现场调查

警务人员到达现场后应先安抚老人的情绪，并将老人与其他人员分开询问，以防止施虐者是家庭成员或同居者时老人因有压力而不愿透露事件经过。若老人或其他人员有医疗需要，警务人员应立即召唤救护车把伤者送往医院接受检查和治疗，并提醒医护人员伤者可能涉及虐老个案。

警务人员应尽量在现场为老人录取证供，以免老人因交通或其他情况，影响其情绪和透露事件的意愿。如老人身处警署，则应安排在较舒适的房间为老人录取证供。警务人员应尽量安排老人信任或熟悉该老人的成年人，以见证人的身份陪同老人录取证供。若施虐者为老人的亲友并被逮捕，警务人员应向老人解释警方处理事件的程序，告知其作出拘捕的警务人员的编号及被捕者将被带往的警署名称。

若虐老事件涉及性虐待，则应将事件归类为"性暴力"案件。男性警务人员如果在户外值勤时接获性暴力个案的举报，应只向老人询问用以确定犯案者是否仍在附近的问题。同时，该警务人员应尽快将老人送往分区警署，并由警署内的女性警务人员跟进案件。

若虐老事件涉及配偶间的家庭暴力，则应将事件归类为"家庭暴力事件"。如有表面证据显示案件乃刑事案件，现场警务人员应通知值日官、总区指挥及控制中心指派刑事单位人员进行调查。为方便刑事调查，警务人员应记录曾询问的问题和有关人士的答复，包括其他证人。

在有足够证据对犯罪行为构成合理疑似时，警务人员应向疑犯施行警诫，并迅速记录警诫下疑犯所供认的罪行及答复的详细内容。记录有关暴力、挣扎、受伤的证据，以及有关人士当时的情绪。记录证人的详细资料。如现场的状况有助检控工作，则予以保持，等候罪案现场组人员、摄影师到场。若情况需要，把有关人士带回警署作进一步调查。

3）转介紧急庇护服务

无论施虐者是否被拘捕还是被起诉任何刑事罪行，警务人员必须以老人的人身安全为前提，评估老人是否适宜继续留在原来住所。若有需要，警方应尽量安排交通工具，将老人送到安全的居所。若老人没有其他地方暂居，警务人员可通过社工为老人安排紧急住宿服务。若老人是女性，并能照顾自己生活起居，亦可转介到非政府机构经办的妇女庇护中心。如有需要，亦可安排受虐老人使用家庭危机支援中心的短期住宿服务（入住期限不超过三天，如有特别需要，最长住宿期为一星期），亦可安排受虐老人入住单身人士宿舍。

4）转介福利服务

为使老人及有关人士得到适当的帮助，警务人员可询问老人是否正在接受、曾经接受社会服务，若老人曾因受虐问题在某机构有备案，警务人员在取得老人同意后可与该单位联络，交代虐老事件的情况，以协助老人尽快得到服务。若没有资料显示老人有备案情况，警务人员若认为有需要，在取得老人同意后，可按老人的经常居住处，转介老人往该区域的综合家庭服务中心或综合服务中心。警员亦可考虑转介个案到其他非政府的社会福利机构。于刑事案件中，转介工作由案件主管负责，其他案件则由值日官负责。若虐老事件系由社署、非政府机构或其他单位转介与警方调查，而老人亦已得到有关方面跟进，警务人员则无须进行转介。

所有采取的行动必须记录于单位通用资讯系统内，所有没有作出转介的个案，警务人员必须详细记录原因。收到警方的转介信件之后，所属地区综合家庭服务中心的主管应在该转介信件下部附件的回复栏内，填写有关负责该案的社会福利署（或非政府机构）社工的联络资料，并于七天内传真至作出转介的警察分区。收到回复后，有关警察分区必须把回复的资料输入通用资讯系统中，以作将来参考之用。在警方转介个案的一个月内，负责该案的社会福利署应提供有关人员有否接受支援服务的进一步消息，有关警察分区亦必须在通用资讯系统内更新资料。

5）协助无行为能力的老人

若老人为无行为能力人，而案件可能涉及依公诉程序审讯的罪行，或可依简易程序审讯的罪行，警务人员可以将会谈过程录影，该录影记录可在刑事聆讯中作为受害人的主要证据。如知悉老人正接受定期的医疗或临床心理服务，警务人员应联络老人的主诊医生或临床心理学家，为老人的精神状态或心智能力作出评估，以决定是否适宜让老人作证及以何种方式作证。在紧急情况下或老人从未接受过有关诊疗，警务人员可向医院管理局的医生或社署的临床心理学家寻求协助。

6）填报"虐待老人个案中央资料系统"

如果警务人员确信或证实虐老事件确曾发生，而案件并非由社会服务机构转介至警方，且受虐老人不愿接受任何社会服务而没有被转介至其他机构，那么警务人员需填写"虐待老人个案中央资料系统"资料输入表，并于一个月内寄往保护儿童政策组总督察。刑事案件由案件主管负责，其他案件则由值日官负责。经保护儿童政策组整理后，资料输入表会寄往社会福利署家庭及儿童福利科"虐待老人个案中央资料系统"。通知当事人把其个案资料转移到该中央资料系统是一个良好的守则，但当事人的同意并非必需。如虐老个案涉及性虐待或家庭暴力，而施虐者是配偶，警务人员只需填报"虐待配偶个案及性暴力个案中央资料系统"的资料输入表，在特殊的情况下，如案件涉及不同性质的事件及多于一名的施虐者，例如受害人遭丈夫殴打及被儿子盗窃财物，则两项资料输入表均需同时填报。

7）参与"多专业个案会议"

当受虐老人得到社会服务机构的协助后，负责社工应邀请各有关专业人士，包括警务人员，出席"多专业个案会议"，商讨老人需要的服务及制订福利计划。刑事案件由案件主管出席，其他案件则由分区指挥官指定人员出席。由于警方已就个案展开刑事调查工作，出席的警务人员应在讨论个案性质时保持中立。警务人员不应透露尚在调查中的案件资料。

3. 卫生署、医护工作者

1）个案来源

（1）老人自行前往卫生署辖下的诊所求诊及作例行复诊，向护士、医生或其他医护人员透露受虐情况。

（2）护士、医生或其他医护人员提供服务时，察觉老人正处于受虐危机，有受虐待的征象。

2）医生处理虐老个案的程序

医护人员在预防虐待老人问题中非常重要，医院是调查研究虐待老人现象的重要场所。医护人员为年老人提供体检、咨询、评估和治疗，确定老人的身体状况是否受虐待或其他因素（如疾病）的影响，评估老人的精神状况及情绪。在此过程中，医护人员可对老人作心理评估/治疗，协助对老人提供照顾的模式及方法的评估。如发现受虐老人存在精神问题，应建议对其精神状况进行评估，协助申请监护命令。

（1）如发现老人遭受虐待，可先为老人进行有关的医疗检查和治理，并记录老人当时的身体状况。

（2）如老人没有报警求助，而事件危及老人人身安全或涉及严重身体伤害，负责医生须实时报警。

（3）如老人出现严重的情绪困扰，医生可针对老人的情况进行辅导，给予诊治或作出转介。

（4）医生可按老人的情况，转介老人至医院管理局的急症室、老人科、老人精神科或其他专科，为老人的精神状况、行为能力及其他医疗需要作出评估及治疗。

（5）为协助老人及其照顾者解决问题，医生应询问老人是否正在接受社会服务，若老人已在某个社会服务单位备案，医生可直接联络该单位，交代虐老事件的背景，以便该单位协助老人处理虐老事件。

（6）若老人没有接受任何社会服务，在老人的同意下，医生可按老人的居住区域，转介老人至综合家庭服务中心或综合服务中心。若事件涉及虐待配偶，可转介至社署保护家庭及儿童服务课。医生亦可考虑转介个案到其他非政府的社会服务机构。

3）转介个案时，医生应提供受虐老人的下列信息：

（1）老人的姓名、出生日期（或年龄）、身份证号码；

（2）老人的住址及电话号码；

（3）老人所在的地点（如与住址不同）；

（4）虐待事件的背景；

（5）老人是否有实时危险或是否有特别需要；

（6）老人的身心状况；

（7）医生应与其他专业人员保持沟通，确保老人得到最妥善的服务，以解决受虐问题。

如由护士或其他医护人员发现老人遭受虐待，应通知医生，由医生按上述程序处理。

4. 房屋署

房屋署应关注居住在公共小区的老人的需要。在办理分租申请时，应考虑有较高受虐风险的老人的需要。

房屋署辖下的职员，经常有机会接触老人，以下程序适用于所有接触到疑似虐老个案的职员。

1）个案来源

（1）日常工作中，职员可能会在若干情况下接触到虐老个案，例如老人到房屋署办事处缴纳租金、职员探访住屋计划的老年租户或独居老人、处理调迁或分户的查询及申请等。

（2）老人主动向职员诉说其受虐的情况。

（3）职员根据观察，发现有老人处于受虐的情况。

（4）虐老个案亦可能经其他租户透露。

2）接到求助的处理程序

（1）通过核对租约记录及档案资料，初步评估个案的真实性。联络疑似受虐老人，以了解虐老事件曾否发生。

（2）若老人没有接受任何社会服务，在老人的同意下，职员可按老人的居住区域，转介老人至综合家庭服务中心/综合服务中心。若事件涉及虐待配偶，可转介至社会福利署保护家庭及儿童服务课。职员亦可考虑转介个案到其他非政府的社会服务机构。

（3）如受虐老人拒绝社工介入，职员应与老人保持联络，于适当时作出转介；职员亦可在不透露老人个人资料的情况下，与社工商讨协助老人的方法。

（4）如发现老人有实时身心危机，为保障老人的安全，职员应报警求助。

（5）若事件涉及老人及其家人对房屋服务的要求，职员可按一般程序处理，并留意当事人是否需要其他社会服务。

3）填报"虐待老人个案中央资料系统"（略）

4）参与"多专业个案会议"（略）

5. 监护委员会

根据《精神健康条例》，相关权力机关可以作出命令，委任监护人或受托监管人，协助精神上无行为能力者及其照顾者。从广义上来说，"监护"主要是照顾精神上无行为能力者的福利，而"受托监管"则比较侧重于财务管理。

作出监护令的一个准则是须"为该精神上无行为能力人的福利或为保护他人着想"。至于委任受托监管人,适用条件是"因精神上无行为能力而无能力处理和管理其财产及事务",可见重点在处理和管理"财产及事务"。监护委员会需要为老人申请监护提供指引。如监护委员会有理由相信出现以下情况,则可发出紧急监护令:

(1)当事人处境危险、正在或相当可能会受虐待或受人利用;

(2)当事人属精神上无行为能力,因而不能作出涉及个人情况的合理决定;

(3)有必要立刻施予援手以保护当事人。

6. 养老机构

机构养老本是老人养老模式的一大创新,可以有效缓解家庭养老的负担,为老人提供一个相对舒适的养老方式。然而,在老人选择机构养老的同时,养老机构成了老人受虐的一大集中区域。在长期照护机构居住的老人中至少有两成以上曾遭受过不同类型的虐待。机构虐待老人问题的原因主要包括以下三个方面:一是老人个性顽固或与人相处困难等人格特质方面的自身因素;二是照护人员对老人有负面的印象和观感,或者其照护工作得不到认可与尊重;三是照护工作任务重,工作时数长,工作要求繁多,或者照护人员缺乏相关的专业培训,以及缺少政府方面的支持等。❶

1)个案来源

养老机构内的工作人员是举报虐老案件的来源之一,员工在工作中比较容易发现其他员工的虐待行为,因而是发现虐老案件的重要渠道。此外,老人及其亲友也可以直接向机构举报。其他单位在为老人服务的过程中,也有可能发现虐老现象,如为老人提供辅导的工作人员,在辅导过程中了解到老人受到虐待,应该向机构举报。

2)处理程序

(1)员工发现其他员工虐待老人的,或接到老人本人或其亲友举报的,应及时告知机构负责人;

(2)无论虐老事件是否属实,负责人应立即把疑似施虐者撤换,安排另一员工为老人服务;

---

❶ 黄志忠:《老人主要照顾者施虐倾向及其危险因子之研究——以中部地区居家服务老人为例》,载《中华心理卫生学刊》,2013年第26期,第5页。

（3）把案件转介给社工跟进。如果机构内有社工，则由机构社工跟进。如果机构内没有社工，则把老人转介至适当的服务单位跟进。

（四）福利计划

福利计划的制订及推行须获得受虐老人、其家人或施虐者的同意及合作。计划通常包括下列各方面：

1. 医疗服务

（1）若发现老人有医疗上的需要，例如要住院或接受治疗，负责社工应与老人及其家人、监护人商讨，尽快将老人送往适当的医疗机构接受治疗。

（2）在老人接受治疗期间，负责社工有责任接触老人，有需要时可与医护人员联络，以了解老人的情况，并评估老人是否适合返回原来的居所居住。

（3）负责社工应将老人的最新情况，尽快知会其他有关的专业人员，以便考虑是否有需要重新制订老人的福利计划。

2. 护理服务

（1）老人在接受医疗后返回家中居住，若仍有护理需要，社工可代老人向医院申请社康护理服务，由社康护士上门提供护理服务和健康辅导。一般的社区服务包括：家务助理服务、综合家居照顾服务、改善家居及小区照顾服务等。

（2）负责社工须与老人保持联络，以了解老人的进展情况。

（3）为鼓励及协助老人建立社群关系、建立积极的人生观和生活，负责社工可按老人的需要和兴趣，转介老人至老人地区中心、老人邻舍中心或老人活动中心。

3. 紧急召援系统

为使老人在家中遇到紧急事故时，得到迅速及适当的援助，可转介老人申请俗称"平安钟"或"救命钟"的紧急召援系统。

4. 院舍服务

（1）若老人不适宜留在家中居住，需要院舍服务，负责社工应与老人、其家人/监护人商讨，为老人作出转介。

（2）负责社工须与老人保持联络，以了解老人的进展情况。

5. 经济援助

若老人因经济困难而得不到适当的照顾，负责社工应与老人、其家人/

监护人商讨，为老人申请经济援助，包括综合社会保障援助（综援）和慈善信托基金。对于缺乏理财能力和技巧而有财产被侵吞危机的老人，负责社工须提醒老人如何管理个人财产及提高警觉；并按需要为其作出特别的安排，例如：转由另一位受委人为老人领取养老金，并要求有清楚的记录；此外，亦可考虑申请监护令，由监护人管理老人的财产，以保障其财富不被非法动用。

负责社工须为老人及其家人提供合适的辅导服务，帮助他们尽快在受虐事件中康复，并恢复正常和谐的家庭关系。如有需要，可转介老人及其家人接受临床心理服务。

6. 为施虐者提供服务

若施虐者为受虐老人的家人，而事件不涉及刑事检控程序，负责社工应为其提供辅导服务，以协助其认识施虐行为对老人造成的伤害，提升解决问题的能力以防止虐待行为再次发生。如有需要，在取得施虐者同意后，转介其接受临床心理服务。

若施虐者对负责社工报以敌视态度，负责社工应知会其上司，商讨适当处理策略，或考虑安排另一位社工跟进，并与该接收个案社工紧密联络，以确保个案顺利移交。支持性或治疗性小组除了采用个案及家庭辅导外，为处于类似困境的老人或施虐者举办专门小组，让他们互相分享和支持，面对虐待事件带来的创伤，亦能有效地协助老人及施虐者。

7. 申请监护令

（1）若怀疑老人在精神上为无行为能力，负责社工应与其家人或照顾者商量，寻求精神科医生的协助，评估老人的精神状态。若受虐老人经评估，确定其为精神上无行为能力，而该受虐老人自愿接受社工的协助，则不需根据《精神健康条例》给予服务。但若该老人缺乏为自己作决定的能力，又不接受亲属（非施虐者）或社工为其所作的福利照顾安排，社工应以老人的最佳利益为出发点，根据《精神健康条例》向监护委员会申请监护令，以保障老人的福利。

（2）若监护委员会颁发监护令，负责社工应与老人的监护人保持联络，确保老人得到最合适的照顾。

（3）负责社工应将老人的最新情况，尽快知会其他有关的专业人员，以便考虑是否有需要重新制订老人的福利计划。为加强对老人的保护，协助他们处理日常事务，负责社工可提供有关服务，或转介照顾者至老人地区中心或老人邻舍中心接受服务。负责社工可转介老人申请社会支持服务，通过义工的定期探访和举办活动，让老人得到社会人士的关怀。

(五) 其他措施

1. 社会支持

社会支持是以个体为中心的各种社会联系对个体所提供的稳定的物质和（或）精神上的支持，包括客观支持、主观支持及对社会支持的利用度三个维度。客观支持即个体获得的实际可见的物质援助、社会网络以及团体关系的存在和参与等；主观支持指个体感觉的被尊重、被理解的情感体验和满意程度，它与个体的主观感受密切相关；而社会支持利用度则是个体对社会支持的接纳和利用、社会支持对身心健康的结果。提供充分的社会支持将有利于个体获得社会资源、增强自信心，为个体提供归属。❶

香港赛马会慈善信托基金与香港大学社会工作及社会行政学系及香港基督教服务处合作，以虐待老人比例最高的葵青区作试点，以个案管理、增权及调解两项服务尝试在上述三个维度处理虐老个案。香港大学社会工作及社会行政学系进行了30个月的研究，邀请了82名年龄介于60岁至86岁的老人接受由香港基督教服务处提供的为期3个月的支援服务（47位长者参加个案管理服务，35位参加增权及调解服务），其中77%为女性老人。研究结果见表5-3：

表5-3

个案管理	增权及调解
提供个人化的咨询与治疗	为案主增权及教育
除案主的生理和心理状况外，也关注案主所处的环境状况	适当时通过协商处理争议及冲突
将案主与所需服务的专业和日常社交网络加以联结	协助受虐待老人及其家人以正面的态度去解决问题强调运用社区资源以协助案主
能够提供当事人双方都乐于接受的解决方案	目标在于改善案主对社交网络和社区资源的使用

---

❶ 宏艳：《社会支持研究综述》，载《重庆科技学院学报》2008年第3期，第69~70页。

三个月服务结束后,研究小组访问了68名接受服务的老人。根据数据分析显示,"个案管理服务"及"增权及调解服务"均对虐待老人问题带来正面的影响,包括为老人提升自理能力、减低精神虐待、提升自我效能感及改善心理健康,但于减低身体虐待上并无明显帮助,见表5-4。❶

表 5-4

成效	比率(%)
提升自理能力	47.4
减低精神虐待	19.9
提升自我效能感	9.9
改善心理健康	6.2
减低身体虐待	0.8

2. 法律服务

虐待行为对于老人总是难以避免,因此限制令、司法途径的介绍和帮助是必要的。让老人认识到自己的权利,学会维护自己的权益,敢于维护自己的权益,可以让老人免于受到伤害。若老人已经受到了伤害,则要提供可行的途径进行维权,让不法行为得到纠正,让弱者得到保护。家庭关系关乎伦理,要谨慎全面,以家庭幸福和谐为目标。对于确实难以教化的行为、特别严重的虐待行为,要寻求司法途径以更强有力的措施维护老人的合法权益。

3. 教育

加强宣传教育,倡导尊老爱老的社会风气是预防虐待老人的必要措施。宣传和教育是全民文明素质养成的手段,嘉言懿行,相得益彰。在"老人社会"意识流的巨大冲击中,应当加强"健康老龄化"的宣传教育,正确引导公众认识老人的历史价值和社会作用,营造"尊老、爱老、助老"的良好氛围。❷

在香港地区,自2002年开始,社公署开始推行一项名为:"凝聚家庭,齐抗暴力"的大型宣传活动,主要在于增加家庭和谐度和凝聚力,打击暴力

---

❶ "使用个案管理、增权及调解处理虐老个案成效研究": https://www.hku.hk/press/press-releases/detail/c_10592.html. 最后访问日期: 2018年1月11日。

❷ 张敏杰:《美国学者对虐待老人问题的研究》,载《国外社会科学》2002年第5期,第66~70页。

行为,其中包括"善待老人"主题活动,目的在于预防虐待老人情况的发生。宣传活动大小不一,有的活动涉及整个香港地区,这主要借助媒体的力量。特区媒体凭借其拥有的广大受众,通过播放电视节目和宣传片,对人们产生潜移默化的影响;香港地区的壁画创作,用绘画雕塑等艺术形式,宣传防治虐待老人的思想。地区性的宣传活动包括专家研讨会、专门研讨会等。此外,政府和社会还组织家庭夏令营,让家庭在群体中去体谅、关爱老人。社区定期召开家庭代表大会也是一个不错的选择,形成一个互相关爱的氛围。

(六) 典型案例

1. 疏忽照顾、精神虐待

受虐者:老父亲(膝下多个子女、生活自理能力差)

施虐者:多名子女(争夺遗嘱,不照顾父亲)

虐待事实及发现经过:

有一名受良好教育的老人,膝下有多个子女,晚年与其中一个儿子共住。该老人自理能力一般,需依赖共住儿子的照顾。儿子一直认为自己贴身照顾父亲,理应得到较多遗产,但后来发现老人早已定下遗嘱,将财产平均分配给各子女。儿子对此深感不满,加之认为父亲对其他兄弟姊妹过去培育较多,于是不满升级,进而不照顾、不关心、不提供食物给父亲。老人深受打击,身体机能急速衰退,更患上抑郁症,于是向精神科医生求助。医生接诊后,认为事态严重,遂将案件曝光。

应对措施:

在接到老父亲受虐的通报之后,社会福利署的工作人员立即前往老人家中,首先在询问过程中照顾好老人的情绪,其次对老人进行紧急安置,安排专门场所进行照顾,对其进行身体检查、生活照料和精神安慰。

社会处的工作人员对老人进行安置以后,随后前往老人家中对施虐儿子进行初步调查,在初步确定虐待事实后,工作人员随后将案件移送到警察局,进行进一步调查。

总结:

本案中,老人受到疏忽照顾和精神虐待。由于这两种虐待形式具有很强的隐蔽性,在较短的时间内很难被发现。因此,虐待老人案件的发现仍然是实务操作中的难题。虽然根据《处理虐待老人个案程序指引》规定了公职人员具有通报的责任，但是仍然有很大的局限性，需要探究早期发现虐待的办法。

2. 经济虐待

受虐者：80 岁的雪梅（生活拮据、与女儿共同居住）

施虐者：女儿一家（经济虐待和忽视）

虐待事实及发现经过：

年届 80 岁的雪梅退休后，与女儿一家同住以方便照应。女儿强行占有雪梅领取的政府津贴，每月只给雪梅 100 元作生活费。雪梅初时为了息事宁人，即使经济拮据亦不作声。后来，雪梅鼓起勇气要求取回津贴自行管理，女儿却自此迁怒雪梅，与她划地为界，规定她只可以将个人物品全部堆在睡觉的床位上，即使雪梅生病需要他人照顾，家人亦不闻不问，在家中无视她的存在，把她当作"透明人"。面对女儿的长期冷漠及忽视，雪梅感到心酸难耐，于是向社区求助。

应对措施：

社工介入后，一开始老人有些排斥经过社工的耐心开解，老人逐渐与社工建立起信任关系，向社工吐露心声，寻求救助的办法。社工对老人的情况有了深入了解，于是与相关机构联系，并对施虐者进行教育。经过社工与社会福利署、房屋署的沟通，一致认为老人已经不适合继续居住在女儿家中，于是老人获派公屋，迁入新居，并在社工的鼓励及协助下，认识了新的邻居、朋友，加入了该区的老人中心，逐步融入新社区，开始了新生活。

总结：

社工在处理虐老案件中发挥着重要作用。社工通常是第一个接触受虐老人的人，与老人建立信任关系、深入了解老人的真实情况、与其他部门商讨解决问题的方案等，都是社工的核心工作。因此，对社工进行专业培训，各部门积极配合社工的工作，是解决虐老问题的关键所在。

第五章　中国香港地区防治虐待老人法律及其实施

附1：

香港疑似虐待老人个案转介图

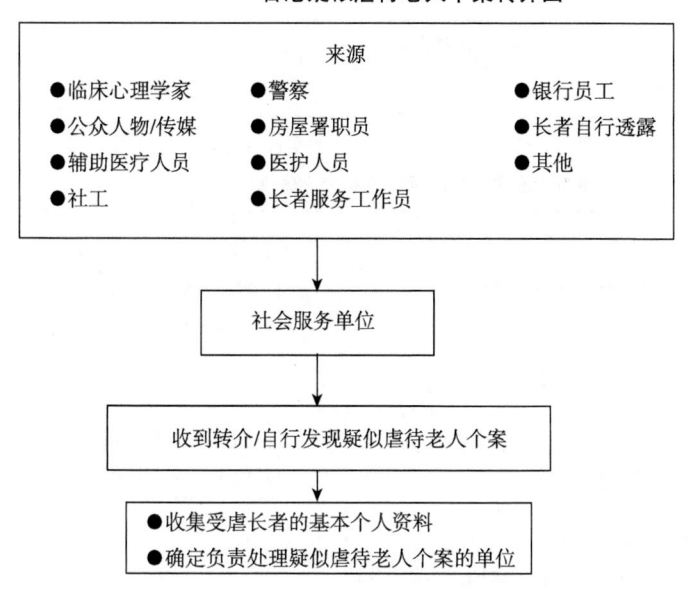

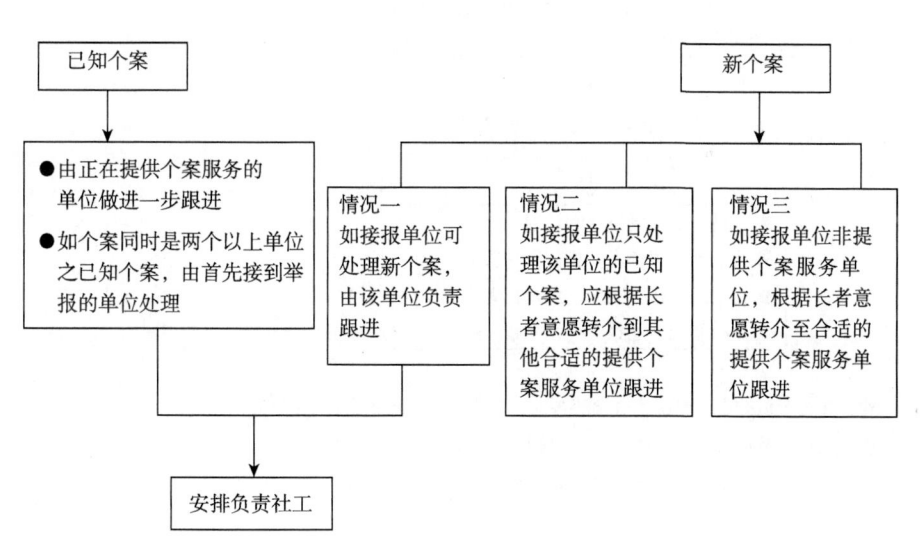

来源
- 临床心理学家
- 警察
- 银行员工
- 公众人物/传媒
- 房屋署职员
- 长者自行透露
- 辅助医疗人员
- 医护人员
- 其他
- 社工
- 长者服务工作员

↓

社会服务单位

↓

收到转介/自行发现疑似虐待老人个案

↓

- 收集受虐长者的基本个人资料
- 确定负责处理疑似虐待老人个案的单位

已知个案
- 由正在提供个案服务的单位做进一步跟进
- 如个案同时是两个以上单位之已知个案，由首先接到举报的单位处理

↓

安排负责社工

新个案

情况一
如接报单位可处理新个案，由该单位负责跟进

情况二
如接报单位只处理该单位的已知个案，应根据长者意愿转介到其他合适的提供个案服务单位跟进

情况三
如接报单位非提供个案服务单位，根据长者意愿转介至合适的提供个案服务单位跟进

资料来源：香港《处理虐老个案程序指引》(2006)。

附2：

香港疑似虐待老人个案处理程序图

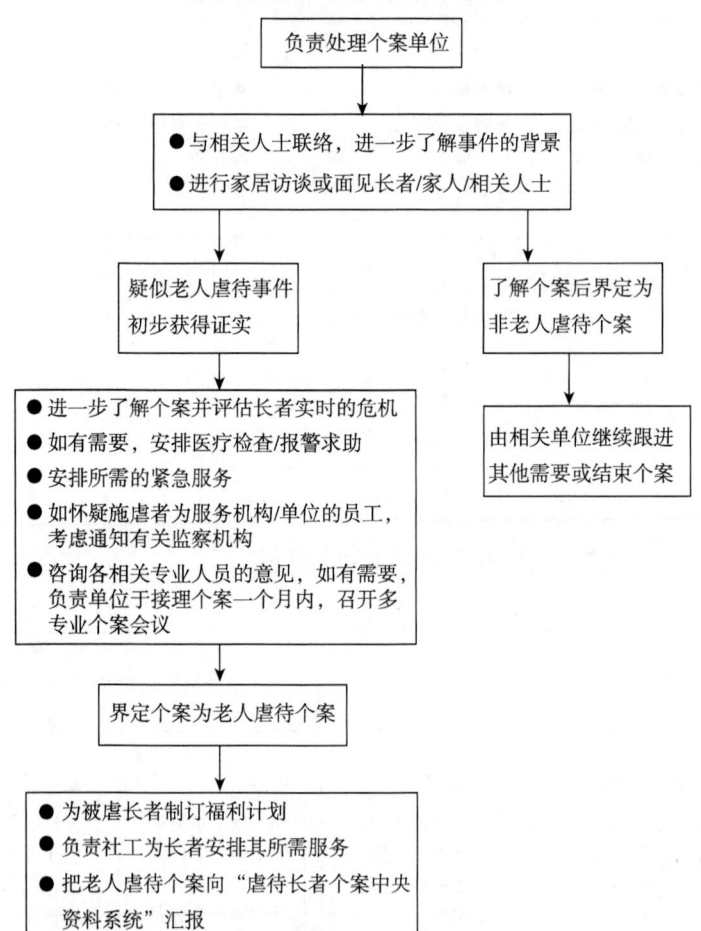

```
┌─────────────────┐
│  负责处理个案单位  │
└────────┬────────┘
         ↓
┌──────────────────────────────────┐
│● 与相关人士联络，进一步了解事件的背景 │
│● 进行家居访谈或面见长者/家人/相关人士 │
└────────┬─────────────────┬───────┘
         ↓                 ↓
┌─────────────────┐  ┌─────────────────┐
│  疑似老人虐待事件  │  │  了解个案后界定为  │
│    初步获得证实    │  │   非老人虐待个案   │
└────────┬────────┘  └────────┬────────┘
         ↓                     ↓
┌──────────────────────────┐ ┌─────────────────┐
│● 进一步了解个案并评估长者实时的危机│ │  由相关单位继续跟进 │
│● 如有需要，安排医疗检查/报警求助   │ │  其他需要或结束个案 │
│● 安排所需的紧急服务              │ └─────────────────┘
│● 如怀疑施者为服务机构/单位的员工，  │
│  考虑通知有关监察机构             │
│● 咨询各相关专业人员的意见，如有需要， │
│  负责单位于接理个案一个月内，召开多  │
│  专业个案会议                    │
└────────┬─────────────────────────┘
         ↓
┌─────────────────┐
│ 界定个案为老人虐待个案 │
└────────┬────────┘
         ↓
┌──────────────────────────────┐
│● 为被虐长者制订福利计划          │
│● 负责社工为长者安排其所需服务     │
│● 把老人虐待个案向"虐待长者个案中央 │
│  资料系统"汇报                  │
└──────────────────────────────┘
```

注：在为疑似受虐长者提供各项服务时，工作员应先取得长者的同意。
资料来源：香港《处理虐老个案程序指引》(2006)。
由相关单位继续跟进其他需要或结束个案。

附 3：

家庭及同居关系暴力条例（全文）

1. 简称
2. 释义及适用范围
3. 区域法院发出强制令的权力：配偶及前配偶
3A. 区域法院发出强制令的权力：其他亲属
3B. 区域法院发出强制令的权力：同居人士及前同居人士
4. 在若干情况下原讼法庭可行使区域法院的权力
5. 逮捕违反命令的人
6. 对强制令及逮捕授权书的限制
7. 法院可延长强制令及逮捕授权书的有效期
7A. 法院可更改或暂停执行管养令或探视令
8. 实务及程序的规则
9. 关于现行司法管辖权的保留性条文
10. 强制令无须注册
11. 法院的权力由一位法官行使

1. 简称
本条例可简称为《家庭及同居关系暴力条例》。（由 2009 年第 18 号第 4 条修订）

2. 释义及适用范
"同居关系"（cohabitation relationship）：
（a）指作为情侣在亲密关系下共同生活的两名人士（不论同性或异性）之间的关系；及
（b）包括已终结的该等关系；（由 2009 年第 18 号第 5 条增补）
"同居关系一方"（party to a cohabitation relationship）不包括该段关系的另一方的配偶或前配偶；（由 2009 年第 18 号第 5 条增补）"指明未成年人"（specified minor）指——
（a）属有关申请人或答辩人的子女（不论是亲生子女、领养子女或继子女）的未成年人；或与有关申请人同住的未成年人。

"婚姻居所"（matrimonial home）包括婚姻双方通常共同居住的居所，不论该居所是否同时被其他人占用；

3. 区域法院发出强制令的权力：配偶及前配偶

（1）区域法院如应任何人提出的申请，而信纳申请人的配偶或前配偶曾经骚扰申请人或某指明未成年人，则不论在有关法律程序中是否有人正寻求其他济助，法院亦可符合第 6 条的规定下发出强制令，强制令可包括以下全部或其中任何条文——（由 2008 年第 17 号第 4 条修订）

（a）禁制答辩人骚扰申请人的条文；

（b）禁制答辩人骚扰任何指明未成年人的条文；

（c）禁止答辩人——（由 2008 年第 17 号第 4 条修订）

（i）（如申请人曾被答辩人骚扰）进入或留在——

（A）申请人的居所；

（B）申请人的居所的指明部分；

（C）一处指明的地方（不论申请人的居所是否位于该地方内），的条文，不论该居所是否申请人与答辩人的共同居所或婚姻居所；

（ii）（如有关指明未成年人曾被答辩人骚扰）进入或留在——

（A）该指明未成年人的居所；

（B）该未成年人的居所的指明部分；或

（C）一处指明的地方（不论该未成年人的居所是否位于该地方内），的条文，不论该居所是否该未成年人与答辩人的共同居所；

（d）规定答辩人必须准许——（由 2008 年第 17 号第 4 条修订）

（i）（如申请人与答辩人居于同一处）申请人进入及留在该申请人与答辩人的共同居所或婚姻居所，或该共同居所或婚姻居所的指明部分；

（ii）（如该指明未成年人与答辩人居于同一处）该未成年人进入及留在该未成年人与答辩人的共同居所，或该共同居所的指明部分的条文。

（1A）法院可于载有第（1）（a）或（b）款所述条文的强制令中包括一项条文，规定答辩人参与以改变导致发出该强制令的态度及行为为目的并获社会福利署署长核准的任何计划。（由 2008 年第 17 号第 4 条增补）

（2）在行使发出载有第（1）（c）或（d）款所述条文的强制令的权力时，区域法院须考虑双方对另一方的行为或其他行为、双方的各自需要及经济能力、任何指明未成年人的需要以及该个案的所有情况。

3A. 区域法院发出强制令的权力：其他亲属

（1）区域法院如应任何人提出的申请，而信纳申请人的亲属曾经骚扰申

请人，可发出针对该亲属的强制令。（由2009年第18号第7条修订）

（2）在第（1）款中，"亲属"（relative）指——（a）申请人的父亲、母亲、祖父母或外祖父母（不论是在亲生关系或领养关系之下的）；

（b）申请人的继父、继母、继祖父母或继外祖父母；

（c）申请人的配偶的父亲或配偶的母亲，而该父亲或母亲是该申请人的配偶的亲生父母、领养父母或继父母

（d）申请人的配偶的祖父母或配偶的外祖父母，而该祖父母或外祖父母是该申请人的配偶的亲生祖父母、亲生外祖父母、领养祖父母、领养外祖父母、继祖父母或继外祖父母；

（e）申请人的儿子、女儿、孙、孙女、外孙或外孙女（不论是在亲生关系或领养关系之下的）；

（f）申请人的继子、继女、继孙、继孙女、继外孙或继外孙女；

（g）申请人的女婿或媳妇，而该女婿或媳妇是该申请人的亲生子女、领养子女或继子女的配偶；

（h）申请人的孙女婿、孙媳妇、外孙女婿或外孙媳妇，而该孙女婿、孙媳妇、外孙女婿或外孙媳妇是该申请人的亲生孙、亲生外孙、领养孙、领养外孙、继孙或继外孙的配偶；

（i）申请人的兄弟或姊妹（不论是全血亲、半血亲或凭借领养关系）；

（j）申请人的配偶的兄弟或姊妹（不论是全血亲、半血亲或凭借领养关系）；

（k）申请人的继兄弟或继姊妹；

（l）申请人的配偶的继兄弟或继姊妹；

（m）申请人的伯父母、叔父母、舅父母、姑丈、姑母、姨丈、姨母、姪儿、姪女、甥、甥女、表兄弟、表姊妹、堂兄弟或堂姊妹（不论是全血亲、半血亲或凭借领养关系）；

（n）申请人的配偶的伯父母、叔父母、舅父母、姑丈、姑母、姨丈、姨母、姪儿、姪女、甥、甥女、表兄弟、表姊妹、堂兄弟或堂姊妹（不论是全血亲、半血亲或凭借领养关系）；

（o）（i）、（j）、（k）、（l）、（m）或（n）段所述的任何人的配偶。

（3）任何未成年人如根据第（1）款申请强制令，须经由其起诉监护人提出申请。

（4）在符合第6条的规定下，不论在有关法律程序中是否有人正寻求其

他济助，根据第（1）款发出的强制令，可包括以下全部或其中任何条文——

（a）禁制答辩人骚扰申请人的条文；

（b）禁止答辩人进入或留在——

（i）申请人的居所；

（ii）申请人的居所的指明部分；

（iii）一处指明的地方（不论申请人的居所是否位于该地方内）的条文，不论该居所是否申请人与答辩人的共同居所；

（c）（如申请人与答辩人居于同一处）规定答辩人必须准许申请人进入及留在——

（i）申请人与答辩人的共同居所；或

（ii）该共同居所的指明部分的条文。

（5）法院可于载有第（4）（a）款所述条文的强制令中包括一项条文，规定答辩人参与以改变导致发出该强制令的态度及行为为目的并获社会福利署署长核准的任何计划。

（6）在行使发出载有第（4）（b）或（c）款所述条文的强制令的权力时，区域法院须考虑——

（a）（如申请人与答辩人居于同一处）就申请人与答辩人的共同居所而言，谁有——

（i）该居所的法定或实益权益；

（ii）占用该居所的合约或法定权利；

（b）（如申请人与答辩人居于同一处）该强制令对申请人、答辩人及与他们居于同一处的其他家庭成员之间的关系的影响；

（c）申请人及答辩人双方对另一方的行为或其他行为；

（d）申请人及答辩人的各自需要及经济能力；及

（e）该个案的所有情况。

3B. 区域法院发出强制令的权力：同居人士及前同居人士

（1）区域法院如应同居关系一方提出的申请，而信纳该段同居关系的另一方曾经骚扰申请人或某指明未成年人，则不论在有关法律程序中是否有人正寻求其他济助，法院亦可在符合第6条的规定下发出强制令，强制令可包括以下全部或其中任何条文——

（a）禁止答辩人骚扰申请人的条文；

（b）禁制答辩人骚扰该指明未成年人的条文；

(c) 禁止答辩人——

(i)（如申请人曾被答辩人骚扰）进入或留在——

(A) 申请人的居所；

(B) 申请人的居所的指明部分；

(C) 一处指明的地方（不论申请人的居所是否位于该地方内）的条文，不论该居所是否申请人与答辩人的共同居所；

(ii)（如该指明未成年人曾被答辩人骚扰）进入或留在——

(A) 该指明未成年人的居所；

(B) 该未成年人的居所的指明部分；或

(C) 一处指明的地方（不论该未成年人的居所是否位于该地方内），的条文，不论该居所是否该未成年人与答辩人的共同居所；

(d) 规定答辩人必须准许——

(i)（如申请人与答辩人居于同一处）申请人进入及留在申请人与答辩人的共同居所，或该共同居所的指明部分；

(ii)（如该指明未成年人与答辩人居于同一处）该未成年人进入及留在该未成年人与答辩人的共同居所，或该共同居所的指明部分的条文。

(2) 为裁定两名人士（"双方"）是否处于同居关系，法院须顾及该段关系的所有情况，包括而不限于攸关该个案的任何以下元素——

(a) 双方是否在同一住户内共同生活；

(b) 双方有否分担其日常生活中的事务及责任；

(c) 该段关系是否具稳定性和永久性；

(d) 双方之间在开支分担或经济资助方面的安排，及在财政方面依靠对方或互相依靠的程度；

(e) 双方之间是否有性关系；

(f) 双方有否分担对某指明未成年人的照顾和供养；

(g) 双方共同生活的理由，及彼此承诺共度人生的程度；

(h) 双方在与亲友或其他人士交往时的行为，是否恰如处于同居关系中的两方，及双方的亲友或其他人士是否如此看待双方。

(3) 法院可于载有第（1）(a) 或（b）款所述条文的强制令中包括一项条文，规定答辩人参与以改变导致发出该强制令的态度及行为为目的并获社会福利署署长核准的任何计划。

(4) 在行使发出载有第（1）(c) 或（d）款所述条文的强制令的权力

时，区域法院须考虑双方对另一方的行为或其他行为、双方的各自需要及经济能力、任何指明未成年人的需要以及该个案的所有情况。

4. 在若干情况下原讼法庭可行使区域法院的权力

在以下情况，原讼法庭可行使第 3、3A 或 3B 条赋予区域法院的权力——（由 2008 年第 17 号第 6 条修订；由 2009 年第 18 号第 9 条修订）

（a）案件情况紧急；或

（b）原讼法庭信纳案件情况特殊，以致由原讼法庭行使该等权力较由区域法院行使为恰当。

5. 逮捕违反命令的人

（1）凡法院依据第 3、3A 或 3B 条发出载有以下条文的强制令，或应婚姻其中一方针对婚姻另一方提出的申请，依据任何其他权力发出载有以下条文的强制令——（由 2009 年第 18 号第 10 条修订）

（a）禁止任何人对另一人（"受保护的人"）施用暴力的条文；或

（b）禁止任何人进入或留在任何处所或地方的条文，法院可在符合第（1A）款及第 6 条的规定下，在强制令附上一份符合订明格式的逮捕授权书。（由 2008 年第 17 号第 7 条代替）

＊（1A）除非法院——

（a）信纳有关的人曾导致受保护的人身体受伤害；或

（b）合理地相信有关的人相当可能会导致受保护的人身体受伤害，否则法院不得根据第（1）款在针对该人发出的强制令附上逮捕授权书。（由 2008 年第 17 号第 7 条增补）

＊（1B）法院可在——

（a）发出强制令时；或

（b）强制令的有效期内的任何时间，根据第（1）款在强制令附上逮捕授权书。（由 2008 年第 17 号第 7 条增补）

（2）凡强制令根据第（1）款附有逮捕授权书，警务人员无须手令，即可逮捕任何他合理地疑似在违反该强制令的情况下，施用暴力，或进入或留在该强制令指明的处所或地方（视乎强制的内容而定）的人；该警务人员并具有进行逮捕时所需的一切权力，包括使用适度武力强行进入某处所或地方进行该次逮捕的权力。

（3）根据第（2）款被逮捕的人——

（a）须在被逮捕翌日午夜前——

(i) 带到原讼法庭席前［如有关的逮捕授权书是根据第（1）款附于由原讼法庭发出的强制令上的］；

(ii) 带到区域法院席前［如有关的逮捕授权书是根据第（1）款附于由区域法院发出的强制令上的］；及

(b) 如无原讼法庭或区域法院（视乎强制令由前者或后者发出而定）的指示，不得在（a）段所述期间内获释，但本条并不授权任何人在（a）段所述期间届满后拘留被逮捕的人。

(4) 除适用于烈风警告日或黑色暴雨警告日的部分外，《释义及通则条例》（第1章）第71条不适用于本条。（由1998年第25号第2条修订；由2008年第17号第7条修订）强制令的有效期；或（由2009年第18号第12条修订）

(b)（如该强制令根据第5（1）条附上逮捕授权书）延长该逮捕授权书的有效期，至法院认为适当的较长期间。

(2) 法院只可在强制令的有效期内，根据第（1）款延长有关的强制令或逮捕授权书的有效期。

(3) 第（1）款所指的申请可由下述人士提出——

(a) 有关的强制令的申请人；

(b)（如有关的强制令的申请人为未成年人）经由起诉监护人提出申请的该未成年人。

(4) 任何强制令或逮捕授权书的有效期，不可根据第（1）款延长至超过该强制令发出之日的第二个周年日。

6. 载于根据第3、3A或3B条发出的强制令内的第3（1）（c）或（d）、3A（4）（b）或（c）或3B（1）（c）或（d）条所述条文，在法院认为适当的时间内有效，但有效期不得超过24个月。（由2008年第17号第8条代替）

(2)、根据第5（1）条附于强制令的逮捕授权书，在——（a）法院认为适当的时间内有效，但有效期不得超过24个月；及（b）该强制令有效期届满时期满失效。（由2008年第17号第8条代替）

(3) 本条例并不授权法院应同居关系一方提出的申请而——（由2009年第18号第11条修订）（a）发出包括第3B（1）（c）或（d）条所述条文的强制令；或（b）根据第5（1）条在强制令附上逮捕授权书，但在以下情况下除外：该法院在考虑该段同居关系的永久性后，信纳发出该强制令或附上该逮捕授权书在所有情况下均属恰当。

7. 法院可延长强制令及逮捕授权书的有效期

（1）除第（4）款另有规定外，法院可应申请——

延长根据第3、3A或3B条发出并载有第3（1）（c）或（d）、3A（4）（b）或（c）或3B（1）（c）或（d）条所述条文的《家庭及同居关系暴力条例》27第189章第7条强制令的有效期；或（由2009年第18号第12条修订）（如该强制令根据第5（1）条附上逮捕授权书）延长该逮捕授权书的有效期，至法院认为适当的较长期间。

（2）法院只可在强制令的有效期内，根据第（1）款延长有关的强制令或逮捕授权书的有效期。

（3）第（1）款所指的申请可由下述人士提出——

（a）有关的强制令的申请人；（b）（如有关的强制令的申请人为未成年人）经由起诉监护人提出申请的该未成年人。

（4）任何强制令或逮捕授权书的有效期，不可根据第（1）款延长至超过该强制令发出之日的第二个周年日。（由2008年第17号第9条代替）

7A. 法院可更改或暂停执行管养令或探视令

（1）如——

（a）法院根据第3、3A或3B条，发出载有第3（1）（c）、3A（4）（b）或3B（1）（c）条所述条文的强制令，而该强制令涉及某未成年人；及（由2009年第18号第13条修订）

（b）在法院对该强制令的申请作出决定时，有一项有效的——

（i）将有关的未成年人的管养权授予该强制令的答辩人的法庭命令；或

（ii）准许该强制令的答辩人探视该未成年人的法庭命令，则该法院可为施行该条文，而以该法院认为必需的方式更改或暂停执行该法庭命令。

（2）在第（1）（b）款中，"法庭命令"（court order）——

（a）就将第（1）款应用于区域法院而言，指区域法院作出的命令；及

（b）就将第（1）款应用于原讼法庭而言，指原讼法庭或区域法院作出的命令。

（3）法院于考虑根据第（1）款更改或暂停执行法庭命令时——

（a）须以有关的未成年人的福利为首要考虑事项；及

（b）于考虑此事项时，须对下列因素给予适当考虑——

（i）有关的未成年人的意愿（如在顾及该未成年人的年龄及理解力以及有关个案的情况下，考虑其意愿属切实可行者）；及（ii）任何关键性资料，包

括在聆讯进行时备呈法院的社会福利署署长的任何报告。

（4）如有法庭命令根据第（1）款被更改，则不论任何其他条例或法律规则有何规定，该命令须在该项更改的规限下具有效力。

（5）就某强制令而根据第（1）款对某法庭命令作出的更改，须藉在该强制令附上一份批注有更改详情的命令的副本示明。

（6）就某强制令而对某法庭命令作出的更改或予以暂停执行，在该强制令有效期届满时，即不再有效。

8. 实务及程序的规则

终审法院首席法官可为施行本条例就以下事项订立规则——

（a）根据本条例提出申请的聆讯及裁定；

（b）根据本条例提出申请或发出命令而使用的有关表格；

（c）文件的送达；

（d）有关各方出庭应讯；

（e）按根据第5（1）条附于强制令上的逮捕授权书而被逮捕的人的保释事宜；及（由2008年第17号第11条修订）

（f）将在原讼法庭展开的法律程序由原讼法庭移交区域法院处理，以及将在区域法院展开的法律程序由区域法院移交原讼法庭处理。

9. 关于现行司法管辖权的保留性条文本条例所赋予的，是原讼法庭及区域法院的额外权力，而不减损法院现行权力。

10. 载有第3（1）（c）或（d）、3A（4）（b）或（c）或3B（1）（c）或（d）条所述条文的强制令无须根据《土地注册条例》（第128章）注册。（由2008年第17号第12条修订；由2009年第18号第14条修订）

11. 法院的权力由一位法官行使

（1）本条例赋予原讼法庭的权力由一位原讼法庭法官行使。

（2）本条例赋予区域法院的权力由一位区域法院法官行使。

第六章　中国大陆防治虐待老人法律及其实施

一、中国大陆虐待老人情况概述

(一) 虐待老人问题现状

虐待老人是老龄社会的伴生现象。随着人均寿命的延长、出生率的降低，社会中老人所占的比例越来越大，而能够为老人提供服务的年轻人所占的比例越来越小，因此承担老人照顾责任的人压力越来越大，虐待老人现象则越来越多。这种客观状态是当代世界各国的普遍现象，我国也是如此。

根据国家统计局 2017 年 2 月 28 日公布的《中华人民共和国 2016 年国民经济和社会发展统计公报》显示，截至 2016 年底，我国 60 岁及以上的老人口为 23086 万人，占总人口的 16.7%。其中 65 岁及以上人口为 15003 万人，占总人口的 10.8%。预计到 2050 年，我国老人口将达 4.8 亿，比现在美国、英国、德国三个国家的人口总和还要多。❶ 我国是世界上老人口最多的国家，老龄问题将成为我国严重的社会问题之一。

关于虐待老人情况，目前我国尚无国家层面的统计数据。学者的调研结果显示，我国家庭内虐待老人发生率为 13.3%，其中农村发生率为 16.2%，城市为 9.3%。社会经济条件越好的地区，虐待发生率越低。西部地区虐待发生率最高 (21.8%)，京津沪地区虐待发生率最低 (5.4%)。❷

---

❶ 数据来源：《中国 60 岁以上老人口已超 2.3 亿占总人口的 16.7%》，http://economy.caijin.com.cn/20171207/4373275.shtml，最后访问日期：2017 年 12 月 23 日。

❷ 伍小兰，李晶：《中国虐待老人问题现状及原因探析》，载《人口与发展》2013 年第 3 期，第 87 页。

我国公立养老机构中虐待老人的事件尚无权威数据进行统计分析，❶ 但养老机构虐待老人的事件频繁见诸于媒体报道及学者的调研报告。民营养老机构虐待老人问题更为突出，如郑州"畅乐园"的护工殴打老人并给老人喂食排泄物，河南"冷血护工"半夜殴打老人，长春黑养老院用刷锅水泡馒头喂老人，广州某养老院五花大绑虐待老人，南京某养老院让摔倒的老人长时间倒在地上等现象广泛存在。❷ 此外，有学者在一项针对养老机构的调研中发现，280 名养老护理员中具有潜在危险和虐待危险行为的占 62.55%。❸ 这个数字令人触目惊心。

我国关于虐待老人的研究并不深入，上述数字和报道只是冰山一角，现实情况应该更为严重。随着我国社会老龄化的不断加深，虐待老人问题会变得更加严重。因此，关注这一社会问题，寻找解决策略，不仅是解决我国老龄问题的迫切需要，也是为国际社会提供中国经验的使命所在。

（二）虐待老人的表现形式

虐待老人的表现形式在世界各国具有高度的相似性，只是在具体类型上的轻重程度有所不同。很多国家和地区对虐待老人的身体、行为、情绪、财务等特征有非常详细的描述，以帮助警察、医护人员、社会工作者等相关人员发现老人遭受虐待的事实，进而提供救济措施。根据联合国的分类标准，从我国现有研究及媒体报道来看，身体虐待、情感或心理虐待、疏于照料、遗弃、经济剥削、体制虐待表现得较为突出，而性虐待、药物虐待等形式在我国大陆地区的研究成果中表现得尚不明显。有些学者认为虐待老人的形式还包括自我忽视，但笔者认为，自我忽视的表现形式与疏于照料的表现形式非常相似，而且自我忽视往往与疏于照料有密切关系，如果扶养人能够给予老人体贴细致的照顾，通常不会产生老人自我忽视的结果。因此，本书未将自我忽视单独作为虐待的一种类型。

---

❶ 李虹彦，殷欣，刘涛，等：《社会养老机构中虐待老人问题的现状与思考》，载《中国老年学杂志》2012 年 11 月，第 4847 页。

❷ 万艳：《民营养老机构中的老年虐待：表现、原因和对策》，载《安徽农业大学学报（社会科学版）》2016 年第 6 期，第 108～109 页。

❸ 黄蓉蓉：《养老机构虐待老人现状及影响研究进展》，载《护理学报》2017 年 12 月，第 24 卷第 23 期，第 24 页。

1. 身体虐待

身体虐待指通过暴力行为，如殴打、捆绑、限制行动、饮食不足、强迫劳动、体罚等方式，致使老人身体受到伤害的行为。主要表现为老人的身体经常有小的伤口，或者有瘀伤、烫伤、割伤、刺伤、擦伤等明显伤痕，特别是在大腿内侧、上臂内侧、头部或背部。或者老人出现不明原因的扭伤、骨折、骨裂、脱臼、内出血等现象。身体虐待通常是惯常事件，但偶发事件也构成虐待。

2016年3月媒体报道了发生在济南黄河大堤敬老院的虐待老人事件，入住该养老院的周大爷声称在养老院经常遭到殴打、吃不饱饭、被强迫打扫卫生等虐待行为。❶ 2016年8月媒体报道了另一起严重虐待老人案件，一名老年妇女受到儿子儿媳虐待，乳房被烙铁烫平、多根肋骨断裂、严重营养不良。❷ 可见，身体虐待具有残酷性、综合性、长期性、反复性的特点，在我国现有研究中是最常见、最普遍的虐待老人的形式之一。

2. 精神虐待（情感或心理虐待）

精神虐待指以语言、表情等形式谩骂、侮辱、贬低老人，使老人在精神上或心理上受到伤害，其个性、尊严和自我价值受到贬损。如照顾者或同居者用侮辱性语言谩骂老人，使老人的自尊心受到打击，进而导致情绪低落、产生挫败感等负面情绪。遭受精神虐待的老人通常表现为心情烦躁、情绪激动、情绪消沉、恐惧、作决定能力差、冷漠、不与人交往和忧郁症等。❸

精神虐待通常与身体虐待同时发生，因为打、骂行为通常是相生相伴的。因此，虽然单纯的精神虐待因身体表征不明显而难以被发现，但作为身体虐待的伴生物，它是广泛存在的。

3. 疏于照料（疏忽、忽视）

疏于照料指负有照顾义务的人不采取行动满足老人的基本生活需求，如提供衣食、住房、医疗等，使老人的生活质量低下，不能维持基本的体面生活。

---

❶ 资料来源："济南71岁大爷声称遭虐待敬老院：你是正常人吗？" http://www.dzwww.com/shandong/sdnews/201603/t20160302_13919129.htm 最后访问日期：2017年12月23日。

❷ 资料来源："东营老人遭儿子儿媳虐待乳房被烙铁烫平"，http://news.sina.com.cn/sf/news/2016-08-30/doc-ifxvixer7470665.shtml 最后访问日期：2017年12月23日。

❸ 刘珊：《当前"虐待老人"问题的现象及对策研究》，载《社会科学家》2013年第7期，第47页。

主要表现为老人食物不足或不洁、衣着邋遢、身体有异味、疾病得不到治疗等。根据我国《婚姻法》《刑法》的相关规定,疏于照料情节严重、后果严重的构成遗弃或遗弃罪。

疏于照料是大众认识较少的一种虐待行为,很多老人和扶养人并不认为对老人的忽视是虐待,而这种长期的忽视行为对老人造成的伤害是极其严重的,它会使老人丧失安全感、幸福感、被需要感,使老人对自己的生存价值产生怀疑,进而引发心理、身体等一系列健康问题。因此,加强民众对这一虐待类型的认识,可以有效减少此类情况的发生。

4. 遗弃

我国关于遗弃的规定与联合国的定义有所不同。联合国将遗弃定义为放弃老人或离老人而去。有些国家或地区将遗弃定义为把老人带到某个地方,然后把老人独立留在那里,使老人无法回家。如老人被独自遗留在医院、护理机构或其他类似机构,或者被遗留在购物中心或其他公共场所,老人不知道家庭地址或扶养人的联系方式,导致老人无家可归。

我国关于遗弃的规定首先体现在《刑法》第261条关于遗弃罪的规定,即对于年老、年幼、患病或者其他没有独立生活能力的人,负有扶养义务而拒绝扶养,情节恶劣的,处五年以下有期徒刑、拘役或者管制。此外,我国《婚姻法》第44条对于亲属之间的遗弃行为规定了民事法律责任。根据《刑法》的规定可以看出,我国将有扶养义务的人拒绝扶养的行为认定为遗弃行为,包括但不限于把老人带到陌生的地方而弃之不顾的行为。可见,我国关于遗弃的认定范围要大于联合国的认定,应该涵盖了"疏于照料"的情况。

为便于国际学术交流,本书采纳联合国的分类标准,保留"疏于照料"这一类型,同时对"遗弃"的界定结合我国的立法实践,除保留联合国关于遗弃的内涵外,将疏于照料情节严重、后果严重的行为界定为"遗弃"。如岳阳一老年妇女某日早晨去儿子儿媳家吃饭,遭到儿媳拒绝,还被儿媳责骂,老人一气之下跳河自尽。❶ 再如一名90岁的老人被七个女儿禁食近一个月,差点被饿死。❷ 这些子女的行为均构成遗弃。

---

❶ 资料来源:"岳阳一老人不堪儿、媳虐待,跳河自尽家属拒收遗体",http://www.sohu.com/a/204462805_711718 最后访问日期:2017年12月23日。

❷ 资料来源:"90岁老人被七个女儿囚禁禁食一月,企图活活饿死老人",http://bbs.tianya.cn/post-funinfo-5834892-1.shtml 最后访问日期:2017年12月27日。

5. 财产侵占（经济剥削）

财产侵占指盗窃、滥用、擅自转移或强制使用老人的财产，剥夺老人使用财产的权利，强迫老人更改遗嘱或其他文件，以及经济骗局或诈骗性计划。如子女控制老人的银行存款及退休金，不允许老人自由支配自己的金钱；子女强行和老人住在一起，不仅不承担物业费、水电费等必要费用，还干扰老人生活；老人的住宅被过户，银行账户加入其他人的名字，银行存款发生不正常减少、资金或贵重物品不明原因消失，不正常的赠与行为，被强迫签署授权委托书、合同文件等，这些行为都属于财产侵占。

有些国家或地区将财产侵占命名为经济剥削。从本质上看，这两个概念基本相同，都是针对老人的财产侵害行为。从我国民间对词语的使用习惯上看，"财产侵占"比"经济剥削"更有群众基础，因此本书以"财产侵占"作为此类虐待行为的类型化标题。

6. 性虐待

性虐待指对老人的性侵害行为，包括强行抚摸老人的身体、在老人面前裸露性器官、强行接吻、强行发生性行为等。从我国目前的研究来看，关于性虐待的资料非常少，但这并不意味着我国老人性虐待问题不严重或不存在，而是反映出我国关于老人性虐待的研究还不够深入，或者说还没有介入这个领域。正如上文所提，虐待老人问题在世界范围内具有高度的相似性，因此，在其他国家出现的老人性虐待问题，在我国一定也存在，未来应加大对该问题的关注和研究。

7. 体制虐待

联合国将体制虐待定义为："老人在体制内的养老机构处于边缘地位，或由于社会和经济政策及这些政策的实施方式使老人处于边缘地位，这种虐待导致资源分配不公平以及服务的提供方面的歧视。"体制虐待本质上是政府政策导致的老人被边缘化的结果，虐待的主体是政府，与其他以照护者为虐待主体的类型不同，因此很多国家或地区并未将体制虐待纳入虐待老人的类型。从我国情况来看，老人确实存在被边缘化的现象，特征之一是各级老龄部门在同级政府机关里不受重视，不仅人员编制少，而且工作未被纳入主流；二是国家给福利院老人的待遇低于给儿童的待遇。[1] 因此就目前来看，我国存在体制虐待

---

[1] 笔者曾在某福利院调研，了解到国家每月给老人的补贴不到给儿童补贴的一半。

问题。面对日益严重的虐待老人问题，我国政府应对此给予高度关注，从人员编制和财政投入等方面加大投入，以使目前不利的状况得到改变。

（三）老人受虐待的原因分析

虽然很多国家和地区都存在虐待老人现象，但各国和地区基于文化传统、社会保障、体制构建等方面的差异，造成虐待老人的重点因素有所不同。以下是我国现阶段虐待老人现象产生的主要原因。

1. 内在原因：疾病与贫穷

老人受虐待的主要原因是老人因病丧失自理能力而需要他人照顾，或者因贫穷而需要他人供养，这两种情况导致老人不得不依赖他人生活，而这种依赖是老人受虐待的最大危险因素。有研究表明，老人的健康状况越差，受到虐待的概率就越高。[1] 本章第一部分提到的老人受虐待的地域特征印证了贫穷导致虐待的结论，即越贫困的地区，虐老情况越严重，而经济发达的地区，虐老情况相对较轻。因此，国家要在虐待老人问题上有所作为，应该尽可能提高老人的社会保障，国家提供的养老金应该能够满足老人的基本生活需求，特别是对农村的老人，这样可以使很大一部分老人摆脱对子女的经济依赖，从而减少受子女虐待的可能性。同时，要提高我国的医疗保障水平，很多老人之所以重病在身，是因为无钱看病，导致小病变成大病，不得不依赖他人照料，进而为遭受虐待埋下隐患。

2. 外在原因：缺少社会支持

受虐待的老人通常缺少社会支持力量，比如缺少亲属、朋友、社区等的支持，这种缺乏支持的状态使老人过多地依赖照顾者，从而给照顾者造成沉重的负担，导致照顾者精神紧张、脾气暴躁、身体状况下降等，当压力积累到一定程度时，照顾者就会通过虐待行为发泄自己的不满情绪，释放压力。另外，由于长期照顾老人，照顾者的社会交往减少，正常工作生活受到影响，加上医疗费的持续支出，导致经济压力增加，资源少的家庭往往承受不了这种压力，老人被视为他们社会化支助系统最沉重的负担。[2] 因此，对老人和照顾者给予社会支持和帮助，一方面可以减少老人对照顾者的过度依赖，同时可以使照顾者

---

[1] 伍小兰：《中国虐待老人问题现状及原因探析》，载《人口与发展》2013年第3期，第90页。
[2] 参见刘珊：《当前"虐待"老人问题的现象及对策研究》，载《社会科学家》2013年第7期，第48页。

得到适当的休息和放松,由此可有效减少虐待老人的发生率。

3. 历史原因:社会变迁

虐待老人问题是现代社会问题,是随着人类社会的发展,代际矛盾的产生而出现的。传统社会中老人受虐待的情况很少,主要原因在于中国传统社会是一个典型的宗法社会,根据儒家思想,国家是放大后的家,老人得到国家的保护和社会的尊重。国家用德教、礼法、礼仪制度等多种手段潜移默化地影响和约束人们的内心和行为,进而落实了尊老敬老的政策,实现了老有所养的理想。此外,中国传统社会是农业社会,生活节奏缓慢,老人多年积累的生产生活经验是宝贵的资源,社会和家庭的生产生活需要使得老人享有很高的社会地位,而且老人在家庭中拥有资源支配权,居于家庭结构的核心地位。所以在传统中国,虐待老人的事件很少发生,即使发生了,施虐者不仅要受到宗族内部族人的道德谴责、宗法处罚,而且还会受到国家法律的制裁。这一切都极大地减少了虐待老人现象的发生。

随着中国的改革开放,社会经济得以快速发展,社会进入剧烈转型期:社会分工及专业化导致老人社会地位下降;人口流动、城镇化导致家庭形式变化,传统的父母本位的"三代家庭"被当今的夫妻本位的核心家庭所取代。[1] 与之相伴的功利主义、利己主义思想逐渐进入人们的生活,破坏了传统的家庭伦理观念,老人逐渐从家庭的核心地位退居到次要地位。这种社会变迁对老人产生了深重的负面影响,为老人遭受虐待埋下了隐患。

(四)老人受虐待的理论分析[2]

1. 压力论

该理论认为,照顾老人是一项困难和充满压力的活动,在老人的精神或身体有病状的情况下,如果照顾者对所承担的责任和义务缺乏必要的知识和心理准备,尤其如此。照顾者在面对巨大的照顾压力和生活工作压力的情况下,很可能将压力发泄到老人身上。因此该理论认为,随着照顾者所承担的照顾老人压力的增大,极有可能在家庭或养老机构对老人进行身体虐待或供养怠慢。

---

[1] 黄宗智:《中国的现代家庭:来自经济史和法律史的视角》,《开放时代》2011 年第 5 期,第 88~90 页。

[2] 参见张敏杰:《老人受虐待问题研究》,《社会福利》2002 年第 6 期,第 5~6 页;姜向群:《年龄歧视与虐待老人问题》,中国人民大学出版社 2010 年版,第 112~113 页。

2. 暴力循环论

该理论认为，某些家庭存在较明显和较严重的暴力行为倾向，这些家庭都有虐待老人或向老人施暴的家族史。由于暴力是一种习得行为，容易一代代传承，当家庭出现人际关系紧张或冲突的时候，承担照顾责任的人由于没有学习到其他的应对办法，便会习惯性地采取暴力行为解决问题。

3. 个人行为论

该理论认为，个人行为方式与虐待行为有直接关系。对于有酗酒、吸毒、精神或心理不健康等个人行为问题的施虐者，他们平时对父母有一定的依赖性，一旦年迈的父母不能向他们提供支持，或者不能满足他们的要求时，虐待行为就会发生。

4. 老人无能论

老人退休后，社会地位下降，甚至被认为是社会的负担。老人自身也会因身体状况的变化、他人对待自己的态度变化等原因而产生自己不中用、是家庭的包袱或累赘等消极思想。一些老人因此而拒绝与他人交往，使自己处于孤立的处境。老人的负面情绪与照顾者的压力形成恶性循环，从而使老人成为虐待的对象。

二、中国大陆防治虐待老人的主要法律

我国没有针对虐待老人的专门法律，目前可以用来解决这一社会问题的法律主要有三个：《反家庭暴力法》《养老机构管理办法》和《老人权益保护法》。

（一）《反家庭暴力法》

2016年3月1日，我国《反家庭暴力法》开始实施。这是我国首部规制家庭暴力的专门法律，是保护老人免受虐待的重要法律依据。

1. 主要内容

1）适用主体

该法第5条第3款规定，未成年人、老人、残疾人、孕期和哺乳期的妇女、重病患者遭受家庭暴力的，应当给予特殊保护。由此确定了老人受该法保护的主体地位。

该法第2条规定了家庭暴力的定义，指家庭成员之间以殴打、捆绑、残

害、限制人身自由以及经常性谩骂、恐吓等方式实施的身体、精神等侵害行为。第 37 条规定家庭成员以外共同生活的人之间实施的暴力行为，参照本法规定执行。这两个规定确定了受该法约束的施暴者为家庭成员以及家庭成员以外的共同生活者，不包括养老机构及虐待老人的其他主体。

2）家庭暴力的表现形式

该法第 2 条确定了虐待行为的表现形式，包括殴打、捆绑、残害、限制人身自由以及经常性谩骂、恐吓等方式实施的身体、精神等侵害行为。

学者对该条的学理解读认为，作为和不作为都构成家庭暴力。第 2 条列举的殴打、捆绑、残害、谩骂、恐吓、限制人身自由等属于作为方式的家庭暴力，不作为方式的疏于照料、遗弃、有病不给治疗等，也构成家庭暴力。性暴力也是家庭暴力的独立类型。该法用"等"字涵盖了未列举的暴力类型，性暴力即可归属其中。[1]

可以看到，我国《反家庭暴力法》未涵盖经济剥削这一重要的虐待类型，从其他国家的情况来看，经济剥削的实施主体主要是家庭成员或实际照顾者，而且发生概率非常高，是侵害老人财产权益的主要方式。我国《反家庭暴力法》第 2 条将侵害行为主要界定为对身体、精神方面的侵害，即对人身权的侵害，而未明确将对财产权的侵害纳入其中。但该法以"等"字作了兜底性规定，为司法解释和学理解释留下了空间。

3）家庭暴力的预防措施

该法第 6 条至第 11 条规定了预防家庭暴力的相关部门及其职责。第 6 条首先明确了国家在预防家庭暴力方面的主体责任。此外，工会、共产主义青年团、妇女联合会、残疾人联合会、县级以上人民政府有关部门、司法机关、乡镇人民政府、街道办事处、人民调解组织、居民委员会、村民委员会、社会工作服务机构、医疗机构、学校、幼儿园、媒体、用人单位等主体被赋予了广泛的职责，形成了从中央到地方，从政府到居民委员会、村民委员会的纵向格局，同时也形成了机关、事业单位、企业、群众自治组织等组成的横向格局。可以说，在预防家庭暴力方面，该法以经纬相交的方式形成了网格状的格局，与反家庭暴力有关的部门、组织、机构、人员均被纳入其中。在职责方面，该法赋予上述主体在教育、宣传、培训、咨询、指导、治疗、调解等方面广泛的

---

[1] 参见薛宁兰：《反家庭暴力法若干规定的学理解读》，载《辽宁师范大学学报（社会科学版）》2017 年第 1 期，第 4 页。

职责。在这一点上，可以说我国《反家庭暴力法》的格局相当大。但这种立法格局只是确立了反家庭暴力的框架，具体操作方面仍缺乏指导性意见。

4）强制报告制度

强制报告制度是为解决家庭暴力难以被发现的弊端而设立的制度。《反家庭暴力法》第 14 条规定了强制报告制度的适用对象是遭受或疑似遭受家庭暴力的无民事行为能力人、限制民事行为能力人。该条将适用对象界定为无民事行为能力人和限制民事行为能力人，在保护老人方面有一定的局限性，因为遭受虐待的老人未必都是无民事行为能力人或限制民事行为能力人，很多情况下，受虐待的老人因为身体原因导致生活不能自理，如半身不遂等，但老人的精神处于健康状态。这类老人在法律上不属于无民事行为能力人或限制民事行为能力人，但这类老人确实处于虚弱状态，难以依靠自己的能力寻求救助。因此，在未来的司法解释中，强制报告制度的适用对象应扩大到所有老人，不受民事行为能力制度的制约。

对于虐待老人而言，强制报告的义务主体主要是医疗机构、村（居）委会、社会工作服务机构、救助管理机构、福利机构及其工作人员。这些机构都有可能发现老人受虐待的现象，因而负有强制报告的义务。为使强制报告制度得以贯彻执行，《反家庭暴力法》第 35 条规定了违反义务的法律责任，即义务主体未向公安机关报案，造成严重后果的，由上级主管部门或者本单位对直接负责的主管人员和其他直接责任人员依法给予处分。虽然处分的具体内容未作明确规定，但至少为司法解释留下了空间，也为义务主体认真履行职责给予了法律负担，对保护老人免受虐待有着重要作用。

5）人身安全保护令制度

人身安全保护令制度（以下简称保护令制度）是保护老人免受虐待的重要制度。首先，保护令具有独立的诉讼地位，无须以赡养等诉讼为依托。老人在遭受虐待的情况下，可以直接提起保护令之诉，从而使该制度对老人的保护更加便捷。其次，保护令由人民法院执行，法院在作出保护令裁定后直接进入执行程序，有助于对受虐老人提供快捷的保护，避免了诉讼程序冗长带来的负面作用。再次，违反保护令的法律责任对施虐者产生震慑及惩罚作用，使施虐者再次施虐的可能性减小，对受虐老人可以起到积极的保护作用。

2. 法律执行情况

该法自 2016 年 3 月开始实施，到目前为止仅有一年多的时间，而且该法的主要立法目的在于保护受虐妇女，因此对于老人的保护情况尚缺乏实证资料。此外,鉴于该法实施时间尚短,该法的实施细则及司法解释均未出台,因此在具体操作层面尚缺乏立法和司法指导。本章将为该法的实施提供具体建议。

(二)《养老机构管理办法》

2013年6月27日民政部部务会议通过《养老机构管理办法》,自2013年7月1日起施行。

1. 与防治虐待老人相关的主要内容

该法的立法目的是规范对养老机构的管理,促进养老事业健康发展。养老机构指依照《养老机构设立许可办法》设立并依法办理登记的为老人提供集中居住和照料服务的机构。对老人的服务包括吃饭、穿衣、如厕、洗澡、室内外活动等日常生活需求。为实现这一职能,养老机构应配备相应的工作人员,包括从事医疗、康复、社会工作等服务的专业技术人员,以及从事养老护理的专业人员。

为督促养老机构认真履行职责,民政部负有对养老机构监督检查的职责。同时,民政部应建立对养老机构的评估制度,定期对养老机构的人员、设施、服务、管理、信誉等情况进行综合评估,以确保老人的生活环境和生活质量达到基本要求。

对于养老机构的违法行为,该法规定了法律责任。对于养老机构歧视、侮辱、虐待、遗弃老人以及其他侵犯老人合法权益的行为,由民政部门责令改正;情节严重的,处3万元以下罚款;构成犯罪的,依法追究刑事责任。

2. 法律执行情况

《养老机构管理办法》是规范养老机构的法律依据。虽然该法对养老机构的服务范围、服务标准、服务内容等作了规定,也规定了政府的监督责任,但事实上,政府对养老机构难以进行有效监督,特别是对民营养老机构的监督更加微弱。主要原因首先是政府行政资源有限,难以对数量众多的民营养老机构进行实质性、深层次的监督,而表面化的监督往往难以发现问题,有时即便发现了问题,只要不是严重问题,行政机关也往往因为无力解决而报以放任的态度。其次,目前养老机构的数量远不能满足老年群体的需要,条件好的养老院人满为患,很多老人为住进条件好的养老院要排队等候很多年。因此,为解决老人机构养老的需要,政府对条件不够好的养老院采取宽松的态度,以解决部分老人的养老需要。再次,养老机构的工作人员素质难以得到保障,特别是民营机构的工作人员更无进入门槛。虽然该法规定养老护理人员应具备专业技能，但事实上很多没有文化、没有受过专业培训的人员从事着养老护理工作，这些人本身所面临的各种困境和压力导致其极易对老人产生暴力行为。

上述问题的存在，根源在于法律的监督和制裁措施没有发挥应有的作用。造成这种现象的原因主要有两点：一是法律本身的规定过于原则，缺乏可操作性；二是执法机关未能认真贯彻执行法律。本章将在比较研究的基础上，为规范我国养老机构、保护老人提供具体的操作指南。

（三）《老年人权益保障法》

我国《老年人权益保障法》于1996年8月颁布实施，后经两次修订。现行《老年人权益保障法》于2012年12月修订，于2013年7月1日开始实施。

1. 与防治虐待老人相关的主要内容

《老年人权益保障法》规定了国家机关、社会团体、企事业单位和其他组织在保护老人权益方面的职责，同时从家庭赡养与扶养、社会保障、社会服务、社会优待、宜居环境、参与社会发展、法律责任等方面，全面规定了对老人的各项保障和服务。

该法在总则部分明确规定禁止歧视、侮辱、虐待或者遗弃老人。在家庭赡养与扶养部分明确规定赡养人应当履行对老人经济上供养、生活上照料和精神上慰藉的义务，照顾老人的特殊需要；明确规定老人对个人的财产，依法享有占有、使用、收益和处分的权利，子女或者其他亲属不得干涉，不得以窃取、骗取、强行索取等方式侵犯老人的财产权益。该法还明确规定禁止对老人实施家庭暴力。在社会服务部分，该法明确规定县级以上人民政府民政部门负责养老机构的指导、监督和管理，其他有关部门依照职责分工对养老机构实施监督；养老机构及其工作人员不得以任何方式侵害老人的权益。在法律责任部分对侵害老人权益的各种行为规定了不同的法律责任，包括民事责任、行政处罚及刑事制裁。

2. 法律执行情况

《老年人权益保障法》被视为老人权益保护的基本法，该法以倡导性规定为主，因此在执行上缺乏强度和力度，法院的司法判决很少以此作为判决依据。

从防治虐待老人的角度来看，《反家庭暴力法》《养老机构管理办法》与该法的规定相一致。因此，对《反家庭暴力法》《养老机构管理办法》执行措施的完善，将有助于该法的贯彻与落实。对老人福利的保障则主要依赖该法。

三、中国大陆防治虐待老人的法律实施

（一）处理虐待老人问题的指导思想

虐待老人问题主要涉及老人自身、施虐者以及社会支援系统三个方面，在处理虐待老人问题时，应贯彻以下指导思想。

1. 尊重受虐老人的自主决定权

自主决定权是基本人权，是体现人的尊严和价值的重要权利。联合国《残疾人权利公约》（以下简称《公约》）第12条要求缔约国应当确认残疾人在生活的各方面在与其他人平等的基础上享有法律能力。在《公约》第1号一般性意见中，残疾人权利委员会强调《公约》中的法律能力指的是法律行为能力，而决定能力是法律行为能力的核心要素。受虐待的老人大多是生活不能自理的人，属于因年老而导致残疾的范畴。根据《公约》及第1号一般性意见，对于这个群体的老人，尊重其自主决定权是国家义务，国家在制定和实施法律时，必须以此为指导思想和基本原则。

现实生活中的情况亦是如此，很多老人即使在受虐待的情况下，也不愿意被他人安排，不愿意在未经其同意的情况下由他人作出与其相关的任何决定。因此，在为老人提供支持和帮助时，工作人员应尽可能尊重老人的个人意愿。虽然受虐老人在身体或精神上有一定的缺陷，但只要老人能够清楚地表达自己的意愿，工作人员就应该尊重其作出的决定。目前情况下，我国的社会支持系统还难以对受虐老人作出长期的生活安排，特别是对于居家养老的老人更是如此。老人对于自己的生活状况有着全面、深入的了解和认识，通常情况下老人会作出对自己最为有利的选择。工作人员受各种条件的限制，有时难以掌握老人的全面情况，不宜擅自对老人的生活安排作出决定。因此，即便工作人员认为老人作出的决定不够明智，只要不危及老人的生命健康，就应尊重其作出的决定。

此外，由他人代替老人做决定意味着老人没有做决定的能力，容易导致他人对老人的歧视。所以，在保护老人的过程中，要注意避免此类情况的发生，以免解决虐待老人的同时加深了对老人的歧视。

2. 对受虐老人提供支持与帮助

为实现残疾人的自主决定权，《公约》第1号一般性意见要求缔约国为残

疾人提供行使法律能力的必要协助。为落实《公约》的这一要求，发达国家发展出"支持决策"理论，即通过一系列的关系、实践、安排和协商，采用正式或非正式的程序，使残疾人在他人的支持下对自己的事务作出决定。[1] 因此，对老人提供必要的帮助，使其能够自主决定且能够使其决定得以实现，是尊重老人的重要措施。这一目标的实现需依赖政府、社会和公民的共同努力。

对老人的支持和帮助不仅体现在实现其自主决定权上，还体现在生活中的具体措施。老人遭受虐待的主要原因包括疾病、贫穷、缺少社会资源、被社会隔离等，针对这些问题，政府应建立起相应的社会支持系统，尽可能从根本上消除老人受虐待的各种隐患。

3. 对施虐者给予支援和矫治

从各国关于防治虐待老人问题的研究可以发现，对施虐者而言，有效解决虐待老人问题的方法不是对施虐者的矫治，而是支援。研究发现，除少数有人格缺陷的人以外，大多数施虐者并非天生具有施虐倾向，而是因为承受不了巨大的照顾压力才最终导致施虐行为的发生。因此，发达国家的立法和实践重点已从对施虐者的矫治转向对施虐者的支持与帮助，通过提供心理辅导、替代照顾、社区服务等方式，缓解照顾者的压力，以从根本上防止虐待行为的发生。

当然，对施虐者的矫治也是必不可少的措施。虐待行为从发生到被发现，往往持续很长时间。在此过程中，大多数施虐者已经形成了一种虐待习性，这种习性通常难以依靠施虐者的自我纠正得到改变。因此，通过外界的教育、监督等措施对施虐者进行矫治是必要的，特别是对于有人格缺陷的施虐者，矫治措施更加不可或缺。

4. 多机构合作

虐待老人问题是综合性、多元性的社会问题，涉及家庭、社区、医院、警察、法院、民政、教育、民间组织等多个领域。预防和治理虐待老人问题，对受虐老人提供帮助和服务往往需要各部门的通力合作。因此，建立多机构合作机制，形成防治虐待老人的立体格局，是中央和地方政府应着力打造的民生工程，也是尊重和保护老人人权的必然要求。

---

[1] Robert Dinerstein, Implementing Legal Capacity Under Article 12 of the UN Convention on the Rights of Persons with Disabilities: The Difficult Road from Guardianship to Supported Decision‑Making, 19 *Hum. Rts. Brief.* (2012), p.9.

（二）对虐待老人的预防措施

1. 教育

在防治虐待老人问题上，各国均把教育工作放在首位。教育的首要意义在于唤醒老人的自我权利意识以及对虐待行为的认知。从人性的角度分析，欺软怕硬是人的一种本性，老人自身的过度软弱、对施虐者的过度容忍，是虐待行为持续发生的原因之一。通常情况下，一个人受到他人怎样的对待，往往取决于这个人自己而不是他人。因此，教育老人提高权利意识以及增强对虐待行为的抵抗力，是防治虐待老人的首要任务。

教育的第二层意义在于唤醒施虐者的良知。人性含有善、恶两面，在社会中进行扬善抑恶的教育能够最大限度地展现人性的光芒、抑制人性的邪恶。正如上文所言，并非所有的施虐者都是天生的暴虐之徒，他们人性中有善的一面，只是在生活的重压下，这种"善"因缺乏生存的土壤而日渐枯萎。教育在某种意义上就是阳光雨露，它给"善"提供养分，使它成长壮大，使它在和"恶"的斗争中能够成为胜利者。当"善"成为主导人们行为的内在因素时，虐待老人的现象必然会减少。

教育的第三层意义在于唤醒大众对老人的尊重和关爱，形成尊老爱老的社会氛围。如果全社会对老人的尊重和爱戴达到一定的高度，那么潜在的施虐者必然会受到无形的约束。人的社会属性决定了人对于自己社会形象的塑造，也决定了人对于社会评价的重视和依赖。因此，良好的社会氛围对于防治虐待老人是重要的外部环境因素。

为实现上述目的，我国的教育工作可以从以下几个方面进行。

1）社区教育

社区教育是一种低成本、高效率的教育方式。我国以居家养老为主，大部分老人生活在社区，因此搞好社区教育是预防虐待老人的首要措施。

社区教育可以通过多种形式的培训活动展开。培训活动应由不同专业的人员从不同角度进行。比如社会工作者可以从虐待老人的表现形式入手，讲解哪些行为构成虐待，老人面对虐待该如何反应，施虐者该如何避免施虐行为的再次发生。医生可以就老人受虐待后的治疗行为开办讲座，告知老人遭受虐待后应及时报告和治疗，以防虐待行为的进一步加深以及病情恶化；法律工作者可以就虐待行为的法律责任进行培训，强调施虐者的虐待行为将受到法律制裁，以警示施虐者、教育旁观者；警察可以就家庭暴力案件的处理流程进行培训，告知老人受到暴力后应如何采取行动。此外，心理医生、法官、检察官、民间机构等，均可在社区开展针对性培训，以使民众广泛了解虐待老人的相关知识以及救济途径，从而从不同角度预防虐待老人的发生。认识是改变的起点。只有更多的人认识虐待老人问题，才有可能提高全民的预防意识，才能有效保护老人。多专业、多学科的积极参与，是提高认识的第一步。

2）学校教育

虐待老人不仅仅是虐待者和被虐待者之间的私人问题，而是社会问题。这一社会问题的产生，与教育不足有直接关系。要减少虐待老人的现象，应该建立起从幼儿园、小学、中学乃至大学的教育体系。尊重老人是中华民族的传统美德，这种美德教育应该从孩提时代起就进入人们的生活，而且随着年龄的增长，对老人权益的认识、尊重、保护应不断深入。所以，学校教育应在不同阶段让学生了解老人的不同特征，培养学生尊重生命、敬畏生命、爱护生命的人文情怀。如何让老人权益保护进入我国的教育体系，应该是老龄工作委员会与教育部门共同解决的问题。

3）专业人员教育

国外的研究发现，医务人员被认为是发现养老机构中虐待老人现象的最主要的人群。[1] 因此要提高医务人员对虐待老人的警惕性，通过培训的方式提高对受虐者和施虐者的筛查和识别能力。医务人员识别粗潜在的受虐者和施虐者后，应对潜在的受虐者进行教育，使其增强受虐待的意识并提供有效的保护；同时对潜在的施虐者进行教育及引导，使其克制自己的虐待行为。[2] 可见对医生的教育不仅能够提升医生的专业知识，而且能够惠及受虐者和施虐者，是一种高效的教育投资。除医生外，对社工、警察、律师等专业人员的教育培训有异曲同工的效果，因而不可轻视。

2. 宣传

宣传是改变观念、提高认识的手段。宣传从来不是目的，而是实现目的的一种手段。预防虐待老人，宣传方式可以灵活多样，不拘一格。

1）组织社区文艺演出

文艺演出是群众喜闻乐见的民间活动，可以由社区组织居民排练小话剧，

---

[1] Almogue A, Weiss A, Marcus EL, et al. Attitudes and Knowledge of medical and nursing staff toward elder abuse. [J]. J Gerontol Soc. Work, 2005, 46（1）: pp. 86-91.

[2] 杜晓、沈军：《虐待老人的研究现状》，载《中国老年学杂志》2014年3月第34卷，第1433页。

将虐待老人的表现形式、危害、救济、惩罚等内容通过舞台剧的形式传播到人民群众中间。文艺演出是我国传统的宣传方式，有着非常深厚的群众基础，特别是由社区居民自编自演的小话剧，更具吸引力。社区居民在参与演出的过程中，不仅对虐待老人问题有了深刻的认识，同时还能改善邻里关系、增进友谊、强身健体，对社区文化建设也有着积极的推动作用。社区文艺演出的组织以及经费来源，应该纳入民政部门的日常工作和财政预算，由政府主导的活动更能得到群众的信赖和欢迎。

2）编写、发放宣传手册

针对老人受虐待的不同类型，可以由老龄委或民政部门组织专家编写宣传手册，对虐待老人的类型、表现形式、救济途径等内容，以形象生动的语言文字和图画进行表达，让群众了解什么是虐待老人，特别是对于心理和情感虐待、财产侵占等不为大众所熟知的类型，在群众中间进行普及教育，使更多的人了解虐待老人的相关知识，从而使预防工作更有实效。

3）充分发挥公众媒体、自媒体的作用

政府应支持和鼓励公众媒体关注虐待老人问题。虐待老人问题作为一种严重的社会问题，应该受到更多的关注。电视、广播、报纸、网络等新闻媒介应该增加敏感度，给虐待老人问题提供更多的空间，使这一社会问题能够暴露在大众面前，而不是由受虐老人默默承担。虐待老人问题在很多国家都未被充分暴露，这种状况不利于对老人的保护以及对施虐者的矫治，只有形成强大的社会监督力量，才能有效遏制施虐者的虐待行为。除公众媒体外，自媒体的力量不容忽视。在当今的自媒体时代，要培养每个个体的敏感度，使虐待老人问题成为每个人关注的社会问题。营造这样的社会氛围，需要政府作出更多的努力。

在预防虐待老人问题上，任何有益的尝试都是值得的，因为到目前为止，没有任何一个国家或地区在此问题上能够提供成熟的经验和方法。我国是人口大国，老人的人口数量极为庞大，况且我国的社会保障还不能满足每个老人的需要，因此为老人的生存和发展而努力，就是为每个人的未来而努力。每个人都会衰老，都会有需要他人照顾的那一天，让老人有尊严地度过晚年生活、免受虐待和歧视，应该是全民族共同奋斗的目标。

（三）防治虐待老人的主管机关及其职责

我国《反家庭暴力法》规定工会、共产主义青年团、妇女联合会、残疾人联合会等机构在防治家庭暴力方面均负有相应职责，但从防治虐待老人角度来看，各级老龄工作委员会和民政部门应是主管机关，承担统筹规划、制定政策、监督实施以及理论研究等主导工作，其他有关部门应做好配合、执行工作。

很多国家和地区针对虐待老人问题都设置专门机构，负责制定宏观政策及对政策实施情况的跟踪与研究，比如美国的老人正义协调委员会，我国香港地区的社会福利署，台湾的"内政管理机管家庭暴力防治委员会等。在我国现有体制中，全国老龄工作委员会和民政部承担着此类职责，但就防治虐待老人问题而言，工作职责尚不够具体、明确，需要进一步完善。

1. 老龄工作委员会

老龄工作委员会作为防治虐待老人的主管部门，主要承担防治虐待老人问题的研究、协调、推动等工作。

1) 全国老龄工作委员会

（1）工作职责。

全国老龄工作委员会作为国务院主管全国老龄工作的议事协调机构，主要职责包括：

A. 研究、制定老龄事业发展及重大政策、协调和推动有关部门实施老龄事业发展规划；

B. 协调和推动有关部门做好维护老人权益的保障工作；

C. 协调和推动有关部门加强对老龄工作的宏观指导和综合管理，推动开展有利于老人身心健康的各种活动；

D. 指导、督促和检查各省、自治区、直辖市的老龄工作；

E. 组织、协调联合国及其他国际组织有关老龄事务中国内的重大活动。

上述职责涉及防治虐待老人的很多方面，如制定防治虐待老人政策、协调和推动相关部门落实政策、对相关部门的工作进行指导和管理、督促检查下级单位的工作等，是解决老人问题的总体工作思路。

（2）针对防治虐待老人问题的落实措施。

要实现上述工作职责，全国老龄工作委员会还需要被赋予相应权力，同时应创设一些新举措，以适应国际和国内防治虐待老人问题的发展需要。

A. 获取资料：全国老龄工作委员会应该有权从国务院各部门获得与老龄工作有关的资料，以全面了解老龄问题现状及应对措施。

B. 牵头召开多机构合作会议：防治虐待老人工作涉及民政、财政、医疗卫生、警察、教育等多个领域，全国老龄工作委员会应该作为召集人，定期或不定期召开工作会议，讨论虐待老人防治工作的现状、进展及问题，以使虐待老人防治工作能够反映时代特点，不断更新工作重点及内容，并得到国家财政的支持，确保各项工作的顺利进行。

C. 建立多学科研究工作组：虐待老人问题涉及老年学、法学、医学、社会学、心理学、管理学等多个学科，全国老龄工作委员会应该组织相关领域的专业人员，组成专业工作组，就各自的专业领域开展研究工作，并分享各自的研究成果，以便使防治虐待老人工作在各个领域齐头并进，共同发展。

D. 建立数据采集系统，掌握虐老问题的第一手资料：数据采集是掌握实时动态、及时发现问题、解决问题的必要措施。我国目前没有关于虐待老人的官方统计数据，这对于应对和解决虐待老人问题极为不利。应该建立适用于社区和养老机构的数据填报系统，以填补虐待老人调查措施的不足。

2）地方各级老龄工作委员会

我国的省（包括自治区、直辖市）、市、区县各级政府均有相应级别的老龄工作委员会，负责各层级的老龄工作。地方各级老龄工作委员会的工作职责应包括以下两个方面：一是贯彻执行全国老龄工作委员会制定的政策和措施，二是对各级别的执行情况进行汇总，并向上一级老龄工作委员会报告，形成自上而下和自下而上的双向工作机制。

与全国老年工作委员会的工作措施相衔接，各级老龄工作委员会应享有向同级行政机关获取资料的权力、牵头召集多机构合作会议的权力，同时应建立同级别的多学科研究工作组以及数据采集系统，以使防治虐待老人工作形成从中央到地方的纵向格局，以及由各级政府多部门参与、社会力量支持的横向格局，从而使我国防治虐待老人工作形成有主导、有配合、有支持的立体化综合体系。

2. 民政部门

民政部门的主要职责之一是承担老人权益保护的行政管理工作，制定老人福利政策，提高养老服务质量，为老人提供社会保障。目前我国民政部门还没有专门针对虐待老人的体系化应对措施，特别是对居家养老的虐待老人问题，尚未形成对受虐者保护、对施虐者支援的工作体系。在对养老机构的监督管理方面，虽然2013年民政部颁发了《养老机构设立许可办法》和《养老机构管理办法》，但就虐待老人问题而言，仍缺乏具体的操作办法，在适用上仍存在很大障碍。因此，各级民政部门就防治虐待老人问题应确立具体的工作职责及实施办法，以应对日益严重的虐老问题。

1）民政部

（1）工作职责。

民政部就防治虐待老人问题应承担以下职责：

A. 制定全国性的防治虐待老人的政策、法规、方案；

B. 对地方政府的虐待老人防治工作进行监督；

C. 制定社区对受虐老人的保护办法及对施虐者的支援办法；

D. 加强对养老机构的监督与管理。

（2）落实措施。

虽然我国《反家庭暴力法》在某种程度上可用以解决虐待老人问题，但因该法主要为解决妇女暴力而制定，因此在对老人的保护上，缺乏对法律的认知与适用，需要由政府主导开展普法宣传活动，使该法在防治虐待老人、保护老人权益方面的功能被大众所认知。同时，为弥补《反家庭暴力法》在防治虐待老人方面的立法缺陷，民政部门应尽快出台针对虐待老人问题的专门政策、法规或方案，以解决目前的立法不足问题。

A. 制定社区应对虐待老人问题工作办法。

虐待老人问题主要发生在家庭及养老机构，因家庭隶属于社区，因此对家庭虐老问题的解决主要依赖于社区。为此，民政部门应尽快制定社区应对虐待老人问题的处理办法，使防治虐待老人工作纳入社区工作主流。

社区应对虐待老人问题应主要包含两个方面的工作内容，一是对受虐老人的保护，主要是为受虐老人提供必要的服务，为此民政部门应针对受虐老人的需要提供相应的福利和服务，如心理辅导、生活救助、短期居住安排等；二是对施虐者的支援与矫治，包括为施虐者提供间歇替代服务、社区矫正、小组活动等。这些工作应通过民政部门制定政策、办法等方式，引起社区的高度重视，进而推动防治虐待老人工作的顺利进行。

B. 加强对养老机构的监督与管理。

民政部于2013年颁布了《养老机构设立许可办法》《养老机构管理办法》作为规范养老机构的法律依据。这两个办法自2013年7月1日实施以来，一些省、市先后颁发了实施细则，但对养老机构内部的虐待老人问题，都缺乏具体明确的规定，因此在适用上有很大的局限性。

养老机构是虐待老人发生的主要场所之一，特别是民营养老机构的虐老问题更为突出。原因之一是政府对养老机构的监督管理不够，导致虐老问题虽时常发生，但却未能得到及时有效的解决。民政部门作为养老机构的政府主管部门，针对虐老问题应建立如下工作机制：

a. 建立对养老机构的巡查制度：基层民政部门应建立巡查组，不定期对辖区内的养老机构进行走访、调查，巡查组成员应与居住在养老机构的工作人员和老人进行谈话，了解老人的生活状态，以便及时发现和解决问题。巡查组可以由民政部门的工作人员担任组长，组员可以由退休的各界人员组成，以减轻民政部门工作人员紧张的问题。

b. 落实对养老机构的惩罚机制：对于存在虐老现象的养老机构，一旦查实，应从严处罚。因受虐待的老人通常都是身体非常虚弱或精神有残疾的人，是处于生命最后阶段的最弱势的群体，他/她们缺乏自我保护能力，完全依赖外界的保护才得以生存。从尊重生命、尊重人权的角度出发，对于虐待这些弱势老人的养老机构，必须从严处罚，以肃整养老行业的混乱状态，提高整个养老行业的服务质量和服务水平。

上述种种措施，需要由民政部制定政策或办法，在全国层面形成有强制力的规范和管理措施，才能有效解决现实问题，切实保护老人的合法权益。

2）地方各级民政部门

地方各级民政部门应贯彻落实民政部制定的政策、办法，并针对各地区的不同特点，制定实施细则，以使政策、办法更具可行性。

地方各级民政部门应指导下级部门的工作，督促下级部门完善工作制度、提高工作效率。同时，地方各级民政部门应对本辖区的虐待老人问题进行汇总、研究，制定解决方案，并上报上级领导部门，为在国家层面解决虐老问题提供地方经验和智慧。

（四）处理虐待老人案件的职能部门及其工作机制

通过研究其他国家和地区的虐待老人处理流程，可以发现基本包括发现—介入处理—后续服务三个主要环节。

因虐待老人主要发生在家庭和养老机构，而且虐待问题处理后，老人通常还要回到家庭和养老机构生活，因此家庭和养老机构是虐待老人问题的起点和终端。因家庭隶属于社区，所以社区和养老机构一样，在发现和处理虐待老人问题上负有重要职责。此外，医院也是发现虐老问题的主要部门，但因其主要业务是医疗救治，因此对虐老案件主要负报告义务。从便于报告的角度考虑，公安机关的110报警系统可以用作举报虐老案件的热线电话，任何人、任何机构发现疑似虐老案件时，均可拨打该电话报警。

公安机关主要负责处理虐老案件。经公安机关处理后的案件，通常情况下老人要回到原住所，由社区或养老机构做后续的服务工作。在虐老案件处理过程中，如涉及颁发保护令、撤销监护人等事宜，则需要向法院提出申请。

遵循上述逻辑关系，本书以处理虐老案件的职能部门为标准，讨论处理虐老事件相关机构的工作机制。

1. 社区处理虐待老人事件工作机制

社区是老人生活的主要场所，是居家养老的主要社会支持力量，也是发现家庭暴力或家庭虐待行为的主要场所。

1）发现

（1）老人主动报告或邻居发现后举报。

老人受到虐待后，可以主动向社区报告请求帮助。在老人未主动报告的情况下，可依赖邻居发现后举报。

社区对老人情况的掌握主要来自社区居民的日常反映。虽然现代社会邻里关系比较淡薄，但邻居之间因地缘关系，相互之间还是有较多的接触，因此对彼此的了解要多于其他人。当邻居发现老人很多天不出屋，或者发现老人行为异常（比如以前见面会打招呼，而最近见面老人没有反应），或者发现老人身体有伤等，应当向社区居民委员会（以下简称居委会）报告，接报后居委会工作人员应登门了解情况。农村的情况与此类似，农村的邻里关系更为密切，因此发现虐老问题的可能性更大。发现虐老现象的邻居应向村民委员会报告（以下简称村委会）。

（2）社区主动发现。

社区对于辖区内75岁以上的老人，或者健康状况不好的老人应该登记造册，定期登门拜访，以掌握老人的生活状况。社区可将60岁至70岁的健康老人组织起来，根据自愿原则，组成"老人互助小组"，定期对登记在册的老人进行家访。家访的次数可根据被访老人的情况有所不同，比如对于健康状况良好且家庭关系和睦的老人可以一个季度或半年进行一次家访；对于健康状况不好但家庭关系和睦的老人可以两个月进行一次家访；对于健康状况不好且家庭关系不睦的老人可以一个月进行一次家访，或者频率更高。对于某些态度恶劣、拒绝老人拜访的家庭，可由居（村）委会工作人员定期拜访。

拜访的任务主要是通过与老人交谈，了解老人的生活状态和家庭关系，以确定老人的生活未受到来自照护者的不良影响。为使拜访行为不引起老人及其家庭成员的反感与不适，居（村）委会应定期对拜访小组的成员进行培训，讲解谈话时的注意事项，以确保拜访行为有效而不过度打扰被访人的生活。

2）介入处理

根据《反家庭暴力法》第14条之规定，居（村）委会对于接报或发现的虐待老人案件，应向公安机关报案。事实上，并非所有的虐老案件都适合由公安机关作出处理，比如心理和精神虐待对老人的伤害往往是无形的，难以评估和界定，公安机关对这种虐待行为往往难以介入。所以，社区在发现虐老问题后，应针对不同情形作出不同处理。

（1）首先确定一名工作人员（通常是社会工作者）作为案件负责人，对案件进行全面了解。该负责人应在限定时间内（比如24小时）对案件的基本情况进行调查，并作出应对方案。对于虐待情况较轻的案件，可由负责人进行调解，帮助受虐者和施虐者解决冲突，改善双方的紧张关系。对于虐待情况较重的案件，负责人应首先安排老人就医治疗，或将老人暂时安排到安全的地方居住，同时向公安机关报案，由公安机关进行深入调查。

在社区防治虐待老人工作中，必须强调工作落实到人。无论是何种形式发现的虐待行为，都应由第一接到报案者向居（村）委会主任报告，由居（村）委会主任指定具体负责人展开工作。

（2）对于案情较轻的案件，经负责人调解后，如老人和施虐人之间的关系得到缓解，双方仍可共同生活，负责人应在此后定期访问，持续跟进。在跟进的过程中，负责人应安排社区的"老人互助小组"定期访问，并为老人提供相应的服务。同时对施虐者开展支援及矫治措施。支援措施可包括间歇替代照顾，即在照顾者压力极大、无法应对照顾负担时，由社区安排工作人员代替其承担间歇照顾工作，以使照顾者得到休息和放松。社区还可以组织适当的集体活动，使照顾者通过集体活动得到释放和减压。同时，应对施虐者进行教育、培训，使其认识到虐待行为的危害和违法性，培养其自我控制、自我约束的能力。在虐待危险确定已消除时，负责人填报"社区虐老案件信息登记表"并上传至信息管理系统，案件终结。

（3）对于案情较重、经公安机关处理的案件，负责人应在公安机关处理期间持续跟进，了解案件的进展情况，并为公安机关提供必要的协助。案件经公安机关处理结束后，如老人仍回到原社区生活，负责人应持续跟进一段时间，直到确信老人的生活状态已经安全。如老人不适合回到原社区生活，负责人应负责联系适合老人的生活场所，如其他子女或养老机构，在妥善安置老人后，填报"社区虐老案件信息登记表"并上传至信息管理系统，案件终结。

2. 养老机构处理虐待老人案件工作机制

养老机构是老人生活的另一个主要场所,也是虐待老人案件的高发区。

1) 发现

养老机构的虐待老人案件,可以由老人的亲属、朋友发现,也可以由养老机构自己发现。老人的亲属、朋友在探望老人时,应对老人的身体、精神状况进行仔细检查和观察,特别是对于高龄老人、无行为能力老人,更应仔细检查,发现老人有受虐迹象的,应及时向公安机关报案。

养老机构应设置专门巡查人员定期巡查,特别对75岁以上或生活不能自理的老人应进行重点探访,形成独立于看护人员的探访机制,使老人有机会将受虐情况作出报告。这样可以使受虐待的无行为能力的老人有机会被第三方发现。此外,养老机构应建立看护人员、老人举报机制,可以设立举报箱,使看护人员、老人可以匿名的形式举报虐待行为。

养老机构的虐待行为通常由看护人员实施,而养老机构相对封闭的环境、受虐老人软弱无力的状态,往往使虐待行为难以被发现。因此,要使养老机构内部的虐老行为及时被发现,就须加强养老机构内部对看护人员的管理和监督,且须以严厉的惩罚机制作为手段。一旦养老机构出现虐待案件,不仅施虐的看护人员要承担法律则任,养老机构亦应承担法律责任,除非养老机构能够证明自己尽到了管理、监督责任。

根据《养老机构管理办法》第33条第(六)项之规定,养老机构有歧视、侮辱、虐待或遗弃老人以及其他侵犯老人合法权益的行为,应处以3万元以下罚款,构成犯罪的应追究其刑事责任。原则上,养老机构工作人员的行为即代表养老院的行为。因此,对于养老机构出现的虐待案件,要追究养老机构的相应责任,而不是只追究直接实施者的责任。只有对养老机构的惩罚措施切实发挥作用,才能迫使养老机构对其工作人员进行有效的管理和监督,才能预防和减少虐待老人情况的发生。

2) 介入处理

养老机构应设置专人处理虐待案件,该人可以是在养老机构工作的社工,或者是行政人员。无论以何种形式发现虐待行为,养老机构都应在第一时间指派负责人介入案件。负责人应首先将受虐老人与施虐者隔离,阻止施虐行为继续发生。同时对于需要治疗的老人安排医疗救治,对情节严重的虐待行为向公安机关举报,协助公安机关展开调查,并持续跟进,直到案件作出最终处理。

3）后续工作

案件处理结束后，养老机构对于受虐老人应给予更多关注。老人在虐待案件中受到的伤害具有持久性，特别是心理方面的伤害需要较长的恢复期，因此，养老机构应定期为老人安排心理辅导，同时在生活上给予老人更多的照顾。如果老人不再适合在同一养老院居住，原养老机构应协助老人选择适合居住的其他地方，直到老人得到妥善安置。填报"养老机构虐老案件信息登记表"，上传至信息管理部门，案件终结。

3. 医院处理虐待老人案件工作机制

1）发现虐老案件

医护人员在日常工作中对于就诊的老人应给予特别关注。在接诊时如发现老人有明显外伤，或骨折、脱臼、内出血等伤情，应详细询问老人发病原因。如果老人的回答不符合常理，且出现恐惧、慌乱、惊吓、语无伦次等状态，医护人员应怀疑老人遭受了虐待。

2）介入处理

在出现疑似虐待的情况下，接诊的医护人员应向医务部门汇报，医务部门应指派专门负责处理虐待老人案件的人员介入（可以是在医院工作的社会工作者）。该负责人应在老人初步诊疗结束后，将老人带到医生工作室进行询问。因陪同人员可能是施虐者，所以负责人在询问老人时应让陪同人员回避，由负责人单独和老人进行交谈，以便了解真实情况。

负责人在与老人初步沟通后，如确认发生了虐待行为，应采取相应措施。对于虐待情况严重的案件，负责人应向公安机关报告，由公安机关进行深入调查。对于虐待情况较轻的案件，负责人应与老人居住的社区联系，由社区接手，适用社区处理机制对老人提供进一步的支持与服务。如果老人入住在养老机构，则需与养老机构所在地的民政部门取得联系，由民政部门对养老机构进行调查，对于未尽到职责的养老机构启动惩罚和制裁措施。

4. 公安机关处理虐待老人案件工作机制

1）接报

公安机关接到社区、养老机构、医院或者个人的报案后应及时出警，前往现场调查取证，协助受害人就医、鉴定伤情。

首次接报的警察应记录虐待案件的基本情况及举报者联系方式，如举报者要求匿名举报，警察可只记录联系方式，以便必要时与举报人取得联系。案件的基本情况包括：鉴别老人的信息，如姓名、性别、出生日期（年龄）、住址；虐待案件的性质、事发时间、地点；受虐老人有无特殊情况，如患病、行动不便或沟通困难等；老人亲属的资料及联系方式。

首次接报的警察作出上述记录后，应将情况汇报给专门负责虐待老人案件的主管领导，由主管领导指派警察到现场调查。如果受虐老人是女性，应尽量安排女性警察前往现场。

2) 现场调查

警察到达现场后应先安抚老人的情绪，将老人与其他人分开进行询问，以避免施虐者在场对老人造成不利影响。如果老人需要紧急治疗，警察应先安排老人就医，待老人身体状况稳定后再行询问。警察应尽量在现场对老人进行询问，以访老人事后受自身因素或外在因素的影响而不愿透露受虐情况。

警察在询问过程中，应详细记录老人受虐的细节，包括伤情、受伤原因、虐待行为持续的时间、施虐者的个人资料等，收集物证、人证等证据。如警察认为涉及刑事犯罪，则应通知刑警到场，展开深入调查。

3) 处理

对于居家养老的老人，如果施虐者是配偶或共同生活的子女，警察应询问老人是否有其他子女可以依靠，如有，警察应联络老人推荐的人，与其商讨老人安置问题。如果没有，警察应通知居（村）委会负责人到场，将老人受虐情况予以通报，负责人应按照社区处理虐待案件的机制作出安排，加强对老人的家访及对施虐者的支援、教育与矫治。如果施虐者的施暴倾向依然强烈，老人的安全问题无法得到保障，警察或社区应考虑将老人送到社会福利机构。因我国目前的政府福利院只接收无配偶、无子女的老人，因此政府的相关政策需要进行修订，福利院的接收对象应扩大到受独生子女严重家庭暴力、无其他依靠的老人。

对于居住在养老机构的老人，警察应通知民政部门，监督养老机构对老人作出妥善安排，并根据《养老机构管理办法》的相关规定对养老机构作出相应处理。对于施虐者，构成犯罪的依法追究刑事责任；未构成犯罪但情节严重的，给予治安处罚；情节轻微的，社区的交由社区进行教育、矫治，养老机构的作开除处理。为避免施虐者到其他养老机构谋职，民政部门应建立黑名单，并下发至各养老机构，对于此类人员永不录用。

5. 法院处理虐待老人案件工作机制

1) 对于撤销监护人案件的处理

监护人实施家庭暴力严重侵害被监护人合法权益的，人民法院可以根据被监护人的近亲属、居民委员会、村民委员会、县级人民政府民政部门等有关人员或者单位的申请，依法撤销其监护人资格，另行指定监护人。

根据《联合国残疾人权利公约》第12条的精神，法院在另行指定监护人的过程中，对于有意识能力的老人应首先询问其个人意愿。无论老人的意识能力是否健全，只要其具备一定的表达能力，法院即应尽可能使其充分表达，且应安排老人信任的人帮助老人作出意思表达。对于没有意思能力的老人，法院应参考老人有意识能力时作出的相关意思表示，以"对被监护人的意愿和选择的最佳解释"为指导思想指定监护人。特别应注意的是，联合国《残疾人权利公约》已明确废除"最大利益"原则在成年人监护中的主导地位，而代之以"对被监护人的意愿和选择的最佳解释"原则。法院在审理监护案件时，指导思想应与联合国倡导的原则保持一致。

监护候选人的范围应该是宽泛的，只要是老人信赖的、能够理解老人、愿意承担监护责任的人，无论是否有亲属关系都可作为监护人。法院在指定监护人的同时，应视情况决定是否指定监护监督人。对于有较多财产的老人，通常情况下应指定监护监督人，对监护人的行为进行监督，以避免监护人滥用、盗窃老人的财产。对于财产较少的老人，可不指定监护监督人，社区在一定程度上可承担监护监督的职责。

2）对于人身安全保护令案件的处理

对于老人的子女强行住在老人住所的家暴案件，老人可向法院申请人身安全保护令，由法院裁定其子女搬离老人的住所，禁止子女接近老人。对于配偶施暴的案件可做同样处理。

人身安全保护令由法院执行，公安及居（村）委会协助。这样可以迅速缓解老人面临的伤害和危险。人身安全保护令对于保护老人免受子女的干扰和侵害具有很强的实用性和操作性，是保护老人的有效民事司法救济手段。

（五）工作人员处理虐待老人案件的行为规范

社区、养老机构、医疗机构、警察机关在处理虐待老人案件时，工作人员均应遵循一定的工作规范。以下以社区工作人员为例作出说明，其他机构的工作人员可参照执行。

（1）工作人员第一次与老人见面时，应尽量与老人多沟通，建立信任关系，以便了解真实情况。工作人员与老人沟通过程中，要理解老人可能存在的顾虑，尽量做好沟通、解释工作。比如有的老人担心事情披露后自己的状况得不到改善，因而不愿透露受虐情况，此时工作人员应向老人说明后续的帮助、支持措施，鼓励老人面对问题，一起寻求解决方案；

（2）工作人员介入虐老案件后，应详细了解老人的受虐情况并作记录，在后续解决问题的过程中，应作为主要负责人向相关部门阐述案情，以避免老人在多次重复案情过程中受到反复伤害；

（3）如果老人有受伤情况，工作人员应在老人同意的情况下，对老人的身体作出初步检查，记录老人的受伤情况，并协助老人进行医疗检查；

（4）如果老人面临现实的危险，有再次受到伤害的可能，工作人员应与基层民政部门取得联系，为老人安排临时住所；

（5）如果老人有心理或精神方面的障碍，工作人员应劝导老人接受心理咨询服务，并在老人同意的情况下安排社区心理专家为老人提供服务；

（6）如果老人是无行为能力人，监护人是施虐者，工作人员应及时与老人的其他亲属、朋友取得联系，协助进行撤销监护人的诉讼；必要时，居（村）民委员会可向法院提起撤销监护人的诉讼；

（7）如果老人的财产受到侵害，工作人员应及时采取行动以防止损失的进一步扩大。如老人的银行存折、卡片被他人掌控，工作人员应及时协助老人到银行办理挂失手续。如果老人行动不便，则应在征得老人同意的情况下，向公安机关报案，由公安机关向银行出具相关手续，冻结老人的存款，以免被他人继续盗取。

（六）典型案例

1. 身体虐待[1]

受虐者：老年夫妇

施虐者：儿子、儿媳

虐待事实及发现经过：

年过六旬的于某夫妇是山东潍坊的普通农民，只有一个儿子。老两口省吃俭用把儿子养大，并为儿子娶了媳妇。但是儿子、儿媳对老人并不孝顺，婚后不久即与老人分家另过，感情上也逐渐疏远老人。近几年来，儿子、儿媳经常到老人家里打骂、威胁老人，对老人实施家庭暴力。老人认为这是家丑，不愿

---

[1] "潍坊一对老人不堪儿子打骂虐待 将其告上法庭"，http://news.163.com/16/0924/19/C1OIQF6A00014SEH_mobile.html，最后访问日期：2018年1月26日。

让外人知道，所以一直忍气吞声，没想到老人的容忍换来的是儿子、儿媳的变本加厉。2016年9月10日，儿子、儿媳以老人不帮助其劳动为由，到老人家打砸家具、玻璃及日常用品，并将老人打伤。老人忍无可忍，于是向潍坊市寒亭区人民法院申请人身保护令。

应对措施：

法院审理后认为，儿子、儿媳的殴打、威胁等侵害行为，导致老人身体受伤、精神紧张，儿子、儿媳的行为已构成家庭暴力，裁定禁止儿子、儿媳在六个月内对老人实施家庭暴力及实施骚扰、接触行为。同时，法院对儿子、儿媳进行了训诫，告知其在有效期内，若发生上述行为，视情节轻重对其采取罚款、拘留强制措施，直至追究刑事责任。同时，法官将人身安全保护令民事裁定书送达给当地公安机关、村委会，以监督儿子、儿媳的行为。

总结：

该案是2016年3月1日《中华人民共和国反家庭暴力法》实施后寒亭区法院受理的首例申请人身安全保护令案件。以人身安全保护令保护受虐待的老人，是《反家庭暴力法》对于受虐老人的有效保护措施，但此类案件数量很少，主要原因是大多数老人都难以下决心把子女送上法庭。对于生活中大多数的虐老案件，主要还是要依靠社区为老人提供帮助，但我国目前尚未形成这种机制。

2. 身体虐待[1]

受虐者：瘫痪老人韩某

施虐者：养老院护工姜某

虐待事实及发现经过：

姜某是青岛市某养老院的护工，在看护瘫痪老人韩某期间，经常对其实施虐待、殴打行为，致使韩某左侧第4、5肋骨腋中线处骨折，构成轻伤二级；面部、舌体部皮肤软组织损伤，构成轻微伤。后韩某的虐待行为被发现，公安机关将其抓获。

应对措施：

该案中姜某的行为已构成犯罪，法院认为姜某的行为构成虐待被看护人罪，判处其有期徒刑7个月。

---

[1] "青岛首例养老院护工施暴虐待老人被判7个月"，www.sohou.com/a/118206948_354413，最后访问日期：2018年2月27日。

总结：

养老机构虐待老人的事件屡有发生，但很少看到对养老机构处罚的报道。本案如此严重的虐待行为，最终也只是对施虐者进行了制裁，未提及对养老机构的处罚情况。通常情况下，养老机构的护工对老人实施虐待行为，与养老机构管理不善有着直接的关系。如果政府不加强对养老机构的行政监管，虐待行为必将持续发生。

本案反映出的另一个问题是，养老机构的虐待行为只有到了如此严重的程度才会被发现、被解决，如果不是老人面临生命危险，虐待事件恐怕还是无人关注。从新闻报道上看，养老机构的虐待事件每天都在发生，很多老人在痛苦、无助、屈辱中生活。对此，政府负有不可推卸的责任。总体来说，我国在防治虐待老人问题上还没有起步，而虐老现象已经相当严重。

附1：

反家庭暴力法（全文）

第一章　总　则

第一条　为了预防和制止家庭暴力，保护家庭成员的合法权益，维护平等、和睦、文明的家庭关系，促进家庭和谐、社会稳定，制定本法。

第二条　本法所称家庭暴力，是指家庭成员之间以殴打、捆绑、残害、限制人身自由以及经常性谩骂、恐吓等方式实施的身体、精神等侵害行为。

第三条　家庭成员之间应当互相帮助，互相关爱，和睦相处，履行家庭义务。

反家庭暴力是国家、社会和每个家庭的共同责任。

国家禁止任何形式的家庭暴力。

第四条　县级以上人民政府负责妇女儿童工作的机构，负责组织、协调、指导、督促有关部门做好反家庭暴力工作。

县级以上人民政府有关部门、司法机关、人民团体、社会组织、居民委员会、村民委员会、企业事业单位，应当依照本法和有关法律规定，做好反家庭暴力工作。

各级人民政府应当对反家庭暴力工作给予必要的经费保障。

第五条　反家庭暴力工作遵循预防为主，教育、矫治与惩处相结合原则。

反家庭暴力工作应当尊重受害人真实意愿,保护当事人隐私。

未成年人、老年人、残疾人、孕期和哺乳期的妇女、重病患者遭受家庭暴力的,应当给予特殊保护。

第二章 家庭暴力的预防

第六条 国家开展家庭美德宣传教育,普及反家庭暴力知识,增强公民反家庭暴力意识。

工会、共产主义青年团、妇女联合会、残疾人联合会应当在各自工作范围内,组织开展家庭美德和反家庭暴力宣传教育。

广播、电视、报刊、网络等应当开展家庭美德和反家庭暴力宣传。

学校、幼儿园应当开展家庭美德和反家庭暴力教育。

第七条 县级以上人民政府有关部门、司法机关、妇女联合会应当将预防和制止家庭暴力纳入业务培训和统计工作。

医疗机构应当做好家庭暴力受害人的诊疗记录。

第八条 乡镇人民政府、街道办事处应当组织开展家庭暴力预防工作,居民委员会、村民委员会、社会工作服务机构应当予以配合协助。

第九条 各级人民政府应当支持社会工作服务机构等社会组织开展心理健康咨询、家庭关系指导、家庭暴力预防知识教育等服务。

第十条 人民调解组织应当依法调解家庭纠纷,预防和减少家庭暴力的发生。

第十一条 用人单位发现本单位人员有家庭暴力情况的,应当给予批评教育,并做好家庭矛盾的调解、化解工作。

第十二条 未成年人的监护人应当以文明的方式进行家庭教育,依法履行监护和教育职责,不得实施家庭暴力。

第三章 家庭暴力的处置

第十三条 家庭暴力受害人及其法定代理人、近亲属可以向加害人或者受害人所在单位、居民委员会、村民委员会、妇女联合会等单位投诉、反映或者求助。有关单位接到家庭暴力投诉、反映或者求助后,应当给予帮助、处理。

家庭暴力受害人及其法定代理人、近亲属也可以向公安机关报案或者依法向人民法院起诉。

单位、个人发现正在发生的家庭暴力行为,有权及时劝阻。

第十四条 学校、幼儿园、医疗机构、居民委员会、村民委员会、社会工作服务机构、救助管理机构、福利机构及其工作人员在工作中发现无民事行为能力人、限制民事行为能力人遭受或者疑似遭受家庭暴力的,应当及时向公安机关报案。公安机关应当对报案人的信息予以保密。

第十五条 安机关接公到家庭暴力报案后应当及时出警,制止家庭暴力,按照有关规定调查取证,协助受害人就医、鉴定伤情。

无民事行为能力人、限制民事行为能力人因家庭暴力身体受到严重伤害、面临人身安全威胁或者处于无人照料等危险状态的,公安机关应当通知并协助民政部门将其安置到临时庇护场所、救助管理机构或者福利机构。

第十六条 家庭暴力情节较轻,依法不给予治安管理处罚的,由公安机关对加害人给予批评教育或者出具告诫书。

告诫书应当包括加害人的身份信息、家庭暴力的事实陈述、禁止加害人实施家庭暴力等内容。

第十七条 公安机关应当将告诫书送交加害人、受害人,并通知居民委员会、村民委员会。

居民委员会、村民委员会、公安派出所应当对收到告诫书的加害人、受害人进行查访,监督加害人不再实施家庭暴力。

第十八条 县级或者设区的市级人民政府可以单独或者依托救助管理机构设立临时庇护场所,为家庭暴力受害人提供临时生活帮助。

第十九条 法律援助机构应当依法为家庭暴力受害人提供法律援助。

人民法院应当依法对家庭暴力受害人缓收、减收或者免收诉讼费用。

第二十条 人民法院审理涉及家庭暴力的案件,可以根据公安机关出警记录、告诫书、伤情鉴定意见等证据,认定家庭暴力事实。

第二十一条 监护人实施家庭暴力严重侵害被监护人合法权益的,人民法院可以根据被监护人的近亲属、居民委员会、村民委员会、县级人民政府民政部门等有关人员或者单位的申请,依法撤销其监护人资格,另行指定监护人。

被撤销监护人资格的加害人,应当继续负担相应的赡养、扶养、抚养费用。

第二十二条 工会、共产主义青年团、妇女联合会、残疾人联合会、居民委员会、村民委员会等应当对实施家庭暴力的加害人进行法治教育,必要时可以对加害人、受害人进行心理辅导。

第四章 人身安全保护令

第二十三条 当事人因遭受家庭暴力或者面临家庭暴力的现实危险，向人民法院申请人身安全保护令的，人民法院应当受理。

当事人是无民事行为能力人、限制民事行为能力人，或者因受到强制、威吓等原因无法申请人身安全保护令的，其近亲属、公安机关、妇女联合会、居民委员会、村民委员会、救助管理机构可以代为申请。

第二十四条 申请人身安全保护令应当以书面方式提出；书面申请确有困难的，可以口头申请，由人民法院记入笔录。

第二十五条 人身安全保护令案件由申请人或者被申请人居住地、家庭暴力发生地的基层人民法院管辖。

第二十六条 人身安全保护令由人民法院以裁定形式作出。

第二十七条 作出人身安全保护令，应当具备下列条件：

（一）有明确的被申请人；

（二）有具体的请求；

（三）有遭受家庭暴力或者面临家庭暴力现实危险的情形。

第二十八条 人民法院受理申请后，应当在七十二小时内作出人身安全保护令或者驳回申请；情况紧急的，应当在二十四小时内作出。

第二十九条 人身安全保护令可以包括下列措施：

（一）禁止被申请人实施家庭暴力；

（二）禁止被申请人骚扰、跟踪、接触申请人及其相关近亲属；

（三）责令被申请人迁出申请人住所；

（四）保护申请人人身安全的其他措施。

第三十条 人身安全保护令的有效期不超过六个月，自作出之日起生效。人身安全保护令失效前，人民法院可以根据申请人的申请撤销、变更或者延长。

第三十一条 申请人对驳回申请不服或者被申请人对人身安全保护令不服的，可以自裁定生效之日起五日内向作出裁定的人民法院申请复议一次。人民法院依法作出人身安全保护令的，复议期间不停止人身安全保护令的执行。

第三十二条 人民法院作出人身安全保护令后，应当送达申请人、被申请人、公安机关以及居民委员会、村民委员会等有关组织。人身安全保护令由人民法院执行,公安机关以及居民委员会、村民委员会等应当协助执行。

第五章　法律责任

第三十三条　加害人实施家庭暴力,构成违反治安管理行为的,依法给予治安管理处罚;构成犯罪的,依法追究刑事责任。

第三十四条　被申请人违反人身安全保护令,构成犯罪的,依法追究刑事责任;尚不构成犯罪的,人民法院应当给予训诫,可以根据情节轻重处以一千元以下罚款、十五日以下拘留。

第三十五条　学校、幼儿园、医疗机构、居民委员会、村民委员会、社会工作服务机构、救助管理机构、福利机构及其工作人员未依照本法第十四条规定向公安机关报案,造成严重后果的,由上级主管部门或者本单位对直接负责的主管人员和其他直接责任人员依法给予处分。

第三十六条　负有反家庭暴力职责的国家工作人员玩忽职守、滥用职权、徇私舞弊的,依法给予处分;构成犯罪的,依法追究刑事责任。

第六章　附　则

第三十七条　家庭成员以外共同生活的人之间实施的暴力行为,参照本法规定执行。

第三十八条　本法自 2016 年 3 月 1 日起施行。

附2:

养老机构管理办法(节选)

第一条　为了规范对养老机构的管理,促进养老事业健康发展,根据《中华人民共和国老年人权益保障法》和有关法律、行政法规,制定本办法。

第二条　本办法所称养老机构是指依照《养老机构设立许可办法》设立并依法办理登记的为老年人提供集中居住和照料服务的机构。

第三条　国务院民政部门负责全国养老机构的指导、监督和管理,县级以上地方人民政府民政部门负责本行政区域内养老机构的指导、监督和管理。其他有关部门依照职责分工对养老机构实施监督。

第四条 养老机构应当依法保障收住老年人的合法权益。

入住养老机构的老年人应当遵守养老机构的规章制度。

第十二条 养老机构应当提供满足老年人日常生活需求的吃饭、穿衣、如厕、洗澡、室内外活动等服务。

养老机构应当提供符合老年人居住条件的住房，并配备适合老年人安全保护要求的设施、设备及用具，定期对老年人活动场所和物品进行消毒和清洗。

养老机构提供的饮食应当符合卫生要求、有利于老年人营养平衡、符合民族风俗习惯。

第十八条 养老机构应当配备与服务和运营相适应的工作人员，并依法与其签订聘用合同或者劳动合同。

养老机构中从事医疗、康复、社会工作等服务的专业技术人员，应当持有关部门颁发的专业技术等级证书上岗；养老护理人员应当接受专业技能培训，经考核合格后持证上岗。

养老机构应当定期组织工作人员进行职业道德教育和业务培训。

第二十八条 民政部门应当按照实施许可权限，通过书面检查或者实地查验等方式对养老机构进行监督检查，并向社会公布检查结果。上级民政部门可以委托下级民政部门进行监督检查。

养老机构应当于每年3月31日之前向实施许可的民政部门提交上一年度的工作报告。年度工作报告内容包括服务范围、服务质量、运营管理等情况。

第二十九条 民政部门应当建立养老机构评估制度，定期对养老机构的人员、设施、服务、管理、信誉等情况进行综合评价。

第三十三条 养老机构有下列行为之一的，由实施许可的民政部门责令改正；情节严重的，处以3万元以下的罚款；构成犯罪的，依法追究刑事责任：

（六）歧视、侮辱、虐待或遗弃老年人以及其他侵犯老年人合法权益行为的。

附3：

老年人权益保障法（节选）

第三条 国家保障老年人依法享有的权益。

禁止歧视、侮辱、虐待或者遗弃老年人。

第十四条 赡养人应当履行对老年人经济上供养、生活上照料和精神上慰藉的义务，照顾老年人的特殊需要。

第十五条 赡养人应当使患病的老年人及时得到治疗和护理；对经济困难的老年人，应当提供医疗费用。

第十六条 赡养人应当妥善安排老年人的住房，不得强迫老年人居住或者迁居条件低劣的房屋。

第十八条 家庭成员应当关心老年人的精神需求，不得忽视、冷落老年人。

与老年人分开居住的家庭成员，应当经常看望或者问候老年人。

第二十二条 老年人对个人的财产，依法享有占有、使用、收益和处分的权利，子女或者其他亲属不得干涉，不得以窃取、骗取、强行索取等方式侵犯老年人的财产权益。

第二十五条 禁止对老年人实施家庭暴力。

第四十四条 设立养老机构应当向县级以上人民政府民政部门申请行政许可；经许可的，依法办理相应的登记。

县级以上人民政府民政部门负责养老机构的指导、监督和管理，其他有关部门依照职责分工对养老机构实施监督。

第四十七条 养老机构应当与接受服务的老年人或者其代理人签订服务协议，明确双方的权利、义务。

养老机构及其工作人员不得以任何方式侵害老年人的权益。

第七十二条 老年人合法权益受到侵害的，被侵害人或者其代理人有权要求有关部门处理，或者依法向人民法院提起诉讼。

第七十六条 家庭成员盗窃、诈骗、抢夺、侵占、勒索、故意损毁老年人财物，构成违反治安管理行为的，依法给予治安管理处罚；构成犯罪的，依法追究刑事责任。

第七十七条 侮辱、诽谤老年人，构成违反治安管理行为的，依法给予治安管理处罚；构成犯罪的，依法追究刑事责任。

第七十九条 养老机构及其工作人员侵害老年人人身和财产权益,或者未按照约定提供服务的,依法承担民事责任;有关主管部门依法给予行政处罚;构成犯罪的,依法追究刑事责任。

第八十条 对养老机构负有管理和监督职责的部门及其工作人员滥用职权、玩忽职守、徇私舞弊的,对直接负责的主管人员和其他直接责任人员依法给予处分;构成犯罪的,依法追究刑事责任。

附录 防治虐待老人工作指南

一、虐待老人的识别特征

1. 身体虐待

身体虐待指通过暴力行为，如殴打、捆绑、限制行动、饮食不足、强迫劳动、体罚等方式，致使老人身体受到伤害的行为。

1）身体表征

（1）瘀伤

A. 面部出现瘀伤，似乎并非由意外受伤造成；

B. 瘀伤成簇或显现物件的形状，例如杖印、皮带印、衣架印、手掌印及脚印等；

C. 身体上出现多处瘀伤，各呈不同颜色，显示不同时段受伤，或在不同的痊愈阶段；

D. 重复出现瘀伤；

E. 身体多处部位（如身躯、手、脚等）出现无法解释的瘀黑，似乎并非由意外受伤造成。

（2）骨折

A. 与骨折或关节错位症状相符的四肢肿大或疼痛；

B. 多处骨折，并处于不同的痊愈阶段；

C. 临床检验时发现难以解释的骨折。

（3）肌肉撕裂

A. 无法解释的撕裂；

B. 不同时期的多处伤疤；

（4）内脏受伤

A. 无法解释的脏腑破裂；

B. 无法解释的脑部抑制性血肿。

（5）烧伤/烫伤

A. 由雪茄/香烟/香烛等造成的烧伤，似乎并非意外造成；

B. 老人需要别人喂食，有烫热食物造成的口部及食道烫伤。

（6）割伤/刺伤/鞭伤

由小刀、针、皮带施暴造成的伤痕。

2）老人行为表征

（1）不愿意接受医疗检查；

（2）被询问有关受伤过程时，不愿意透露有关资料；

（3）重复强调伤势是自己不小心造成或说话前后矛盾；

（4）受伤后延迟接受所需的医疗服务；

（5）不寻常地向不同的医生寻求医疗服务；

（6）害怕照顾者；

（7）企图自杀。

3）施虐者行为表征

（1）不寻常地带老人向不同的医生寻求医疗服务；

（2）被询问有关老人受伤过程时，不愿意透露有关资料；

（3）当老人被问及有关受伤的问题时，蓄意或抢先代替老人回答；

（4）老人受伤后，避免或延迟让其接受所需的医疗服务；

（5）受虐老人的住处有不寻常的约束物品、刑具，显示老人有可能曾遭受不必要的束缚及伤害。

4）环境表征

疑似受虐老人的住处有不寻常的约束物品或刑具，显示老人可能曾遭受不必要的约束及伤害。

2. 精神虐待

精神虐待指以语言、态度、行为等形式谩骂、侮辱、贬低老人，使老人在精神上或心理上受到伤害，其个性、尊严和自我价值受到贬损的行为。

1）老人行为表征

（1）非常被动；

（2）企图自杀；

（3）有抑郁倾向；

（4）常表现得惊慌失措；

（5）害怕照顾者；

（6）避免与人接触；

（7）情绪波动；

（8）歇斯底里。

2）施虐者行为表征

（1）经常把老人锁于其住处内；

（2）经常不容许老人返回其住处；

（3）对老人极度唠叨、排斥、冷淡；

（4）经常唾骂、诋毁、怪责或侮辱老人；

（5）不顾及老人私隐（例如强迫老人与他人共浴）；

（6）不容许老人参与家庭或社交活动。

3）环境表征

（1）老人住处被隔离，被剥夺使用与外界接触或联系的物品（如电话、收音机等）；

（2）照顾者与老人的关系明显生疏或长期恶劣。

3. 疏于照顾

疏于照顾指负有照顾义务的人不采取行动满足老人的基本生活需求，如提供衣食、住房、医疗等，使老人的生活质量低下，不能维持基本的体面生活。

1）老人身体表征

（1）体重暴跌、极低；

（2）脱水；

（3）营养不良；

（4）衣着不和适宜；

（5）身上出现虱子、褥疮、溃烂等现象；

（6）经常生病；

（7）身体有异味。

2）老人行为/状况表征

（1）经常肮脏；

（2）经常或长时间在无人陪伴下到处游荡；

（3）明显地饮食无规律而无人理会；

（4）明显缺乏食欲而无人理会。

3）施虐者行为表征

（1）不给予老人所需的生活物品；

（2）不给予老人所需的药物、医疗照顾；

（3）不给予老人所需的辅助器具（例如眼镜、手杖、假牙等）；

（4）长期不探望缺乏自我照顾能力的老人，完全不与其联络。

4）环境表征

（1）老人住处没有其所需的安全措施或装置（例如扶手）；

（2）作息处没有基本设施（如电灯、饮用水、睡床等）；

（3）住处被堆满杂物，阻塞通道。

4. 遗弃

遗弃指将老人带到公共场所后故意离老人而去，使老人无法回家；或者负有扶养义务的人不尽扶养义务，导致老人生命健康受到严重危害的行为，即疏于照顾导致严重后果的情形。

1）老人行为表征

（1）长期单独逗留在街上、公园、商场等；

（2）长期肮脏。

2）施虐者行为表征

（1）故意把老人遗弃于医院或安老院舍；

（2）故意把老人遗弃于公众地方（例如公园、商场等）。

3）环境表征

老人入住医院或安老院后没人探访或安排离院。

疏于照顾情节严重的情形，参照疏于照顾的各种特征。

5. 财产侵占

财产侵占指盗窃、滥用、擅自转移或强制使用老人的财产，剥夺老人使用财产的权利，强迫老人更改遗嘱或其他文件，以及经济骗局或诈骗性计划。

1）老人行为表征

（1）透露失去了原本拥有的财物/金钱/资产/楼宇等；

（2）在老人经济充足的情况下，却缺乏日常生活基本物资（例如食物、衣物等），并且不能支付基本日常生活开支（例如水电费）；

（3）老人突然把银行账户、楼宇屋契等转名；

（4）老人无故开设联名账户。

2）施虐者行为表征

（1）要求或强迫与老人开设联名账户；

（2）掌管老人的印章或身份证明文件；

（3）掌管老人的银行账单，不让老人知悉自己的账户记录；

（4）突然承诺照顾老人的生养死葬，但要求或安排把老人所有的财产转到自己名下；

（5）要求或强迫老人把证实个人身份的资料如身份证、护照、图章等交给施虐者保管；

（6）盗窃老人的金钱、综合社会保障援助金或退休金支票；

在退休金支票或法律文件上假冒老人的签名；

（7）不适当使用授权书、持久授权书或信托人的权责，例如强迫老人签署该等文件以控制其财产。

3）环境表现特征

（1）老人的银行账户有不正常的交易记录；

（2）老人的私人贵重财物无故失去；

（3）老人的存款、养老金被照顾者侵占；

（4）老人长期受到孤立，不能与任何亲戚朋友联络；

（5）未经老人同意作出赠与行为。

6. 性虐待

性虐待指对老人的性侵害行为，包括强行抚摸老人的身体、在老人面前裸露性器官、强行接吻、强行发生性行为等。

1）老人身体表征

（1）胸部、生殖器官瘀伤；

（2）无法解释的性病；

（3）无法解释的尿道炎；

（4）无法解释的外生殖器部位、阴道、肛门等流血。

2）老人行为表征

（1）性态度、性行为有极大转变；

（2）过度手淫；

（3）见到施虐者表现得非常恐慌。

3）环境表征

内衣被撕裂、有污迹或染有血迹。

二、社区处理疑似虐老案件工作指南

1. 社区任何一名工作人员接到虐老案件举报，应立即向主管领导汇报。
2. 主管领导应立即指派专门负责虐老案件的工作人员介入。
3. 负责人应在限定时间内（比如 24 小时）对案件的基本情况进行调查，并作出应对方案：对于虐待情况较轻的案件，可由负责人进行调解，帮助受虐者和施虐者解决冲突，改善双方的紧张关系。对于虐待情况较重的案件，负责人应首先安排老人就医治疗，或将老人暂时安排到安全的地方居住，同时向公安机关报案，由公安机关介入调查。
4. 对于虐待情况较轻的案件，负责人应做好下列工作：

（1）了解虐待情况的发生原因，帮助受虐者和施虐者认识问题，探讨解决问题的方案。如双方关系得到缓解，仍可共同生活，负责人应在此后定期访问，持续跟进。如双方无法继续共同生活，负责人应协助老人与其他子女或照顾者建立照顾关系。

（2）在跟进过程中，负责人可以安排社区的"老人互助小组"定期访问，并为老人提供相应服务，如心理辅导、社区福利活动等。

（3）对施虐者提供支援服务并进行教育、矫治。支援服务可包括间歇替代照顾、小组活动等；应对施虐者进行教育、矫治，包括参加社区培训、社区服务等。

（4）在虐待危险确已消除时，填报"社区虐老案件信息登记表"并上传至信息管理系统，案件终结。

5. 对于虐待情况较重的案件，负责人应首先安排老人就医治疗，或将老人暂时安排到安全的地方居住，同时向公安机关报案，由公安机关介入调查。

（1）对于经公安机关处理的案件，负责人应在公安机关处理期间持续跟进，了解案件进展情况，并为公安机关提供必要的协助。

（2）案件经公安机关处理结束后，社区负责人应按照上述第 4 条的内容做好后续工作。

（3）在妥善安置老人后，填报"社区虐老案件信息登记表"并上传至信息管理系统，案件终结。

三、养老机构处理疑似虐老案件工作指南

1. 养老机构任何一名工作人员发现虐老案件，或者接到虐老案件举报，应立即向主管领导汇报。

2. 主管领导应立即指派专门负责虐老案件的工作人员介入，首先将受虐老人与施虐者隔离，阻止施虐行为继续发生，同时控制施虐者以配合案件调查。

3. 负责人对需要立即治疗的老人应安排就地治疗或前往医院治疗。

4. 对情节较轻的虐待行为，负责人可在征得老人同意的情况下，为老人更换护理人员，并持续关注。

5. 对情节较重的虐待行为，负责人应立即向公安机关举报，并协助公安机关展开调查，持续跟进，直到案件作出最终处理。

6. 案件处理结束后，养老机构对于受虐老人应给予更多关注，提供心理辅导，生活上给予更多照顾；如果老人不再适合在同一养老院居住，原养老机构应协助老人选择适合居住的其他地方，直到老人得到妥善安置。

7. 养老机构对于本机构内部发生的虐老案件须向主管民政部门报告，接受民政部门的监督检查。

8. 填报"养老机构虐老案件信息登记表"，上传至信息管理部门，案件终结。

四、医护人员处理疑似虐老案件工作指南

1. 医护人员在日常工作中发现疑似受虐老人的，应立即向主管领导汇报。

2. 主管领导应立即指派专门负责虐老案件的人员到现场了解情况。

3. 负责人应在老人初步诊疗结束后，将老人带到医生工作室进行询问。因陪同人员可能是施虐者，所以负责人在询问老人时应让陪同人员回避。

4. 负责人在与老人初步沟通后，如确认发生了虐待行为，应根据情节轻重作出如下处理：

（1）对于虐待情况较轻的案件，负责人应与老人居住的社区联系，由社区接手，适用"社区处理虐老案件工作机制"对老人提供后续的支持与服务；如果老人是养老机构的入住人员，负责人需与养老机构所在地的民政部门取得

联系，由民政部门对养老机构进行调查，对于未尽到职责的养老机构启动惩罚和制裁措施。

（2）对于虐待情况严重的案件，负责人应向公安机关报告，由公安机关介入调查。

5. 填报"医疗机构虐老案件信息登记表"，上传至信息管理部门，案件终结。

五、警务人员处理疑似虐老案件工作指南

1. 任何警务人员接到虐老报案，应在简单了解案情后立即向主管领导汇报。

2. 主管领导应立即指派民警前往现场调查；如受虐老人为女性，应指派女性民警前往。

3. 民警到达现场后，应根据受虐老人的身体健康情况作出处理。

（1）如老人有生命健康危险，应先安排老人入院治疗，同时安排老人的亲属或朋友陪同老人前往医院，但应避免由疑似施虐者陪同。

（2）如老人没有亲属或朋友，民警应与老人居住的社区协商，由社区工作人员或民警陪同老人前往医院治疗；如老人是养老机构的入住人员，民警应通知养老机构所在地的民政部门，由民政部门指派工作人员前往医院。

（3）民警应与医院保持联系，待老人病情稳定后开始调查工作。

（4）如老人没有生命健康危险，民警到达现场后应立即开始调查工作。

4. 民警应尽量以温和的态度与老人沟通，讲话速度不要太快，应先从日常问题开始谈起，以缓解老人的紧张情绪，待老人的情绪放松后开始专业问题的调查。

5. 民警询问老人时，要让疑似施虐者回避，同时尽可能让老人的亲属或朋友陪同老人接受询问。

6. 民警在确认虐待事实发生后，分情况作出如下处理。

（1）与老人所在的社区联系，对老人与施虐者的关系进行评估，如果施虐者仍适合担任照顾者，则由社区跟进对照顾者提供支援服务，同时对施虐者进行教育、矫治。如果施虐者不再适合担任照顾者，则由社区负责为老人重新安排照顾者；在必要的情况下，由社区协助老人向法院提起变更监护人之诉。

（2）如老人是养老机构的入住人员，民警应与养老机构所在地的民政部

门联系，商讨老人的安置问题；如老人或其亲属不愿意在同一养老院居住，民政部门应为老人安排入住其他养老机构。

（3）对构成行政处罚或刑事处罚的施虐者依法追究法律责任。

7. 民警将老人妥善交付社区或民政部门后，填报"警务机关虐老案件信息登记表"，上传至信息管理系统，案件终结。